PONS

Reisewörterbuch
ITALIENISCH

PONS GmbH, Stuttgart

PONS Reisewörterbuch
ITALIENISCH

Bearbeitet von: Raffaella Marini

Bildquellen
Die Quellenangaben zu den einzelnen Abbildungen erfolgen von links oben nach rechts unten bzw. von oben nach unten.
1: fotolia, sumnersgraphicsinc; fotolia, Chad Bridwell; fotolia, Olaf Schirmer.
11: H. Geißel, Stuttgart; DuMont Bildarchiv; fotolia, Chad Bridwell; H. Geißel, Stuttgart. **17:**Fotosearch, Photo Disk; Stock disc; Fotosearch, Photo Disk.
21: GettyImages, PhotoDisc. **29:** ENIT, Frankfurt. **38/39:** Wolpert Fotodesign, Stuttgart. **47:** H. Geißel, Stuttgart; fotolia, Olaf Schirmer. **56:** Fordwerke AG.
58: Cycleurope Industries S.A., Romilly sur Seine. **69:** Avenue Images, image 100; iStockphoto, Uli Hamacher; Avenue Images, image 100. **73:** Bundesverband Selbsthilfe Körperbehinderter, Krautheim; Hotel Weisseespitze, Kaunertal; Wendt-Wolter (BSK). **77:** (oben, unten) Leonie Pflüger, Stuttgart; H. Geißel, Stuttgart. **89:** DuMont Bildarchiv / Udo Bernhart; GettyImages, PhotoDisc; Fotosearch Stock Photography, Super Stock; Gettyimages, PhotoDisc; DuMont Bildarchiv / Ernst Wrba. **98-104:** Wolpert Fotodesign, Stuttgart. **113:** H. Geißel, Stuttgart. **123:** MEV; (Mitte, unten) Leonie Pflüger, Stuttgart. **135**: MEV. **141:** DuMont Bildarchiv / S. Feldhoff u. A.C. Martin; Leonie Pflüger, Stuttgart. **147:** Wolpert Fotodesign, Stuttgart. **165:** Creativ Collection Verlag. **177**: MEV; Stock disc; MEV.
Umschlag: fotolia, Olaf Schirmer; fotolia, Chad Bridwell; fotolia, Anna Morchio; fotolia, sumnersgraphicsinc.

1. Auflage 2009 (1,04 - 2012)

Onlinewörterbuch: www.pons.eu
Shop: www.pons.de
E-Mail: info@pons.de

Projektleitung: Christiane Mackenzie, Stuttgart
Redaktion: Barbara Pflüger, Stuttgart
Umschlaggestaltung: Tanja Haller, Petra Hazer, Stuttgart
Logoentwurf: Erwin Poell, Heidelberg
Logoüberarbeitung: Sabine Redlin, Ludwigsburg
Layout und Satz: Fotosatz Kaufmann, Stuttgart
Druck: L.E.G.O. S.p.A., in Lavis (TN)
Printed in Italy

ISBN 978-3-12-518645-3

Aussprache

Im Allgemeinen wird das Italienische so ausgesprochen, wie es geschrieben wird. Die Betonung liegt bei den meisten mehrsilbigen Wörtern auf der vorletzten Silbe: ristorạnte, venịre, giornạle. Abweichungen werden in diesem Reisewörterbuch durch einen Punkt unter dem betonten Vokal angegeben (pịccolo, giọvane).

Besonderheiten bei der Aussprache

- Doppelkonsonanten sind deutlich zu hören: bel-lo
- Bei Vokalverbindungen ist jeder einzelne Vokal hörbar: E-uropa

c, cc	[k] [tʃ]	wie deutsches „k“ (ohne Hauch): vor Konsonanten und vor den Vokalen „a, o, u“ wie deutsches „tsch“: vor den Vokalen „e, i“	classe banco casa accento dieci
ch, cch	[k]	wie deutsches „k“ (ohne Hauch)	che, pacchi
ci, cci	[tʃ]	wie deutsches „tsch“: vor „a, o, u“	ciao! cioccolata
g, gg	[g]	wie deutsches „g“: vor Konsonanten und vor „a, o, u“	grande gondola
	[dʒ]	wie in „**Dsch**ungel“ (weicher): vor „e, i“	gente oggi
gh	[g]	wie deutsches „g“	ghiaccio
gi, ggi	[dʒ]	wie in „**Dsch**ungel“ (weicher)	mangiare
gl	[ʎʎ]	wie in „Mi**lli**on“	figlio
gn	[ɲ]	wie in „Ko**gn**ak“	bagno
h		wird nie ausgesprochen	ho
qu	[ku]	wie in „**Ku**ala Lumpur“	acqua
r	[r]	wird als Zungen-r gesprochen	mare
s	[s] [z]	stimmlos wie in „Hau**s**, Ki**s**te“: am Wortanfang stimmhaft wie in „Ro**s**e“: zwischen zwei Vokalen	sole sera rosa

sc	[sk] [ʃ]	wie in „**Sk**ala“: vor Konsonanten und vor „a, o, u“ wie deutsches „sch“: vor „e, i“	scrivere scusi pesce, uscita
sch	[sk]	wie in „**Sk**ala“	Ischia
sci	[ʃ]	wie deutsches „sch“: vor „a, o, u“ (hier ist das „i“ stumm)	lasciare sciopero
sp	[sp]	wie in „We**sp**e“	sport
st	[st]	wie in „Ki**st**e“	stato
v	[v]	wie deutsches „w“	vespa

Substantive mit der Endung **o** sind männlich; Substantive mit der Endung **a** sind weiblich. Nur bei Abweichungen von dieser Regel (**mano** *f* Hand) und bei anderen Endungen (**canzone** *f* Lied) wird das Geschlecht der Substantive angegeben.

Das italienische Alphabet

A	a	[a]	J	j	[i l'luŋga]	S	s	['ɛsse]
B	b	[bi]	K	k	['kappa]	T	t	[ti]
C	c	[tʃi]	L	l	['ɛlle]	U	u	[u]
D	d	[di]	M	m	['ɛmme]	V	v	[vu]
E	e	[e]	N	n	['ɛnne]	W	w	[d'doppia vu]
F	f	['ɛffe]	O	o	[O]	X	x	[iks]
G	g	[dʒi]	P	p	[pi]	Y	y	['ipsilon]
H	h	['akka]	Q	q	[ku]	Z	z	['dzɛːta]
I	i	[i]	R	r	['ɛrre]			

Abkürzungen im Reisewörterbuch

acc	Akkusativ	accusativo
adj	Adjektiv	aggettivo
adv	Adverb	avverbio
conj	Konjunktion	congiunzione
dat	Dativ	dativo
el	Elektrizität	elettricità
etw	etwas	qualcosa
f	Femininum, weiblich	femminile
jdm	jemandem	a qualcuno
jdn	jemanden	qualcuno
m	Maskulinum, männlich	maschile
mech	Mechanik	meccanica
med	Medizin	medicina
pers prn	Personalpronomen	pronome personale
pl	Plural	plurale
poss prn	Possessivpronomen	pronome possessivo
prn	Pronomen	pronome
prp	Präposition	preposizione
qc	etwas	qualcosa
qd	jemand/en	qualcuno
refl prn	Reflexivpronomen	pronome riflessivo
rel prn	Relativpronomen	pronome relativo
sing	Singular	singolare
tele	Telekommunikation	telecomunicazione

Allgemeine Abkürzungen

a.C.	avanti Cristo	vor Christus
ACI	Automobile Club Italiano	Italienischer Automobilklub
CIT	Compagnia Italiana Turismo	Italienische Reiseverkehrsgesellschaft
D	diretto	Eilzug
d.C.	dopo Cristo	nach Christus
DD	direttissimo	Schnellzug
dott.	dottore	Doktor
ecc.	eccetera	usw.
ENIT	Ente Nazionale Italiano per il Turismo	Staatl. Fremdenverkehrsamt
F.S.	Ferrovie dello Stato	Staatsbahnen
IVA	imposta sul valore aggiunto	Mehrwertsteuer
m.	monte/metro	Berg/Meter
mq	metro quadrato	m^2
p.	pagina	Seite

part.	partenza	Abfahrt
p. es.	per esempio	z. B.
P. S.	Pubblica Sicurezza	Sicherheitspolizei
rag.	ragioniere	Studientitel (Absolvent eines Wirtschafts-gymnasiums)
RAI	Radio Audizioni Italiane	Ital. Radio- und Fernseh-gesellschaft
Sig.	signor	Herr
Sig.na	signorina	Fräulein
Sig.ra	signora	Frau
s.p.a.	società per azioni	Aktiengesellschaft
s. r. l.	società a responsabilità limitata	Gesellschaft mit beschränkter Haftung
Ue	Unione europea	EU, Europäische Union
UME	Unione Monetaria Europea	Europäische Währungs-union

Andere Länder, andere Sitten

Interkulturelle Tipps

Anrede

In Italien duzt man sich, vor allem unter Leuten gleichen Alters, weitaus häufiger als in Deutschland. Hat man Gemeinsamkeiten, so duzt man sich recht schnell. Auch unter Arbeitskollegen ist das Duzen verbreitet.

Titel

Männer redet man mit **signor** und dem Familiennamen an, wenn er bekannt ist.
Frauen werden mit **signora**, jüngere Frauen mit **signorina** auch ohne den Familiennamen angeredet. Die Anrede **signorina** ist in Italien durchaus üblich.
Titel sind im formalen Umgang sehr wichtig. Die Titel und Berufsbezeichnungen werden vor den Nachnamen gestellt. So wird z.B. der Rechtsanwalt Rossi üblicherweise mit **l'avvocato** Rossi vorgestellt. Ein häufiger Titel ist **dottore/dottoressa**, den jeder erhält, der ein Hochschulstudium absolviert hat. Außer Grundschullehrer werden alle Lehrer und Dozenten mit **professore/professoressa** angesprochen. Auch die Anreden **ragioniere/ragioniera** *Buchhalter* oder **Ingegnere** *Ingenieur* hört man häufig.

Begrüßung

In formellen Situationen begrüßt man sich mit einem kurzen festen Händedruck. Unter Männern begrüßt man sich auch privat mit Handschlag, ansonsten gibt es ein Küsschen, **bacino**, auf jede Wange.
Bis zur Mittagszeit verwendet man **buon giorno**, bereits nach dem Mittagessen **buona sera**. **Buona notte** ist sehr familiär und wird erst am späten Abend verwendet und bevor man zu Bett geht.
Mit **ciao** begrüßt man gute Freunde oder Bekannte, mit denen man per Du ist.

Abschied

Die offizielle Verabschiedung ist **arrrivederci** bzw. **arrivederLa**, wenn man sich besonders respektvoll von einer einzelnen Person verabschieden will.
Mit **ciao** verabschiedet man gute Freunde.
Ci vediamo *(wir sehen uns)* ist eine weitere umgangssprachliche Abschiedsformel unter Bekannnten.
Verlässt man einen Laden, ein Restaurant oder eine Bar, so kann man

statt **arrivederci** auch - je nach Tageszeit - **buon giorno** oder **buona sera** sagen.

Höflichkeit

Unbekannte werden höflich mit **scusi** *entschuldigen Sie* angesprochen oder, wenn man nur jemandes Aufmerksamkeit erregen will, sagt man **senta scusi**.
Ein größeres Missgeschick kann mit **mi dispiace** *es tut mir leid* kommentiert werden.

Bitte

Das Italienische kennt mehrere Ausdrücke für *Bitte*, **per favore**, **per piacere**, **per cortesia**, und **prego**. Die ersten drei Ausdrücke verwendet man um etwas zu verlangen oder um eine Gefälligkeit zu bitten, z.B. **per me**, **per piacere**, **un caffè**.
Mit **prego** antwortet man auf **grazie** oder, wenn man etwas anbietet bzw. gestattet, z.B. **ecco la birra**, **prego!**
Mi raccomando heißt auch *bitte*; man gebraucht es aber, um einer Bitte besonderen Nachdruck zu verleihen, z.B. **Una birra**, **ma fredda**, **mi raccomando!** *Ein Bier, aber bitte ein kaltes!*
Möchte man jemanden um einen Gefallen bitten, dann beginnt man den Satz mit **scusi** oder mit **abbia pazienza**, **potrebbe aiutarmi a sistemare la valigia?** Wörtlich übersetzt: *Mögen Sie Geduld haben, könnten Sie mir helfen, den Koffer an den Platz zu legen?*
Steht jemand im Weg, so sagt man **permesso!** - *Sie erlauben?*

Essen und Trinken

Das Frühstück in Italien ist nicht so reichhaltig wie in Deutschland. Meist besteht es nur aus **caffè** und ein paar **biscotti** *Kekse* oder **cereali** *Müsli*, seltener aus **pane**, **burro e marmellata** *Brot, Butter und Marmelade*. Viele Leute frühstücken in einer **bar** und trinken nur schnell im Stehen einen **cappuccino**, **caffè** oder **caffè macchiato** und essen dazu eine **brioscia**, *ein süßes Gebäck*.
Das Abendessen ist in den letzten Jahren zur Hauptmahlzeit geworden und besteht aus **primo** und **secondo piatto** *Vor- und Hauptspeise*. Für ein ausführliches Mittagessen können sich immer weniger Menschen Zeit nehmen. Als **primo** gibt es **pasta** *ein Nudelgericht*, **riso** *ein Reisgericht* oder **minestra** *eine Suppe*, als **secondo carne** *Fleisch* oder **pesce** *Fisch* mit Beilage. Den Abschluss bilden immer **dolce** *eine Süßspeise* oder **frutta** *Obst* und der fast obligatorische **caffè**.

Pizza ist ein Hauptgericht und wird auch in Italien ohne Beilage gegessen, meistens wird Bier dazu getrunken.
Zum Essen wünscht man sich **buon appetito!** - *guten Appetit!* und antwortet **grazie altrettanto** - *danke gleichfalls*! Wenn man gemeinsam etwas trinkt, sagt man **alla salute**, **cin cin**, aber auch **prosit**.

Bars/Restaurants/Kneipen

Wenn man in Italien mit Freunden ausgeht, bezahlt man die Rechnung zusammen und teilt sie anschließend auf. Das nennt man dann **pagare alla romana**, auf die römische Art bezahlen. Bei einer kleinen Gruppe übernimmt auch nur einer die Rechnung. Der Rechnungsbetrag wird nicht wie in Deutschland aufgerundet, man wartet, bis der Kellner das Wechselgeld zurückbringt und lässt dann das Trinkgeld auf dem Tisch liegen.

Telefonieren

Die meisten Italiener melden sich am Telefon mit dem Wort **pronto**, das heißt, sie nennen nicht gleich ihren Namen. Der Anrufer antwortet ebenfalls mit **pronto** und stellt sich dann erst vor.

„Fettnäpfchen" und Tabus

Einladung

In Italien ist es üblich, die erste Einladung höflich abzulehnen; beim zweiten Mal dürfen Sie sich aber überreden lassen.
Geschenke und Komplimente spielen in Italien eine große Rolle, sie werden als Rituale gefeiert. Sätze wie **Ma non dovevi scomodarti!** oder **Ma non occorreva!** - *das war doch nicht notwendig!* hört man häufig. Wenn man eingeladen wird, sind Süßigkeiten und Gebäck vom Konditor oder kleine Mitbringsel immer willkommen. Blumen werden dagegen selten verschenkt.

Rauchen

Seit 2005 gilt ein allgemeines Rauchverbot in öffentlichen Gebäuden. Gesundheitskontrolleure wachen über die Einhaltung des Gesetzes und stellen auch saftige Strafzettel aus.

Besetzt

Es ist unhöflich, sich im Restaurant zu unbekannten Leuten an den Tisch zu setzen, auch wenn noch Plätze frei sind. In einer Pizzeria ist das schon eher möglich.

Blumen

Schenken Sie Ihren italienischen Gastgebern keine Chrysanthemen! Das sind ausschließlich Blumen für Gräber.

Der Kaffee

Nach einem üppigen Essen trinkt man in Italien gerne einen Kaffee, natürlich einen Espresso! Wenn Sie bei einer privaten Einladung nach einem Cappuccino oder Latte Macchiato fragen, grenzt das schon fast an Beleidigung, denn Ihr Gastgeber wird der Meinung sein, er hätte nicht genügend aufgetischt. Getränke mit Milch empfindet man in Italien als sättigend und sind somit als Digestif ungeeignet.
Wenn Sie andererseits Ihren italienischen Gästen oder Geschäftskollegen einen Kaffee anbieten und diese ihn zunächst nicht annehmen, geben Sie nicht gleich auf! Wiederholen Sie Ihr Angebot so lange, bis Sie Ihren Gast scheinbar überredet haben. Einen Kaffee trinken Italiener im Allgemeinen gerne immer und zu jeder Tageszeit; dass man ein Angebot nicht sofort annimmt, gebührt die Höflichkeit.

Essenszeiten

Egal, wann man morgens aufgestanden oder wie der Tag gelaufen ist: Auch am Wochenende oder im Urlaub ist es gänzlich unvorstellbar, vor 19:30-20:00 Uhr zu Abend zu essen - und je südlicher im Stiefel, desto später.

Fußbekleidung

Ohne Schuhe an den Füßen legt sich ein Italiener nicht einmal ins Grab! Er behält die Schuhe an, auch wenn er von der regennassen Straße in seine sauber gefegte Wohnung kommt. Das Gleiche gilt natürlich auch für seine Gäste: Behalten Sie also Ihre Schuhe an, wenn Sie über die Schwelle Ihres italienischen Gastgebers treten! Er wird dafür sorgen, dass Sie nicht den Boden übermäßig beschmutzen und Sie es sich mit Schuhen bei ihm bequem machen können.

Abwasch

Wenn Sie sich nach dem Essen behilflich zeigen wollen und den Abwasch übernehmen, vergessen Sie nicht, das Geschirr mit klarem Wasser nachzuspülen! Seifenreste an den Tellern werden als unhygienisch empfunden.

Anstandsregeln

Vermeiden Sie es tunlichst, im Unterhemd ins Museum zu gehen, ein Fußbad in den Brunnen zu nehmen, Picknick-Decke und -Korb vor Denkmälern und Museen auszubreiten oder in kurzen Hosen und mit unbedeckten Armen eine Kirche zu betreten.

Ungeschriebenes Gesetz

Umziehen sollte man sich in den Umkleidekabinen oder auf der Toilette. Wenn man sich am Strand umziehen möchte, sollte man sich mit dem Badetuch bedecken, was gar nicht so einfach ist. Die ungeschriebene Regel ist einfach: Man zeigt sich als Erwachsener nicht vollkommen nackt am Strand, außer es handelt sich um einen der seltenen Nacktbadestrände.

Reisevorbereitungen

Hotelbuchung per E-Mail

Sehr geehrte Damen und Herren,
am 24. und 25. Juni benötige ich für zwei Nächte ein Einzel-/ Doppel-/ Zweibettzimmer. Bitte teilen Sie mir mit, ob Sie ein Zimmer frei haben und was es pro Nacht (einschließlich Abendessen) kostet.
Mit freundlichen Grüßen

Vorrei prenotare una camera singola/matrimoniale/doppia per due notti dal 24 al 26 giugno. Vi prego di informarmi sulle Vs. disponibilità e sulle tariffe per il pernottamento e la mezza pensione.
Distinti saluti.

Dear Sir or Madam,
I would like to book a single/double/twin-bedded room for 2 nights on the 24 and 25 June. Please let me know if you have any vacancies and the total cost per night (plus dinner).
Yours faithfully,

Autovermietung per E-Mail

Sehr geehrte Damen und Herren,
für den Zeitraum vom 20.–25. Juli möchte ich ab Flughafen Florenz einen Kleinwagen/Mittelklassewagen/eine 7-sitzige Großraumlimousine mieten. Ich möchte den Wagen in Linate/Mailand abgeben, da ich von dort abfliege. Bitte teilen Sie mir Ihre Tarife mit und welche Unterlagen ich benötige.
Mit freundlichen Grüßen

Vorrei noleggiare un'automobile di piccola (un'utilitaria)/media/grossa cilindrata/un minibus a 7 posti dal 20 al 25 luglio all'aeroporto di Firenze e restituirla all'aeroporto di Linate/Milano dal quale ripartirò. Vi prego di mandarmi informazioni sulle tariffe e sui documenti necessari.
Distinti saluti.

Dear Sir/Madam,
I would like to hire a small/mid-range/7-seater people carrier from July 20 - 25 from Florence airport. I depart from Linate/Milano so wish to leave the car there. Please inform me of your rates and what documents I shall require.
Yours faithfully,

Allgemeine Fragen

Ich habe vor, meinen Urlaub in ... zu verbringen. Können Sie mir bitte Informationen über Unterkünfte in der Gegend geben?
Ho intenzione di passare le vacanze a ... Potrebbe darmi informazioni sulle possibilità di alloggio nei dintorni?

An welche Art von Unterkunft haben Sie gedacht?
A quale tipo di alloggio aveva pensato?

Hotel
albergo
Pension
pensione
Fremdenzimmer
sistemazione in famiglia
Ferienwohnung
appartamento (per le vacanze)

Fragen zur Unterkunft

Hotel - Pension - Privatzimmer

Ich suche ein Hotel, jedoch nicht zu teuer - etwas in der mittleren Preislage.
Cerco un albergo, ma non troppo caro, a prezzo moderato.

Ich suche ein Hotel mit Hallenbad/Golfplatz/Tennisplätzen.
Cerco un albergo con piscina coperta/ campo da golf/ campi da tennis.

Für wie viele Leute soll es sein?
Per quante persone?

Sind dort Hunde erlaubt?
Sono ammessi i cani lì?

Ist es möglich, ein weiteres Bett in einem der Zimmer aufzustellen?
Potrebbe aggiungere un altro letto in una delle camere?

Wie viel kostet das pro Woche?
Quanto costa alla settimana?

Ferienhäuser/Ferienwohnungen

Ich suche eine Ferienwohnung oder einen Bungalow.
Cerco un appartamento o un bungalow per le vacanze.

Gibt es ...?
C'è ...?
ein Kinderbett
un lettino
einen Hochstuhl
un seggiolotto
einen Fernseher
la televisione
ein Telefon
il telẹfono
eine Waschmaschine
la lavatrice
eine Spülmaschine
la lavastovịglie
eine Mikrowelle
il microonde

Sind die Stromkosten im Preis eingeschlossen?
La corrente è inclusa?

Werden Bettwäsche und Handtücher gestellt?
Ci sono la biancheria e gli asciugamani?

Wie viel muss ich anzahlen und wann ist die Anzahlung fällig?
Quant'è la caparra e quando va pagata?

Wo und wann kann ich die Schlüssel abholen?
Dove e quando posso ritirare le chiavi?

Camping

Ich suche einen kleinen Campingplatz an der Südküste. Können Sie mir irgendetwas empfehlen?
Cerco un piccolo campẹggio sulla costa meridionale. Potrebbe raccomandarmi qualcosa?

Allgemeines

Italien - Land der Sehnsüchte?
Italien ist das Land der Antike und der Moderne, der Malerei und Bildhauerei, der Architektur, des modernen Designs und des Kitsches, der Oper und der Schnulzen. Italien - das Land des Lärms und der Stille, der schnellen Autos und des Verkehrschaos, der Mode, des Fußballs und des Privatfernsehens - und auch das Land des guten Essens, des besten Kaffees und der besten Eiscreme, des Latin Lovers und der Sonnenbrillen, Land der „Mamma" und des Muttersöhnchens. Italien - das Land der wechselnden Regierungen, Zentrum der katholischen Kirche und Wiege des Eurokommunismus, das Land des Don Camillo und Peppone, des Sowohl-als-Auch, Land der Freundschaften und der Vetternwirtschaft, der Revolution und des Konformismus, der Individualisten und Patrioten, Land der Kommunikation. Steigen Sie in die Kommunikation mit ein! Viel Spaß bei der Begegnung mit Italien, den Italienern und der italienischen Sprache!

Das Wichtigste in Kürze

➢ **auch vordere Umschlaginnenseite**

Ja.
Sì.

Nein.
No.

Bitte.
Per favore.

Danke!
Grạzie!

Vielen Dank!
Grạzie tante!

Danke, gleichfalls!
Grạzie, altrettanto!

Bitte!/Gern geschehen!
Prego! Non c'è di che!

Nichts zu danken!
Di niente!

Wie bitte?
Come dice?

Selbstverständlich!
Certo!

Einverstanden!
D'accordo!

Okay!
Okay!

In Ordnung!
Va bene!

Entschuldigung!/Verzeihung!
Scusi!

Einen Augenblick, bitte!
Un momento, prego!

Das reicht jetzt!
Ora/Adesso basta!

Hilfe!
Aiuto!

Wer?
Chi?

Was?
Che cosa?

Welcher?/Welche?/Welches?
Quale?

Wem?
A chi?

Wen?
Chi?

Wo?
Dove?

Wo ist ...?/Wo sind ...?
Dov'è ...?/Dove sono ...?

Wie viel?
Quanto?

Wie lange?
Quanto/Per quanto (tempo)?

Wann?
Quando?

Um wie viel Uhr?
A che ora?

Ich hätte gern ...
Vorrei ...

Gibt es ...?
C'è/Ci sono ...?

Zahlen – Maße – Gewichte

➢ **hintere Umschlaginnenseite**

Zeitangaben

Die Uhrzeit

Wie viel Uhr ist es bitte?
Che ore sono/Che ora è per favore?

Es ist genau ...
Sono le/È l' ... in punto.

Es ist ungefähr ...
Sono circa ...
3 Uhr.
le tre.
5 nach 3.
le tre e cinque.
3 Uhr 10.
le tre e dieci.
Viertel nach 3.
le tre e un quarto.
halb 4.
le tre e mezza.
Viertel vor 4.
le quattro meno un quarto.
5 vor 4.
le quattro meno cinque.

Es ist 1 Uhr.
È l'una.

Es ist 12 Uhr Mittag/ Mitternacht.
È mezzogiorno/mezzanotte.

Um wie viel Uhr?/Wann?
A che ora?/Quando?

Um 1 Uhr.
All'una.

Um 2 Uhr.
Alle due.

Gegen 4 Uhr.
Verso le quattro.

In einer Stunde.
Fra un'ora.

In zwei Stunden.
Fra due ore.

Nicht vor 9 Uhr morgens.
Non prima delle nove del mattino.

Nach 8 Uhr abends.
Dopo le otto di sera.

Zwischen 3 und 4.
Tra le tre e le quattro.

Wie lange?
Per quanto tempo?

Zwei Stunden (lang).
Per due ore.

Von 10 bis 11.
Dalle diẹci alle ụndici.

Bis 5 Uhr.
Fino alle cịnque.

Seit wann?
Da quando?

Seit 8 Uhr morgens.
Dalle otto del mattino.

Seit einer halben Stunde.
Da mezz'ora.

Seit einer Woche.
Da una settimana.

ab und zu	di tanto in tanto
abends	la sera
am Sonntag	domẹnica
am Wochenende	il fine settimana
bald	presto
diese Woche	questa settimana
früh	presto
gegen Mittag	verso mezzogiorno
gestern	ieri
heute	oggi
heute Morgen/ heute Abend	stamattina/stasera
in 14 Tagen	fra quịndici giọrni
in einer Woche	fra una settimana
innerhalb einer Woche	entro una settimana
jeden Tag	ogni giorno
jetzt	ora, adesso
kürzlich	recentemente
letzten Montag	lunedì scorso
manchmal	a volte
mittags	a mezzogiorno
morgen	domani
morgen früh/ morgen Abend	domattina/domani sera
morgens	la mattina
nachmittags	il pomerịggio

nächstes Jahr	l'anno prọssimo
nachts	la notte
spät	tardi
später	più tardi
stündlich	ogni ora
täglich	tutti i giorni
tagsüber	il giọrno
übermorgen	dopo domani
vor zehn Minuten	dieci minuti fa
vorgestern	l'altro iẹri
vormittags	la mattina

Die Wochentage

Montag	lunedì
Dienstag	martedì
Mittwoch	mercoledì
Donnerstag	giovedì
Freitag	venerdì
Samstag	sạbato
Sonntag	domẹnica

Die Monate

Januar	gennạio
Februar	febbrạio
März	marzo
April	aprile
Mai	mạggio
Juni	giụgno
Juli	lụglio
August	agosto
September	settembre
Oktober	ottobre
November	novembre
Dezember	dicembre

Die Jahreszeiten

der Frühling	la primavera
der Sommer	l'estate *f*
der Herbst	l'autunno
der Winter	l'inverno

Feiertage

Neujahr	Capodanno
Ostern	Pạsqua

Ostermontag	Lunedì dell'Angelo
25. April (Befreiung vom Faschismus)	Liberazione
1. Mai (Tag der Arbeit)	Festa del lavoro
2. Juni (Gründung der Republik Italien)	Festa della Repubblica
Maria Himmelfahrt (15. 8.)	Assunzione, Ferragosto
Allerheiligen (1. 11.)	Ognissanti
8. Dezember (Mariä Empfängnis)	Immacolata Concezione
1. Weihnachtsfeiertag	Il giorno di Natale
2. Weihnachtsfeiertag	Santo Stẹfano

Das Datum

Den Wievielten haben wir heute?
Quanti ne abbiamo oggi?

Heute ist der 1. Mai.
Oggi è il primo mạggio.

Primo, due, tre ...
Die Italiener verwenden bei den Datumsangaben immer die Grundzahlen, nur für den 1. eines jeden Monats benutzen sie die Ordnungszahl *primo*.

Wetter

Was für ein herrliches/schreckliches Wetter!
Che tempo splẹndido/da cani.

Es ist sehr kalt/heiß/schwül.
Fa molto freddo/caldo/è afoso.

Es ist neblig/windig.
C'è nẹbbia/vento.

Es bleibt schön/schlecht.
Rimane bello/brutto.

Es wird wärmer/kälter.
Sta diventando più caldo/freddo.

Es wird regnen/schneien.
Pioverà./Nevicherà.

Die Straßen sind glatt.
Le strade sono ghiacciạte.

Die Sicht beträgt nur 20 m/weniger als 50 m.
C'è una visibilità di soli 20 metri/inferiore ai 50 metri.

Schneeketten sind erforderlich.
Ci vọgliono le catene.

bewölkt	nuvoloso
Blitz	il fụlmine
Bö	rạffica di vento
Donner	tuọno
Ebbe	bassa marea
Eis	ghiạccio
Flaute	bonạccia
Flut	alta marea
Frost	gelo
heiß	caldo, bollente
Hitze	caldo
Hitzewelle	ondata di caldo
kalt	freddo
Luft	ạria
Nebel	nẹbbia
Regen	piọggia
Regenschauer	gli scrosci di piọggia
regnerisch	piovoso
Schnee	la neve
schwül	afoso
Sonne	il sole
sonnig	soleggiato
Temperatur	temperatura
warm	caldo
wechselhaft	variạbile
Wetter	tempo
Wettervorhersage	le previsioni metereolọgiche
Wind	vento
Windstärke	intensità del vento
Wolke	nụvola

Farben

beige	beige
blau	blu
braun	marrone
einfarbig	a tinta unita
farbig	a colori
gelb	giạllo
goldfarben	colọr oro
grau	grịgio
grün	verde
lila	lilla
orange	arancione
rosa	rosa
rot	rosso
schwarz	nero
silberfarben	colọr argento
türkis	turchese
violett	viọla

Zwischenmenschliches

Ein Schwätzchen in Ehren ...
Für einen kleinen Schwatz findet sich in Italien immer und überall Gelegenheit: Ob auf der Piazza oder vor dem Haus, in der Bar oder vor der Kirche, man trifft sich oder kommt mal kurz vorbei zum Plauschen, was im Italienischen sehr lautmalerisch *chiacchierare* heißt. Das Handy ist stets griffbereit, ob in der Schlange vor der Supermarktkasse, am Strand beim Sonnenbaden oder beim gemütlichen Abendessen mit der Familie.

Begrüßung und Verabschiedung

Die Begrüßung

Guten Tag!
Buon giorno.

Guten Morgen!
Buon giorno.

Guten Abend!
Buona sera.

Bis zum Mittagessen sagt man *buon giorno,* bereits nach dem Mittagessen *buona sera.*

Hallo!/Grüß dich!
Ciạo!

Küsschen, Küsschen
Unter Jugendlichen oder Freunden begrüßt man sich nicht nur mit *Ciao!* sondern nach alter römischer Sitte auch mit *Salve!* Beim Abschied heißt es *Ciao.*
Freund, gute Bekannte und Verwandte bekommen außerdem einen Kuss auf jede Wange.

Wie ist Ihr Name, bitte?
Come si chiama?

Wie heißt du?
Come ti chiami?

Ich heiße ...
Mi chiamo ...

Wie geht es Ihnen?
Come sta?

Wie geht's?
Come va?

Danke. Und Ihnen/dir?
Bene, grạzie. E Lei/tu?

Sich vorstellen

Darf ich bekannt machen? Das ist ...
Le posso presentare ... Questa/Questo è ...
Frau X/Fräulein X/HerrX.
la signora X/la signorina X/il signor X.
mein Mann/Sohn.
mio marito/fịglio.
meine Frau/Tochter.
mia mọglie/fịglia.
mein Freund/fester Freund.
il mio amico/ragazzo.
meine Freundin/feste Freundin.
la mia amica/ragazza.
mein Lebenspartner/meine Lebenspartnerin.
il mio compagno/la mia compagna.

Angenehm!/Sehr erfreut!
Piacere!/Molto lieto/a!

Darf ich Ihnen meine Visitenkarte geben?
Posso darLe la mia carta da vịsita?

Frau Professor
Auf die Nennung von Titeln und Berufsbezeichnungen mag man in Italien nicht verzichten: So wird z. B. der Rechtsanwalt Conte üblicherweise mit *l'avvocato Conte* vorgestellt. Ein häufiger Titel ist *dottore/dottoressa,* den jeder erhält, der ein Hochschulstudium absolviert hat. Außer Grundschullehrer werden alle Lehrer und Dozenten mit *professore/professoressa* angesprochen. Auch die Anrede *ragioniere/ragioniera* („Buchhalter") ist nicht unüblich.

Das Verabschieden

Verlässt man einen Laden, ein Restaurant, eine Bar etc., kann man statt *arrivederci/arrivederLa* auch - je nach Tageszeit - *buon giorno* oder *buona sera* sagen.

Auf Wiedersehen!
Arrivederci!/ArrivederLa!

Bis bald!
A presto!

Bis später!
A più tardi!

Bis morgen!
A domani!

Mach's gut!
Stammi bene!

Bis bald!
Ci vediamo!

Gute Nacht!
Buona notte!

Tschüs!
Cịao!

Gute Reise!
Buon viạggio!

Höflichkeit

Bitte und Dank

Bitte.
Per favore.

Ja, bitte.
Sì, grạzie.

Nein, danke.
No, grạzie.

Gestatten Sie?
Permette?

Können Sie mir bitte helfen?
Mi può aiutare, per favore?

Danke!
Grạzie!

Danke, sehr gern!
Grạzie, ben volentieri!

Das ist nett, danke!
Molto gentile, grạzie!

Bitte sehr!/Gern geschehen!
Prego!/Non c'è di che!

Entschuldigung

Entschuldigung!
Scusi!

Das tut mir sehr leid!
Mi dispiace molto!

Es war nicht so gemeint.
Non volevo.

Keine Ursache!/Macht nichts!
Niente!/Non fa niente!

Das ist leider nicht möglich.
Purtroppo non è possibile.

Wünsche

Herzlichen Glückwunsch!
Auguri!

Alles Gute zum Geburtstag!
Tanti auguri di buon compleanno.

Viel Erfolg!
Buon lavoro!

Viel Glück!
Buona fortuna!

Ich drücke Ihnen die Daumen.
In bocca al lupo!

Gesundheit! (*nach Niesen*)
Salute!

Gute Besserung!
Buona guarigione!

Meinungen und Gefühle

Zustimmung und Gesprächsfortführung

Gut.
Bene.

Richtig.
Giusto.

Einverstanden!/Abgemacht!
D'accordo!

Geht in Ordnung!
A posto!/Va bene!

Okay!/o.k.!/O.K.!
O.K./Va bene!

Genau.
Preciso./Esatto.

Ach!
Ah!/Oh!

Ach, so!
Ah, ecco! Ora capisco!

Wirklich?
Davvero?

Interessant!
Interessante!

Wie schön!
Che bello!

Ich verstehe.
Capisco.

So ist es eben.
Purtroppo è così.

Ganz Ihrer Meinung.
Sono perfettamente d'accordo.

Das stimmt.
È vero.

Das finde ich (sehr) gut.
Buona (ọttima) idea.

Mit Vergnügen!
Con piacere!

Ablehnung

Ich will nicht.
Non voglio.

Dazu habe ich keine Lust.
Non ne ho voglia.

Damit bin ich nicht einverstanden.
Non sono d'accordo.

Das kommt nicht in Frage!
Non se ne parla neanche!

Auf gar keinen Fall!
In nessun caso!

Ohne mich!
Non contate su di me!

Das gefällt mir gar nicht.
Non mi piace affatto.

Vorlieben

Das gefällt mir (nicht).
(Non) mi piace.

Ich möchte lieber ...
Preferisco ...

Am liebsten wäre mir ...
Più di tutto mi piacerebbe ...

Nichtwissen ausdrücken

Das weiß ich nicht.
Non lo so.

Keine Ahnung.
Non ho idea./Boh!

Unentschlossenheit

Das ist mir egal.
Non mi importa.

Ich weiß noch nicht.
Non lo so ancora.

Vielleicht.
Forse.

Wahrscheinlich.
Probabilmente.

Freude - Begeisterung

Großartig!
Eccellente!

Prima!
Magnịfico!

Toll!
Fantạstico!

Super!
Eccezionale!

Wahnsinn!
Pazzesco!

Erstaunen - Überraschung

Ach so!
Ah ecco!

Wirklich?
Davvero?/Veramente?

Das ist ja nicht zu fassen!
Non riẹsco a crẹderci!

Unglaublich!
Incredịbile!

Erleichterung

Ein Glück, dass ...!
Fortunatamente ...

Gott sei Dank!
Grạzie a Dio!

Endlich!
Finalmente!

Gelassenheit

Nur keine Panik/Aufregung!
Calma!

Machen Sie sich keine Sorgen.
Non si preọccupi!

Ärger

Das ist aber ärgerlich.
Però è una seccatura!

So ein Mist!
È un pasticcio!

Jetzt reicht's!
Adesso basta!

... geht mir auf den Geist /Wecker /Keks.
... mi da sui nervi/ ... mi rompe.

Eine Unverschämtheit ist das!/So eine Frechheit!
È una vergogna!/È una sfacciataggine!

Das darf doch wohl nicht wahr sein!
Ma è possibile!

Zurechtweisung

Was fällt Ihnen ein!
Cosa Le viene in mente!

Kommen Sie mir bloß nicht zu nahe!
Guai se mi tocca!

Das kommt gar nicht in Frage.
Nemmeno per sogno!

Bedauern - Enttäuschung

Oh je!
O Dio!/Mamma mia!

Es tut mir leid.
Mi dispiace tanto.

Es tut mir richtig leid für ....
mi dispiace davvero per ...

Schade!
Peccato!

Dem ist nicht zu trauen.

Ausgezeichnet!

Was kann ich dafür?

Sei so gut!

Das ist mir egal!

Du spinnst wohl!

Schluss! – „Basta!"

Ist doch klar!

Was willst du?

Aufgepasst!

Pass auf! – Die zwei haben sich verschworen.

Lecker!

Komplimente

Wie schön!
Che bello!

Das ist wunderbar!
È meraviglioso!

Das ist sehr nett von Ihnen/dir!
Che bel pensiero da parte Sua/tua!

Ich finde Sie sehr sympathisch/nett.
La trovo molto simpạtico, -a/carino, -a.

Es ist wirklich traumhaft hier!
È veramente un incanto qui.

Das sieht gut aus!
Ti/Le sta prọprio bene!

Das Kleid steht Ihnen/dir gut.
Il vestito Le/ti sta bene.

Sie sprechen aber sehr gut Italienisch/Deutsch.
Lei lo parla molto bene l'italiano/il tedesco.

Das Essen war ausgezeichnet!
Il mangiare era ọttimo!

Komplimente
Sparen Sie beim Essen nicht mit ausschweifenden Komplimenten über das gelungene Mahl! Beim Essen darf in Italien viel und laut geredet werden. Je besser es schmeckt, desto lauter und ausführlicher wird es kundgetan, „gefräßige Stille" ist unbekannt und könnte missverstanden werden.

Wir haben selten so gut gegessen wie bei Ihnen.
Non abbiamo mai mangiato così bene come da Lei.

Wir haben uns bei Ihnen sehr wohl gefühlt.
Ci siamo trovati molto bene da Lei.

angenehm	piacevole
ausgezeichnet	ọttimo
beeindruckend	impressionante
freundlich	gentile, cortese
gemütlich	cọmodo, confortẹvole
herrlich	magnịfico
hübsch	carino, grazioso
lecker	squisito, gustoso
liebenswürdig	gentile, affạbile
schön	bello

Smalltalk

Angaben zur Person

Wie alt sind Sie/bist du?
Quanti anni ha/hai?

Ich bin 39.
Ho trentanove anni.

Was machen Sie/machst du beruflich?
Qual è la Sua/tua professione?

Ich bin ...
Sono ...
  Freiberufler.
  libero professionista, freelance
  arbeitslos.
  disoccupato/a.

Ich arbeite bei ...
Lavoro presso ...

Ich bin Rentner/in.
Sono pensionato/a.

Ich gehe noch zur Schule.
Vado ancora a scuola.

Ich bin Student/in.
Sono studente/essa universitario/a.

Herkunft und Aufenthalt

Woher kommen Sie/kommst du?
Di dov'è Lei?/Di dove sei tu?

Ich komme aus Stuttgart.
Sono di Stoccarda.

Sind Sie/Bist du schon lange hier?
È/Sei qui da molto?

Ich bin seit ... hier.
Sono qui da ...

Wie lange bleiben Sie/bleibst du?
Quanto si ferma/ti fermi?

Sind Sie/Bist du zum ersten Mal hier?
È/Sei qui per la prima volta?

Wie finden Sie es?
Che cosa ne pensa?

Familie

Sind Sie verheiratet?
È sposato/sposata?

Haben Sie Kinder?
Ha figli?

Ja, aber sie sind schon erwachsen.
Si, ma sono già grandi.

Wie alt sind Ihre Kinder?
Quanti anni hanno i suoi figli?

Meine Tochter ist 8 (Jahre alt) und mein Sohn ist 5 (Jahre alt).
Mia figlia ha 8 anni e mio figlio ne ha 5.

Hobbys

➢ **auch Aktiv- und Kreativurlaub**

Haben Sie/Hast du ein Hobby?
Ha/Hai un hobby?

Ich verbringe viel Zeit mit meinen Kindern.
Passo molto tempo con i miei figli.

Ich lese sehr gern.
Mi piace molto leggere.

Ich arbeite gern im Garten.
Mi piace il lavoro in giardino.

Ich male ein wenig.
Dipingo un po'.

Ich sammle Antiquitäten/Briefmarken.
Faccio la collezione di antichità/francobolli.

Wofür interessieren Sie sich so?
Di che cosa si interessa?

Ich interessiere mich für ...
Mi interesso di ...

Ich bin bei ... aktiv.
Appartengo a ...

... ist eine meiner Lieblingsbeschäftigungen.
... è una delle mie attività preferite.

basteln	fare bricolage
entspannen	rilassarsi
im Garten arbeiten	lavorare in giardino

kochen	cucinare
lesen	lẹggere
malen	dipịngere
Musik hören	ascoltare mụsica
musizieren	fare mụsica
reisen	viaggiare
Sprachen lernen	studiare lingue
töpfern	lavorare la terracotta
zeichnen	disegnare

Fitness

➢ **auch Aktivurlaub**

Wie halten Sie sich fit?
Come si tiene in forma?

Ich jogge/schwimme/fahre Rad.
Fạccio jogging./Nuoto./Vado in bicicletta.

Ich spiele einmal in der Woche Tennis/Volleyball.
Una volta alla settimana gioco a tennis/a pallavolo.

Ich gehe ziemlich regelmäßig ins Fitnesscenter.
Vado abbastanza regolarmente in palestra.

Welchen Sport treiben Sie?
Quale sport prạtica Lei?

Ich spiele ...
Io gioco a ...

Ich bin ein Fan von ...
Sono appassionato di ...

Ich gehe gern ...
Mi piace andare a...

Kann ich mitspielen?
Posso giocare anch'io?

Verabredung

Haben Sie/Hast du morgen Abend schon etwas vor?
Ha/Hai già un impegno domani?

Wollen wir zusammen hingehen?
Ci andiạmo insiẹme?

Wollen wir heute Abend miteinander ausgehen?
Vogliamo uscire insieme stasera?

Darf ich Sie/dich morgen Abend zum Essen einladen?
La/Ti posso invitare domani a cena?

Wann treffen wir uns?
A che ora ci incontriạmo?

Treffen wir uns um 9 Uhr vor .../im ...
Ci incontriamo alle 9 davanti a .../nel ...

Ich hole Sie/dich ab.
La/Ti vengo a prẹndere.

Kann ich Sie/dich wiedersehen?
La/Ti posso rivedere?

Das war wirklich ein netter Abend!
È stata veramente una bella serata!

Duzen und Siezen
In Italien duzt man sich recht schnell, vor allem unter Leuten gleichen Alters. Hat man Gemeinsamkeiten wie etwa Hobbys oder Kinder, so duzt man sich meist spätestens nach ein paar Sätzen. Junge Leute duzen sich auch in rein geschäftlichen Beziehungen, beispielsweise in der Pizzeria (Kellner und Gast) oder im Schuhgeschäft (Verkäuferin und Kundin).

Flirt

Du hast wunderschöne Augen.
Hai degli occhi meravigliosi.

Mir gefällt, wie du lachst.
Mi piace come ridi.

Du gefällst mir.
Mi piaci.

Ich mag dich.
Ti voglio bene.

Ich finde dich ganz toll!
Ti trovo splẹndida!

Ich liebe dich!
Ti amo!

Hast du einen festen Freund/eine feste Freundin?
Hai un ragazzo fisso/una ragazza fissa?

Liebesschlösser
In Rom, wo nach dem Bestseller „Ich steh auf dich" von Federico Moccia alles seinen Anfang nahm, aber auch in anderen italienischen Städten, hängen verliebte Paare mit ihren Namen beschriftete Metallschlösser an Straßenlaternen auf Brücken oder auch an Gittertore öffentlicher Gebäude und werfen die dazugehörigen Schlüssel anschließend in Brunnen oder Flüsse.
Dieser Brauch ist in manchen Städten derartig ausgeufert, dass die Stadtverwaltungen den „Liebestätern" Geldstrafen verhängt haben. Dies hat jedoch nicht viel genutzt: Die *lucchetti dell'amore* tauchen immer wieder auf!

Lebst du mit jemandem zusammen?
Convivi con qualcuno?

Bist du verheiratet?
Sei sposato/a?

Ich bin geschieden./Wir leben getrennt.
Sono divorziata./Siamo separati.

Kommst du mit zu mir?
Vuoi venire da me?

Ich möchte mit dir schlafen.
Vorrei andare a letto con te.

Aber nur mit Kondom!
Però solo con preservativo!

Hast du welche?
Ce n'hai?

Wo kann ich welche kaufen?
Dove posso comprarli?

Pappagalli
Die *pappagalli,* die italienischen Machos, gibt es zwar noch, doch auch bei der italienischen Jugend ist mittlerweile eher „Coolness" gefragt. Und zu den modernen, emanzipierten Italienerinnen passen die *pappagalli* eigentlich auch nicht mehr so recht.
Wie Sie einen *pappagallo* erkennen? Er ist braun gebrannt, muskulös, nicht immer schön, Sonnenbrille - auch in der Disko. Meist treten sie zu zweit oder dritt auf und wandern von Mädchengruppe zu Mädchengruppe, bis sie ein geeignetes Opfer gefunden haben. Eine einfache Regel für den Umgang mit den *pappagalli* lautet: Will man nichts mit ihnen zu tun haben, lässt man sich nicht einmal auf das harmloseste Gespräch ein, sonst ist man verloren. Am besten, man behandelt sie wie Luft. Wie das die italienischen Frauen handhaben? Sie wehren die Angriffe zunächst standhaft ab und warten ab, ob sich der Werber als zäher Kämpfer erweist.

Nein, das geht mir zu schnell!
No, ti stai allargando!

Wir können kuscheln.
Possiamo accarezzarci.

Bitte geh jetzt!
Adesso vai per favore!

Lassen Sie mich bitte in Ruhe!
Mi lasci in pace, per favore!

Hören Sie sofort damit auf!
La smetta subito!

Verständigungsschwierigkeiten

Wie bitte?
Come dice? *(Sie)*/Come dici? *(du)*

Ich verstehe Sie nicht.
Non La capisco.

Könnten Sie das bitte wiederholen?
Potrebbe ripeterlo, per favore?

Bitte sprechen Sie etwas langsamer.
Per favore, parli più piano.

Ja, ich verstehe.
Sì, capisco.

Sprechen Sie/Sprichst du ...
Parla/Parli ...
Deutsch?
tedesco?
Englisch?
inglese?
Italienisch?
italiano?

Ich spreche nur wenig ...
Parlo solo un po' di ...

Könnten Sie es mir bitte aufschreiben?
Potrebbe scrivermelo, per favore!

Unterwegs

Italien – Das Land der schnellen Autos und des Verkehrschaos
Was ausländischen Autofahrern in Italien am meisten Kopfzerbrechen bereitet, ist die Fahrweise der Italiener. Die italienische Straßenverkehrsordnung entspricht zwar fast der deutschen, sie wird von den Italienern jedoch eher als „Kann"-Vorschrift interpretiert und der jeweiligen Situation angepasst.
So werden Sie etwa italienische Autofahrer beobachten können, die sich vor einer Ampel in die Abbiegespur einordnen und trotzdem geradeaus weiterfahren, weil sie wissen, dass hinter der Ampel genügend Platz für zwei Autos ist – wichtig ist nur, dass der Verkehr fließt und man nicht unnötig lange steht! Und um drei Uhr nachts bei Rot über eine Kreuzung zu fahren, ist auch kein Tabu, wenn weit und breit kein Auto zu sehen ist.
Auch Fußgänger halten sich nicht unbedingt an rote Ampeln und Zebrastreifen: Man schaut eher auf die Autos und versucht einen günstigen Moment zum Überqueren der Straße zu finden. Denn für die Autofahrer gilt als oberstes Gebot: Auf Fußgänger und andere Autos achten!
Wagen Sie sich an einem Zebrastreifen also ruhig – trotz des nicht abreißen wollenden Autostroms – einen Schritt auf die Straße und Sie werden sehen: Die Autos werden anhalten. Wichtiger als die Straßenverkehrsordnung ist es, die Fahr- und Verhaltensweise der anderen Verkehrsteilnehmer zu beobachten und entsprechend zu reagieren.

Fragen nach dem Weg

Ortsangaben

links	a sinistra
rechts	a destra
geradeaus	diritto
vor	prima di
hinter	dietro
nach	dopo
neben	vicino a
gegenüber	di fronte a
hier	qui
dort	là
nah	vicino
weit	lontano
Ampel	semaforo
Straße	strada, via
Straßenecke	angolo della strada
Kreuzung	incrocio
Kurve	curva

Noch ein Tipp für die Autofahrer: In Italien schalten die Ampeln etwas anders von Grün auf Rot: Die Grün-Gelb-Phase ist sehr lang, so dass Sie noch gut durchfahren können. Bei Rot müssen Sie aber halten!

Wegbeschreibung

Entschuldigen Sie bitte, wie komme ich nach ...?
Senta, scusi, per andare a ...?

Immer geradeaus bis ...
Sempre diritto fino a ...

Dann bei der Ampel links/rechts abbiegen.
Poi al semaforo svolti a sinistra/destra.

Folgen Sie den Schildern.
Segua le indicazioni.

Wie weit ist das?
Quanti chilometri sono?

Es ist ganz in der Nähe.
È vicinissimo.

Bitte, ist das die Straße nach ...?
Scusi, è questa la strada per ...?

Bitte, wo ist ...?
Scusi signore/signora/signorina, dov'è ...?

Tut mir leid, das weiß ich nicht.
Mi dispiace, non lo so.

Gehen Sie geradeaus/nach links/nach rechts.
Vada diritto/a sinistra/a destra.

Erste/Zweite Straße links/rechts.
La prima/seconda strada a sinistra/a destra.

Überqueren Sie ...
Attraversi ...
die Brücke.
il ponte.
den Platz.
la piazza.
die Straße.
la strada.

Sie nehmen am besten den Bus Nr. ...
La meglio è prendere la linea N° ...

An der Grenze

Zollkontrolle

Haben Sie etwas zu verzollen?
Ha niente da dichiarare?

Fahren Sie bitte rechts/links heran!
Si metta lì a destra/a sinistra!

Öffnen Sie bitte den Kofferraum/diesen Koffer!
Apra, per favore, il bagagliạio/questa valịgia!

Muss ich das verzollen?
Devo sdoganarlo/la questo?

Personalien

Familienname	il cognome
Familienstand	stato di famịglia
ledig	*(Mann)* cẹlibe; *(Frau)* nụbile
verheiratet	*(Mann)* sposato; *(Frau)* sposata
verwitwet	*(Mann)* vẹdovo; *(Frau)* vẹdova
Geburtsdatum	data di nạscita
Geburtsname	il cognome da ragazza
Geburtsort	luogo di nạscita
Staatsangehörigkeit	nazionalità
Vorname	il nome
Wohnort	domicịlio

Grenze

Ausreise	passạggio di confine
Einreise	entrata (in territorio straniero)
EU-Bürger	cittadino unitạrio
Führerschein	la patente
Grenze	frontiẹra
Grenzübergang	frontiẹra, il confine
grüne Versicherungskarte	carta verde
gültig	vạlido
internationaler Impfpass	certificato internazionale di vaccinazione
Nationalitätskennzeichen	targa di nazionalità
Nummernschild	targa
Passkontrolle	controllo dei passaporti
Personalausweis	carta d'identità
Reisepass	passaporto
Visum	visto
Zoll	dogana
zollfrei	esente da dạzio doganale

Zollgebühren	le tariffe doganali
zollpflichtig	soggetto a dạzio doganale

Auto und Motorrad

Reisewege, Vorschriften ...

Autobahn	autostrada
Autobahngebühren	pedạggio autostradale

Modernes „Raubrittertum"
Autobahnen sind in Italien gebührenpflichtig. Um schneller an den Mautstationen vorbeizukommen, sollte man sich am besten gleich nach der Grenze an einer Autobahntankstelle eine *Viacard* besorgen, eine Geldkarte, von der an jeder Mautstelle die fällige Gebühr abgebucht wird. Wer eine Kreditkarte besitzt, braucht keine *Viacard.* Reihen Sie sich in beiden Fällen an den entsprechend gekennzeichneten Schaltern ein.

Bußgeld	ammenda
Hauptstraße	strada principale
Landstraße	strada maestra
Mautstelle	casello
Nebenstraße	strada secondạria
Promillegrenze	il lịmite (mạssimo consentito) di ạlcol nel sạngue
Radarkontrolle	controllo radar
Rastplatz	piạzzola di sosta
Raststätte	la stazione di servịzio, l'autogrill *m*
Schnellstraße	superstrada
Stau	ingorgo
Straßenbenutzungsgebühr	pedạggio
trampen	viaggiare in autostọp
Tramper(in)	l'autostoppista *m/f*
Wegweiser	il segnavia

Hinweise und Informationen

Attenzione	Vorsicht
Bambini	Schulkinder
Cạmbio corsia	Fahrbahn wechseln
Cantiere ẹdile	Baustelle
Circonvallazione	Umgehungsstraße
Curva pericolosa	Gefährliche Kurve
Dare la precedenza	Vorfahrt achten
Deviazione	Umleitung
Discesa pericolosa	Starkes Gefälle
Disco orạrio	Parkscheibe

Divieto di sorpasso	Überholen verboten
Divieto di sosta	Halten verboten
Ingorgo	Verkehrsstau
Lavori in corso	Straßenarbeiten
Limite di velocità	Geschwindigkeitsbegrenzung
Mettersi in fila	Bitte einordnen
Ospedale	Krankenhaus
Parcheggio	Parkplatz
Passaggio a livello incustodito	Unbeschrankter Bahnübergang
Passaggio pedonale	Zebrastreifen
Pericolo	Gefahr
Pista ciclabile	Radweg
Ponte	Brücke
Principiante	Anfänger
Rallentare	Langsamer fahren
Scuola	Schule
Senso unico	Einbahnstraße
Sottopassaggio	Fußgängerunterführung
Strada sdrucciolevole	Rutschgefahr
Tamponamento	Auffahrunfall
Tenere la destra	Rechts fahren
Tenere libero l'accesso	Ausfahrt freihalten
Uscita	Ausfahrt
Vietato al traffico	Gesperrt für alle Fahrzeuge
Vietato l'accesso	Keine Einfahrt
Zona a disco orario	Kurzparkzone (Parkscheibe)
Zonapedonale	Fußgängerzone

An der Tankstelle

➢ **auch Werkstatt**

Wo ist bitte die nächste Tankstelle?
Dov'è la prossima stazione di servizio, per favore?

Ich möchte ... Liter ...
Vorrei ... litri di ...
  Normalbenzin.
  benzina normale.
  Super.
  super.
  Diesel.
  gasolio.
  Gemisch.
  miscela.
  bleifrei/mit ... Oktan.
  senza piombo(verde)/a ... ottani.

Super bitte, für ... Euro.
Super, per favore, per ... euro.

Voll tanken, bitte!
Il pieno, per favore!

Würden Sie bitte den Ölstand prüfen?
Scusi, potrebbe controllare il livello dell'olio?

Ich hätte gern eine Straßenkarte dieser Gegend.
Vorrei una carta stradale di questa zona.

Parken

Entschuldigen Sie bitte, gibt es hier in der Nähe eine Parkmöglichkeit?
Scusi, prego, c'è un parcheggio qui vicino?

Kann ich den Wagen hier abstellen?
Posso lasciare la macchina qui?

Könnten Sie mir wohl Geld für die Parkuhr wechseln?
Mi può cambiare i soldi in moneta per il parchimetro, per favore?

Ist der Parkplatz bewacht?
Il parcheggio è custodito?

Wie hoch ist die Parkgebühr pro Stunde?
Qual è la tariffa per un'ora?

Ist das Parkhaus die ganze Nacht geöffnet?
Il parcheggio è aperto tutta la notte?

Eine Panne

Ich habe eine Panne.
Ho un guasto/una panne.

Wo ist hier in der Nähe eine Werkstatt?
Scusi signore/signora/signorina, c'è un'officina qui vicino?

Würden Sie bitte den Pannendienst anrufen?
Potrebbe telefonare al soccorso stradale?

Würden Sie mir bitte einen Mechaniker/einen Abschleppwagen schicken?
Mi potrebbe mandare un meccanico/un carro-attrezzi?

Könnten Sie mir mit Benzin aushelfen?
Mi potrebbe dare un po' di benzina?

Könnten Sie mir beim Reifenwechsel helfen?
Mi potrebbe aiutare a cambiare la ruota?

Würden Sie mich bis zur nächsten Werkstatt mitnehmen?
Mi potrebbe dare un passaggio fino alla prossima officina?

Abschleppdienst	autosoccorso
abschleppen	rimorchiare, trainare

Abschleppseil	cavo da rimọrchio
Abschleppwagen	carro attrezzi
Benzinkanister	lattina, tạnica
Ersatzrad	ruọta di scorta
Notrufsäule	telẹfono d'emergenza
Panne	guasto, panne
Pannendienst	soccorso stradale
Platten	gomma a terra
Starthilfekabel	cavo ausiliạrio per la messa in moto
Wagenheber	il cric
Warnblinkanlage	i lampeggiatori d'emergenza
Warndreieck	triạngolo
Werkzeug	l'utensile *m*, attrezzo

In der Werkstatt

Der Motor springt nicht an.
La mạcchina non parte.

Mit dem Motor stimmt was nicht.
Il motore non va bene.

... ist/sind defekt.
... è/sono difettoso/difettosi.

Der Wagen verliert Öl.
La mạcchina perde ọlio.

Können Sie mal nachsehen?
Scusi, ci potrebbe dare un'occhiata, per favore?

Wechseln Sie bitte die Zündkerzen aus.
Cambi le candele, per favore.

Machen Sie bitte nur die nötigsten Reparaturen.
Fạccia soltanto le riparazioni indispensạbili, per favore.

Wann ist der Wagen/das Motorrad fertig?
Quando sarà pronta la mạcchina/la motocicletta?

Was wird es ungefähr kosten?
Quanto costerà su per giù?

Abblendlicht	le luci anabbaglianti
Alarmanlage	il sistema d'allarme
Anlasser	motorino d'avviamento
Auspuff	scappamento, tubo di scạrico
Automatik(getriebe)	cạmbio automạtico
Autowerkstatt	autofficina
Benzinpumpe	pompa della benzina
Blinklicht	il lampeggiatore,la frẹccia
Bremse	freno

Bremsflüssigkeit	ọlio per freni
Bremslichter	le luci di arresto
Defekt	difetto
Delle	ammaccatura
Erdgas-/Elektrotankstelle	distributore metano/stazione di carica
Fernlicht	i fari abbaglianti
Freisprechanlage	impianto viva voce
Frostschutzmittel	antigelo
Gang	mạrcia
erster Gang	la prima
Leerlauf	la folle
Rückwärtsgang	mạrcia indiẹtro
Gaspedal	l'acceleratore *m*
Getriebe	cạmbio
Handbremse	freno a mano
Hupe	il clacson
Kofferraum	bagagliạio
Kratzer	graffio
Kühler	il radiatore
Kühlwasser	ạcqua di raffreddamento
Kupplung	la frizione
Kurzschluss	corto circụito
Lichtmaschine	la dịnamo
Luftfilter	filtro dell'ạria
Motor	il motore
Motorhaube	cọfano
Navigator	navigatore GPS
Öl	ọlio
Ölwechsel	cạmbio dell'ọlio
Rad	ruọta
Reifen	pneumạtico
Rücklicht	fanalino posteriore
Rückspiegel	specchiẹtto retrovisore
Scheibenwischer	tergicristallo
Scheinwerfer	faro
Schraube	la vite
Sicherheitsgurt	cintura di sicurezza
Standlicht	le luci di posizione
Stoßstange	il parạurti
Tachometer	tachịmetro
Tank	serbatọio
Verbandskasten	cassetta di pronto soccorso
elektronische Wegfahrsperre	antifụrto elettrọnico
Windschutzscheibe	il parabrezza
Winterreifen	gli pneumạtici da neve
Zündkerze	candela
Zündung	l'accensione *f*

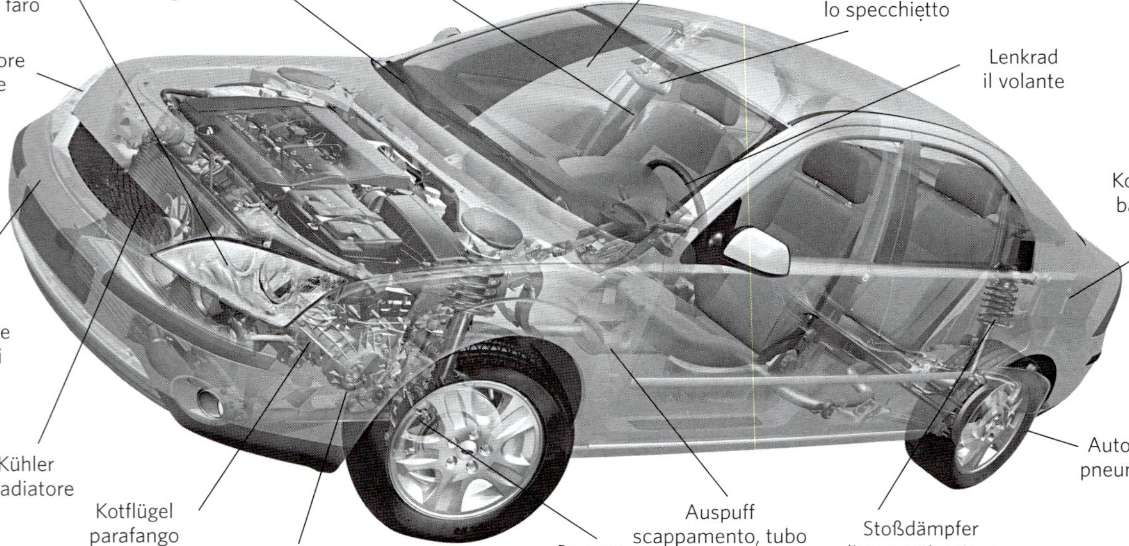
Scheinwerfer
faro
Blinker
fręccia, l'indicatore
m di direzione
Scheibenwischer
tergicristallo
Sicherheitsgurt
cintura di sicurezza
Windschutzscheibe
il parabrezza
Rückspiegel
lo specchiętto
Lenkrad
il volante
Kofferraum
bagagliạio
Stoßstange
il paraurti
Kühler
il radiatore
Kotflügel
parafango
Achse
l'asse m
Bremse
freno
Auspuff
scappamento, tubo
di scạrico
Stoßdämpfer
l'ammortizzatore
Autoreifen
pneumạtico

Verkehrsunfall

Es ist ein Unfall passiert!
C'è stato un incidente!

Rufen Sie bitte schnell ...
Chiami sụbito ...
einen Krankenwagen!
un'autoambulanza!
die Polizei!
la polizia!
die Feuerwehr!
i vịgili del fuoco!

Verkehrspolizei mal 2
In Italien ist Verkehrspolizei nicht gleich Verkehrspolizei: Die *polizia stradale* mit blauen Fahrzeugen und Uniformen ist für die Straßen außerhalb einer Stadt zuständig, die *vigili* regeln den Verkehr innerhalb der Stadt. Ihre Uniform kann von Gemeinde zu Gemeinde variieren, doch meistens tragen sie eine schwarze (im Sommer auch weiße) Uniform mit weißem Hut und weißen Handschuhen.

Haben Sie Verbandszeug?
Ha del materiale di pronto soccorso?

Sie haben ...
Lei ...
die Vorfahrt nicht beachtet.
non ha rispettato la precedenza.
nicht geblinkt.
non ha messo la frẹccia.

Seit Juli 2003 geht es Straßenrowdies an den Kragen. Ähnlich wie in Deutschland gibt es ein Punktesystem für das Fehlverhalten auf den Straßen. Neu ist außerdem die Vorschrift, dass auch tagsüber mit Licht gefahren werden muss.

Sie sind ...
Lei ...
zu schnell gefahren.
andava troppo forte.
bei Rot über die Kreuzung.
è passato col rosso.

Können Sie als Zeuge aussagen?
Puọ deporre come testimone?

Geben Sie mir bitte Ihren Namen und Ihre Anschrift.
Mi dịa il Suo nome e indirizzo.

Vielen Dank für Ihre Hilfe!
Grạzie dell'aiụto!

Auto-, Motorrad- und Fahrradvermietung

Ich möchte für zwei Tage/eine Woche ... mieten.
Vorrei noleggiare per due giorni/una settimana ...
  einen Wagen
  una mạcchina.
  einen Geländewagen
  un fuoristrada.
  ein Motorrad
  un motociclo.
  einen Motorroller
  una motoretta/uno scooter.
  ein Mofa
  un motorino.
  ein Fahrrad
  una bicicletta.

Bitte ein Fahrzeug mit Navigationssystem.
Un'autovettura con sistema di navigazione, prego.

In Großstädten kommt man am besten mit einem wendigen Kleinwagen oder mit einem Zweirad voran, denn so kann man „Schlupflöcher" nutzen und sich durch die endlosen Autoreihen durchschlängeln. Achten Sie aber darauf, dass manche Autofahrer beim Fahrbahnwechsel statt des Blinkers mit dem Arm winken, und dass beim Rechtsabbiegen bisweilen gar nicht geblinkt wird.

Wie hoch ist die Tages-/Wochenpauschale?
Qual è il forfait giornaliero/settimanale?

Ist das einschließlich unbegrenzter Kilometerzahl?
È a chilọmetri illimitati?

Wie viel verlangen Sie pro gefahrenen Kilometer?
Quanto si paga per ogni chilọmetro percorso?

Ist das Fahrzeug vollkaskoversichert?
Il veịcolo è assicurato contro tutti i rischi?

Ist es möglich, das Fahrzeug in ... abzugeben?
È possịbile lasciare la mạcchina a ...?

Ich möchte auch einen Schutzhelm leihen.
Vorrei anche noleggiare un casco.

Führerschein	la patente
hinterlegen	depositare
Kaution	la cauzione
Kindersitz	seggiolino ạuto (per bambini)
Nierengurt	fạscia coprireni
Papiere	i documenti
Schiebedach	tetto aprịbile
Sturzhelm	casco
Teilkasko	l'assicurazione *f* parziale per tutti i rischi
grüne Versicherungskarte	carta verde
Vollkasko	l'assicurazione *f* di totale copertura
Wochenendpauschale	forfait (forfé) per il fine settimana
Zündschlüssel	chiavetta di accensione

Flugzeug

Einen Flug buchen

Könnten Sie mir bitte sagen, wann die nächste Maschine nach ... fliegt ?
Saprebbe dirmi, quando parte il prọssimo aereo per ...?

Sind noch Plätze frei?
Ci sono ancora posti lịberi?

Ich möchte einen einfachen Flug nach ...
Vorrei prenotare un volo di sola andata per ...

Ich möchte einen Hin- und Rückflug nach ... buchen.
Vorrei prenotare un volo di andata e ritorno per ...

Was kostet bitte der Flug Touristenklasse/1. Klasse?
Scusi, quanto costa un volo per la classe turịstica/per la prima classe?

Raucher oder Nichtraucher?
Fumatori o non fumatori?

Ich möchte bitte ...
Per favore vorrẹi ...
einen Fensterplatz.
un posto al finestrino.
einen Platz am Gang.
un posto al corridọio.

Ich möchte diesen Flug stornieren.
Vorrei annullare questo volo.

Ich möchte diesen Flug umbuchen.
Vorrei prẹndere un altro volo.

Am Flughafen

Wo ist Terminal...?
Dov'ẹ̀ il terminal ...?
Wo ist bitte der Schalter der ...-Fluggesellschaft?
Saprebbe dirmi dove trovare lo sportello della compagnia aẹrea ...?

Gibt es für den Flug einen Vorabend-/Telefon-/ Internet-Checkin?
Si puọ̀ fare il check-in alla vigịlia della partenza/al telẹfono/via ịnternet per questo volo?

Könnte ich bitte Ihren Flugschein sehen?
Potrei vedere il Suo biglietto?

Kann ich das als Handgepäck mitnehmen?
Posso portarlo/la appresso il bagạglio a mano?

Wann landet die Maschine aus ...?
Quando atterra l'aẹreo da ...?

An Bord

Könnten Sie mir bitte ein Glas Wasser bringen?
Potrebbe portarmi un bicchiẹre d'ạcqua?

Könnte ich bitte noch ein Kissen/eine Decke haben?
Potrei avere un'altro cuscino/un'altra coperta?

Würde es Ihnen etwas ausmachen, mit mir den Platz zu tauschen?
Le dispiacerebbe se cambiạssimo i posti?

Ankunft

➢ **auch Fundbüro**

Mein Gepäck ist verloren gegangen.
Il mio bagạglio è stato smarrito.

Mein Koffer ist beschädigt worden.
La mia valịgia è stata danneggiata.

Von wo fährt der Bus in Richtung ... ab?
Da dove parte il bus in direziọne ...?

➢ **auch Eisenbahn**

Abflug	decollo
Ankunft	arrivo
Ankunftszeit	orạrio d'arrivo
Anschluss	coincidenza
Auslandsflug	volo internazionale
Bordkarte	carta d'imbarco
Duty-free-Shop	spạccio porto-franco
einchecken	fare il check-in
Flug	volo
Fluggesellschaft	compagnịa aẹrea
Flughafen	aeroporto
Flughafenbus	collegamento pullman con l'aeroporto
Flughafengebühr	i diritti aeroportuali
Flugsteig	sala d'attesa passeggeri
Gepäck	bagạglio
Gepäckabfertigung	l'acettazione bagạgli
Gepäckausgabe	consegna del bagạglio
Gepäckwagen	il vagone bagạgli
Inlandsflug	volo nazionale
Landung	atterrạggio
Notausgang	uscita d'emergenza
Notlandung	atterrạggio di fortuna
Notrutsche	scịvolo d'emergenza
Passagier	passeggero
Pilot	il pilota
planmäßiger Abflug	volo regolare
Schwimmweste	giubbetto di salvatạggio
Sicherheitsgebühr	tassa per controlli di sicurezza
Sicherheitskontrolle	controllo di sicurezza
Steward/ess	lo steward, l'assistente *m/f* di bordo/ l'hostess *f*
stornieren	annullare
Terminal	l'air terminal *m*
Übergewicht, ~ haben	sụpera il peso consentito
umbuchen	cambiare il biglietto
Verspätung	ritardo
Zwischenlandung	scalo

Bahnfahrt

Fahrkarten kaufen

Zwei Karten nach ..., einfach bitte.
Due biglietti per..., solo andata, per favore.

2. Klasse/1. Klasse
2a classe/1a classe

Nichtraucher/Raucher
non fumatori/fumatori

Bitte eine Rückfahrkarte nach ...
Vorrei un biglietto di andata e ritorno per...

Gibt es eine Ermäßigung für Kinder/Studenten/Senioren?
C'è una riduzione per bambini/studenti/pensionati?

In den Bahnhöfen der Großstädte sind in den Schalterhallen Automaten mit Touchscreens von TRENITALIA, einer Tochtergesellschaft der *Ferrovie dello Stato* (FS), aufgestellt, über die man Fahrplaninformationen und Fahrkarten bekommt. Man kann bar oder mit EC-/Kreditkarte bezahlen. An den Bahnsteigen müssen vor der Abfahrt die Fahrkarten an den entsprechenden Automaten entwertet werden. Falls Sie das versäumt haben sollten, melden Sie sich sofort nach dem Einsteigen beim Zugschaffner.

Ich möchte gern zwei Nichtraucherplätze reservieren:
Vorrei prenotare due posti per non fumatori:
für den EC nach ...
nell'EC per ...
am ... um ...Uhr
per il/l' ... alle ...
im Liegewagen
in cuccetta
im Schlafwagen
in vagone letto

Gibt es einen Autoreisezug nach ...?
C'è un treno-traghetto per ...?

Um wie viel Uhr habe ich in ... Anschluss nach ...
A che ora ho la coincidenza per... a ...

Wie oft muss ich da umsteigen?
Quante volte devo cambiare?

Im Juni ist Fahrplanwechsel! Verlassen Sie sich nicht bedingungslos auf die ausgestellten Fahrpläne, sondern fragen Sie vorsichtshalber bei einem Bahnbeamten nach.

Im Bahnhofsgebäude

Ich möchte diesen Koffer als Reisegepäck aufgeben.
Vorrei spedire questa valigia come bagaglio appresso.

Wo kann ich mein Fahrrad aufgeben?
Dove posso consegnare la mia bicicletta per la spedizione?

Entschuldigen Sie bitte, von welchem Gleis fährt der Zug nach ... ab?
Senta, scusi, da quale binario parte il treno per ...?

Wann fährt der Zug nach ...?
Quando parte il treno per ...?

Der IC ... aus ... hat voraussichtlich 10 Minuten Verspätung.
L'IC proveniente da ... arriverà probabilmente con 10 minuti di ritardo.

Hinweise und Informationen

Ai binari	Zu den Bahngleisen
Arrivi	Ankunft
Deposito bagagli	Gepäckaufbewahrung
Deposito a cassette	Schließfächer
Informazioni	Auskunft
Orario	Fahrplan
Partenze	Abfahrt
Posto di pronto soccorso	Sanitätsstelle
Rinfreschi	Erfrischungen
Sala d'aspetto	Wartesaal
Signore	Damen
Signori	Herren
Sottopassaggio	Unterführung
Sportello biglietti	Fahrkartenschalter
Toilette	Toiletten
Uscita	Ausgang

Im Zug

Verzeihung, ist dieser Platz noch frei?
Scusi, è libero questo posto?

Darf ich bitte das Fenster aufmachen/schließen?
Scusi, potrei aprire/chiudere il finestrino?

Entschuldigen Sie, ich glaube, das ist mein Platz. (Hier ist meine Platzreservierung.)
Scusi, ma questo è il mio posto, credo! (È prenotato.)

➢ **auch Flugzeug**

Abfahrt	partenza
Abteil	scompartimento
Ankunft	arrivo

Aufenthalt	fermata
aussteigen	scẹndere
Autoreisezug	treno traghetto
Bahnhof	la stazione
Begleitperson	l'accompagnatore, *m*, (-trice), *f*
EC (EuroCity)	EuroCity
einsteigen	salire
Ermäßigung	la riduzione
Fahrkarte	biglietto
Fahrkartenkontrolle	controllo dei biglietti
Fahrkartenschalter	biglietteria
Fahrplan	orạrio
Fahrpreis	prezzo del biglietto
Fensterplatz	posto al finestrino
Gang	corridọio
Gepäck	bagạglio
Gepäckaufbewahrung	depọsito bagagli
Gepäckschalter	sportello accettazione bagagli
Gleis	binạrio
Großraumwagen	il grande vagone
Hauptbahnhof	la stazione centrale
IC (InterCity)	IC (InterCity)
Interrail	l'interrail *m*
Kinderfahrkarte	biglietto per ragazzi
Minibar	il minibar
Nichtraucherabteil	scompartimento per non fumatori
Platzreservierung	la prenotazione
Raucherabteil	scompartimento per fumatori
Reservierung	la prenotazione
Rollstuhlfahrer/in	il/la disạbile in sẹdia a rotelle
Rückfahrkarte	biglietto di andata e ritorno
Schaffner/in	il controllore
Schließfach	depọsito a cassette
Schwerbehinderte/r	invạlido/a
Speisewagen	il vagone ristorante
Wagennummer	nụmero del vagone
Wartesaal	sala d'aspetto
Zug	treno
Zugbegleiter/in	conduttore/-trice
Zugbegleitpersonal	il personale viaggiante
Zugchef/in	il/la principale
Zuschlag	supplemento

Schifffahrt

Reservieren Sie für die Sommermonate die Fähren für die Inseln schon im Voraus, sonst kann es Ihnen passieren, dass Sie noch ein paar Tage Zwischenstopp auf dem Festland einlegen müssen.

Auskunft

Könnten Sie mir bitte sagen, wann das nächste Schiff/die nächste Fähre nach ... abfährt?
Scusi, saprebbe dirmi quando parte la prọssima nave/il prọssimo traghetto per ...?

Wie lange dauert die Überfahrt?
Quanto dura la traversata?

Wann legen wir in ... an?
Quando attracchiamo a ...?

Wie lange haben wir in ... Aufenthalt?
Quanto ci fermiamo a ...?

Ich möchte bitte ...
Vorrei ... per favore.
eine Schiffskarte nach ...
un biglietto per ...
1. Klasse
di prima classe
Touristenklasse
di classe turịstica
eine Einzelkabine
una cabina sịngola
eine Zweibettkabine
una cabina dọppia

Ich möchte eine Karte für die Rundfahrt um ... Uhr.
Vorrei un biglietto per il giro delle ...

An Bord

Ich suche Kabine Nr. ...
Cerco la cabina nụmero ...

Wo ist bitte der Speisesaal/der Aufenthaltsraum?
Dov'è la sala da pranzo/il salone, per favore?

Ich fühle mich nicht wohl.
Non mi sento bene.

Könnten Sie bitte den Schiffsarzt rufen?
Per favore, chiami il mẹdico di bordo!

Könnten Sie mir bitte ein Mittel gegen Seekrankheit geben?
Per favore, mi dịa un rimẹdio contro il mal di mare.

anlegen in	far scalo/attraccare a
Buchung	la prenotazione
Dampfer	pirọscafo, la nave a vapore
Deck	coperta
Fähre	traghetto
Autofähre	autotraghetto
Fahrkarte	biglietto
Festland	terraferma
Hafen	porto
Kabine	cabina
Kai	banchina
Kapitän	capitano
Kreuzfahrt	crociẹra
Küste	costa
Landausflug	l'escursione *f* a terra
Luftkissenboot	l'hovercraft *m*
Rettungsboot	scialuppa di salvatạggio
Rettungsring	il salvagente
Rundfahrt	giro
Schwimmweste	giubbetto di salvatạggio
Seegang	moto ondoso
seekrank sein	avere il mal di mare
Tragflügelboot	aliscafo

Nahverkehrsmittel

Bitte, wo ist die nächste ...
Dov'è la prọssima ...
Bushaltestelle?
fermata dell'ạutobus?
Straßenbahnhaltestelle?
fermata del tram?
U-Bahnstation?
fermata della metropolitana?

Welche Linie fährt nach ...?
Qual è la lịnea che va a ...?

Wann fährt die erste/letzte U-Bahn nach ...?
Quando parte la prima/l'ultima metropolitana per ...?

Entschuldigen Sie, ist das der Bus nach ...?
Scusi, è questo l'ạutobus per ...?

Wie viele Haltestellen sind es?
Quante fermate sono?

Entschuldigen Sie, wo muss ich aussteigen/umsteigen?
Scusi, dove devo scẹndere/cambiare?

Könnten Sie mir bitte Bescheid geben, wenn ich aussteigen muss?
Senta, scusi, potrebbe avvertirmi quando devo scẹndere?

Bitte, einen Fahrschein nach ...
Un biglietto per ..., per favore.

Der Fahrkartenautomat ist kaputt/defekt.
L'automạtico dei biglietti é rotto/guasto.

Der Automat nimmt keine Geldscheine an.
L'automạtico non prende le banconote.

Abfahrt	partenza
Bus	l'ạutobus *m*
Busbahnhof	la stazione degli ạutobus
einsteigen	salire
Endstation	il capolịnea
entwerten	convalidare
Fahrkartenautomat	il distributore automạtico di biglietti
Fahrplan	orạrio
Fahrpreis	prezzo del biglietto
Fahrschein	biglietto
Fahrscheinentwerter	l'obliteratore *m*
Haltestelle	fermata
Kontrolleur	il controllore
Mehrfahrtenkarte	bigliẹtto a più obliterazioni
Nahverkehrszug	treno locale
Obus	il fịlobus
Richtung	la direzione
Schaffner	il controllore
Stadtbus	l'ạutobus *m* urbano
Straßenbahn	il tram
Tageskarte	biglietto giornaliero
U-Bahn	metropolitana
Überlandbus	l'ạutobus *m* interurbano
Wochenkarte	abbonamento settimanale
Zahnradbahn	cremagliera

Taxi

Hallo! Bitte ein Taxi an die Adresse ... für jetzt gleich/für (morgen) ... Uhr.
Pronto! Un taxi all'indirizzo ... per favore per sụbito ora/per (domani) alle ...

Entschuldigen Sie bitte, wo ist denn der nächste Taxistand?
Senta, scusi, c'è un posteggio di tassì qui vicino?

Zum Bahnhof, bitte.
Alla stazione, prego.

Zum ... Hotel, bitte.
All'albergo, prego.

In die ...-Straße, bitte.
In via ..., prego.

Nach ..., bitte.
A ..., prego.

Könnten Sie bitte hier halten?
Potrebbe fermarsi qui, per favore?

Wie viel kostet es nach ...?
Quanto costa andare a ...?

Kann ich ein Fahrrad mitnehmen?
Posso portare la bicicletta?

Das ist zu viel.
È troppo.

Könnten Sie mir bitte eine Quittung ausstellen?
Potrebbe rilasciarmi una ricevuta, per favore?

Das ist für Sie.
Questo è per Lei.

anhalten	fermarsi
anschnallen	mẹttere la cintura
Hausnummer	nụmero cịvico
Kilometerpreis	prezzo per chilọmetro
Pauschalpreis	prezzo forfettạrio
Quittung	ricevuta
Sicherheitsgurt	cintura di sicurezza
Taxifahrer/in	il/la tassista
Taxistand	postẹggio di taxi
Trinkgeld	mạncia

Reisen mit Kindern

Kinder willkommen
Reisen mit kleinen und großen Kindern ist in Italien kein Problem. Auch wenn es vielerorts an Serviceeinrichtungen wie Wickelraum und Fläschchenwärmer fehlt (in den Autobahnraststätten gibt es aber oft Mikrowellengeräte), so sind Kinder doch überall gern gesehene Gäste und können sich im Allgemeinen frei bewegen. Das ist u. a. auch ein Grund, warum es in Italien relativ wenige und nur spärlich ausgestattete Spielplätze gibt - alles ist Spielplatz!
Für einen Badeurlaub mit Kindern eignet sich am besten einer der zahlreichen Privatstrände, da diese sehr sauber gehalten werden. Doch Vorsicht! Hier schätzt man es nicht immer, wenn Kleinkinder nackt herumspringen - doch dafür wird immer häufiger Kinderbetreuung und -animation angeboten.

Nützliche Fragen

Gibt es hier eine Kinderbetreuung?
C'è un servizio baby-sitter qui?

Ab welchem Alter?
A partire da quale età?

Kennen Sie jemanden, der bei uns babysitten könnte?
Conosce qualcuno che potrebbe farci da baby-sitter?

Haben Sie ein Babyfon?
Ha un babyfon?

Haben Sie eine Küche für Kleinkindmütter?
Avete una cucina neo mamme?

Gibt es auch Veranstaltungen für Kinder?
Ci sono anche degli spettacoli per bambini?

Gibt es eine Ermäßigung für Kinder?
Ci sono delle riduzioni per bambini?

Unterwegs

Wir reisen mit Kind. Können wir einen Platz ganz vorn bekommen?
Viaggiamo con bambini. Potremmo avere un posto nelle prime file?

Haben Sie vielleicht Stifte und Papier/ein Malbuch?
Ha per caso matite e fogli di carta/un libro da colorare?

Verleihen Sie Kinderautositze?
Noleggia dei seggiolini auto (per bambini)?

Kindersicherheit im Straßenverkehr
Die Sicherheitsmaßnahmen im Straßenverkehr entsprechen kaum deutschen Vorstellungen: So wird man selten ein Kind mit Fahrradhelm sehen, um so häufiger jedoch Kinder, die stehend auf Mofas und Motorrollern mitfahren. Ihre Kinder werden das vermutlich toll finden, vielleicht gönnen Sie ihnen mal ausnahmsweise eine Runde mit der ausgeliehenen Vespa auf einem Parkplatz oder auf der Zufahrtsstraße zu den Privatstränden, am besten um die Mittagszeit oder nachmittags, wenn auch Autofahrer ihren Mittagsschlaf halten.

Im Restaurant

Könnten Sie bitte noch einen Kinderstuhl bringen?
Scusi, potrebbe portarci un seggiolone?

Gibt es auch Kinderportionen?
Avete anche porzioni per bambini?

Könnten Sie mir bitte das Fläschchen warm machen?
Ạbbia pazienza potrebbe riscaldarmi il biberọn?

Gibt es hier einen Wickeltisch?
C'è un fasciatọio qui?

Könnten Sie mir bitte sagen, wo ich hier stillen kann?
Scusi,c'e un posto qui dove potrei allattare?

Babyfon	il babyfon
Babyschale *(fürs Auto)*	seggiolino ạuto per bebè
Babysitter	il/la baby-sitter
Fläschchenwärmer	lo scaldabiberọn
Junge	ragazzo
Kinderbecken	piscina per bambini
Kinderbetreuung	animazione bambini
Kinderbett	lettino (per bambịni)
Kinderermäßigung	la riduzione per bambini
Kinderkleidung	abbigliamento per bambini
Kindernahrung	l'alimentazione *f* infantile
Kindersitz *(fürs Auto)*	seggiolino ạuto
Kindersitz *(fürs Fahrrad)*	seggiolino per la bicicletta
Kindersitzkissen *(fürs Auto)*	il sedile ạuto per bambini
Kinderspielplatz	parco giochi
Mädchen	ragazza
Malbuch	libro da colorare
Miniclub	il mini-club
Mückenschutz	il repellente
Planschbecken	piscina/vasca per bambini
Sandburg	castello di sạbbia
Sandkasten	recinto con la sạbbia

Sauger	succhietto, tettarella
Saugflasche	il biberon
Schildmütze	berretto con visiera
Schnuller	ciuccio, succhietto
Schwimmflügel *pl.*	i bracciali salvagente
Schwimmkurs	corso di nuoto
Schwimmring	il salvagente
Sonnenschutz	la protezione solare
Spielsachen	i giocattoli
Trinkflasche	bottiglia
Vergnügungspark	parco dei divertimenti
Wickeltisch	fasciatoio
Windeln	i pannolini

Gesundheit

Könnten Sie mir bitte sagen, ob es hier einen Kinderarzt gibt?
Saprebbe dirmi se c'è un pediatra qui vicino?

Mein Kind hat ...
Mio/a figlio/a ha ...

Es ist allergisch gegen ...
È allergico/a a ...

Es hat erbrochen.
Ha vomitato.

Es hat Durchfall.
Ha la diarrea.

Es ist gestochen worden.
È stato/a punto/a.

Allergie	allergia
Ausschlag	l'eruzione *f* cutanea, l'esantema *m*
Elektrolytlösung	la soluzione elettrolitica
Erkältung	il raffreddore
Fieber	la febbre
Heilnahrung	alimento curativo
Impfpass	libretto di vaccinazione
Kinderkrankenhaus	l'ospedale *m* pediatrico
Kinderkrankheit	malattia infantile
Masern	morbillo
Mittelohrentzündung	l'otite *f*
Mumps	gli orecchioni
Pilz	la micosi
Röteln	rosolia
Scharlach	scarlattina
Schnupfen	il raffreddore
Windpocken	varicella

Unterwegs mit Handicap

Gut geplant ...
Wie auch für jeden nichtbehinderten Individualreisenden gilt das Motto: Je besser eine Reise geplant ist, desto erholsamer wird sie sein. Vor allem in Norditalien gibt es viele Behindertenverbände, die Ihnen gerne bei der Vorbereitung behilflich sind.
Fachkundige Auskünfte zum barrierefreien Reisen bietet auch der deutsche *Bundesverband Selbsthilfe Körperbehinderter e.V.* kostenlos an. (E-Mail: **Reiseservice@bsk-ev.org**; Internet: **www.bsk-ev.org**).

Ich bin ...
Sono ...
körperbehindert.
handicappato (fisico), disạbile.
sehbehindert.
ipovedente.
gehbehindert.
non deambulante.

Ich habe Multiple Sklerose.
Soffro di sclerosi mụltipla.

Unterwegs

Kann ich einen eigenen faltbaren Rollstuhl im Flugzeug mitnehmen?
Posso portare in aẹreo la mia propria carrozzella pieghẹvole?

Wird ein Rollstuhl am Abflug-/ Zielflughafen bereitgestellt?
Ci sono carrozzelle disponịbili all'aeroporto di partenza/destinazione?

Gibt es eine Behindertentoilette?
C'è una toilette per handicappati?

Gibt es einen Behindertenwaschraum?
C'è un lavatọio per handicappati?

Behindertengerechte öffentliche Verkehrsmittel
In Großstädten gibt es nur teilweise Niederflurbusse. Viele Städte betreiben auf bestimmten Strecken einen Fahrservice für Rollstuhlfahrer. Die von Behindertenbussen angefahrenen Haltestellen sind mit dem internationalen Behindertenzeichen gekennzeichnet.
Ca. 150 italienische Bahnhöfe bieten einen Betreuungsdienst für Behinderte an, bei dem man sich 24 Stunden vor Abfahrt anmelden muss. Er umfasst Hilfe beim Fahrkartenerwerb (Behindertenplätze können reserviert werden), einen Begleitdienst im eigenen oder bahnhofseigenen Rollstuhl sowie Unterstützung beim Ein- und Aussteigen.

Sind die Bahnsteige über Rampen für Rollstuhlfahrer zugänglich?
Ci sono delle rampe sulle quali una persona in carrozzella può accẹdere ai binari?

Könnte mir jemand beim Umsteigen behilflich sein?
Mi potrebbe aiutare qualcuno a cambiare?

Gibt es für Körperbehinderte Leihwagen mit Handgas?
Ci sono delle automọbili a nolẹggio per handicappati fisici con acceleratore a mano?

Unterkunft

Können Sie mir bitte Informationen senden, welche Hotels in ... für Rollstuhlfahrer geeignet sind.
La/Vi prego di inviarmi informazioni su alberghi idọnei per handicappati in carrozzella a ...

Könnten Sie mir bitte sagen, welche Hotels und Campingplätze behindertengerechte Einrichtungen haben?
Mi saprebbe dire quali alberghi e campeggi dispọngono di appọsiti impianti per handicappati?

Museen, Sehenswürdigkeiten, Theater ...

Ist die Ausstellung für Gehbehinderte über Aufzüge erreichbar?
I non deambulanti possono accẹdere alla mostra con ascensori?

Sind die Zugänge stufenlos?
Le entrate sono senza gradini?

Gibt es spezielle Führungen/Stadtführungen für Gehörlose?
Esịstono vịsite guidate/giri turịstici della città appositamente concipiti per non udenti (sordi).

Gibt es Museumsführungen/Theateraufführungen für Taubstumme/Blinde?
Ci sono vịsite guidate nei musei/spettạcoli per sordomuti/ciechi?

Auffahrtrampe	rampa
barrierefrei	senza barriere architettọniche
befahrbar	viạbile
Begleitperson	l'accompagnatore *m*
Behindertenausweis	tesserino di riconoscimento per portatori di hạndicap
behindertengerecht	idọneo per/a misura di disạbile
Behindertenparkplatz	postẹggio per handicappati
Behindertentoilette	il bagno/la toilette per handicappati
Behindertenverband	associazione *m* handicappati/svantaggiati
Betreuungsdienst	servịzio assistenza
Blinde(r)	cieco/a
Blindenhund	il cane guida per ciechi
Breite	larghezza

ebenerdig	a livello del suolo
Einstiegshilfe	rampe di accesso
Epilepsie	epilessia
Fahrdienst	servịzio di trasporto
gehbehindert	non deambulante
Gehhilfe	carrello
gehörlos	sordo, non udente
geistig behindert	minorato mentalmente
Haltegriff	sostegno, manịglia
Handbike	bicicletta per disạbili
Handgas *(Auto)*	l'acceleratore *m* a mano
Handlauf	corrimano, il mancorrente
Hebebühne	banco l'elevatore *m*
Höhe	altezza
hörgeschädigt	sordastro
Hublift	l'elevatore *m*
Kopfhörer	cụffia
Körperbehinderung	l'handicap *m* fịsico
Krücke	grụccia, stampella
Lenkrad-Drehknopf *(Auto)*	manọpola sul volante
Mobilitätsbehinderte(r)	menomato/a nella mobilità
pflegebedürftig	bisognoso di cure
ambulante Pflegestation	il day hospital
querschnittsgelähmt	paraplẹgico
Rampe	rampa
Rollstuhl	carrozzella, sẹdia a rotelle
Rollstuhlfahrer	persona in carrozzella
rollstuhlgerecht	adatto/idọneo per carrozzelle
Schwerstbehinderte(r)	gravemente handicappata/o
sehbehindert	videoleso
Sozialstation	servịzio assistenza sociale
Steigung	salita
Stufe	gradino
stumm	muto
Taststock	il bastone per ciechi
taub	sordo
taubstumm	sordomuto
Treppenstufe	scalino
automatischer Türöffner	apriporta automạtico
Zeichensprache	linguạggio mịmico/a segni
Zugänglichkeit	accessibilità

Unterkunft

Bitte mit Blick aufs Meer ...
Hotels mit einem oder zwei Sternen sind sehr einfach, drei und vier Sterne entsprechen der mittleren Kategorie mit Bad im Zimmer. Oft sind die Betten in den Hotels sehr weich, aber auf Anfrage bekommt man ein Brett *(una tavola)*, das unter die Matratze gelegt wird (s. S. 80 oben). Frühstück bedeutet meist Brötchen mit Butter und Marmelade und ein Kännchen Kaffee oder Tee. Machen Sie es wie die Italiener und frühstücken Sie in einem *cafè (al bar)*!

Auskunft

Können Sie mir bitte ... empfehlen?
Scusi signora/signorina/signore, potrebbe consigliarmi ...
ein gutes Hotel
un buon albergo?
ein einfaches Hotel
un albergo non troppo caro?
eine Pension
una pensione?

Ist es zentral/ruhig/in Strandnähe gelegen?
Si trova in centro/in una posizione tranquilla/vicino al mare?

Gibt es hier auch ...?
C'è/Ci sono anche... qui?
einen Campingplatz
un campẹggio
eine Jugendherberge?
un ostello della gioventù?

In Italien gibt es mehr als 100 Jugendherbergen. Manche sind in mittelalterlichen Festungen oder Villen untergebracht. Ausführliche Informationen finden Sie im Internet unter **www.ostellionline.org** *(Ostelli per la Gioventù - Associazione italiana alberghi per la gioventù).*

Hotel - Pension - Privatzimmer

An der Rezeption

Ich habe ein Zimmer reserviert. Mein Name ist ...
Ho prenotato una cạmera. Il mio nome è ...

Wir haben reserviert.
Abbiamo prenotato.

Haben Sie noch Zimmer frei?
Ha c̣amere l̩ibere?
... für eine Nacht.
... per una notte.
... für zwei Tage.
... per due giorni.
... für eine Woche.
... per una settimana.

Haben Sie Familienzimmer?
Avete delle camere familiari?

Nein, leider nicht.
No, purtroppo no.

Ja, was für ein Zimmer wünschen Sie?
Sì, che tipo di c̣amera desịdera?

Ich hätte gern ...
Vorrei
ein Einzelzimmer
una sịngola
ein Doppelzimmer
una matrimoniale
ein ruhiges Zimmer
una c̣amera tranquilla
mit Dusche
con dọccia
mit Bad
con bagno
mit Balkon/Terrasse
con balcone/con terrazza
mit Blick aufs Meer
con vista sul mare
zum Innenhof gelegen
che dà sul cortile

Kann ich das Zimmer ansehen?
Posso vedere la c̣amera?

Dieses Zimmer gefällt mir nicht. Kann ich bitte noch ein anderes sehen?
Questa c̣amera non mi piace. Potrei vederne un'altra?

Dieses Zimmer nehme ich.
Prendo questa c̣amera.

Können Sie noch ein drittes Bett/ein Kinderbett dazustellen?
Può aggiụngere un altro letto/un lettino (per bambini)?

Mein Bett ist zu weich, hätten Sie ein anderes Bett/eine andere Matratze/eine harte Unterlage?
Il mio letto è troppo mọrbido, potrei averne un altro/avere un altro materasso/una tạvola?

Was kostet das Zimmer mit ..., bitte?
Quanto verrebbe a costare la cạmera con...?
Frühstück
la prima colazione
Halbpension
la mezza pensione
Vollpension
la pensione completa

Wollen Sie bitte den Anmeldeschein ausfüllen?
Vuole riempire, per favore, il mọdulo d'accettazione?

Darf ich Ihren Reisepass/Personalausweis sehen?
Potrebbe farmi vedere il Suo passaporto/La Sua carta d'identità?

Könnten Sie bitte mein Gepäck auf das Zimmer bringen lassen?
Potrebbe farmi portare i bagagli in cạmera?

Wo kann ich den Wagen abstellen?
Dove posso lasciare la mạcchina?

In unserer Garage.
Nel nostro garage.

Auf unserem Parkplatz.
Nel nostro parchẹggio.

Fragen und Bitten

➢ **auch Frühstück**

Ab wann gibt es Frühstück?
Da che ora si può fare colazione?

Wann sind die Essenszeiten?
Quali sono gli orari per i pasti?

Wo ist ...
Dov'è ...
der Speisesaal?
la sala da pranzo?
der Frühstücksraum?
la sala per la colazione?

Könnten Sie mich bitte morgen früh um 7 Uhr wecken?
Potrebbe svegliarmi domattina alle sette..., per favore?

Würden Sie mir bitte ... bringen?
Potrebbe portarmi ..., per favore?
ein Badetuch
un telo da bagno
noch eine Decke
un'altra coperta

Wie funktioniert ...?
Come funziona ...?

Ist Post für mich da?
C'è posta per me?

Wo kann ich ...
Dove posso ...
hier etwas trinken?
bere qualcosa qui?
...ein Auto mieten?
noleggiare una macchina?
hier telefonieren?
telefonare qui?

Kann ich meine Wertsachen bei Ihnen in den Safe geben?
Posso lasciare i miei ogetti di valore nella vostra cassaforte?

Kann ich mein Gepäck hier lassen?
Posso lasciarli qui i bagagli?

Beanstandungen

Das Zimmer ist heute nicht geputzt worden.
La camera non è stata pulita oggi.

Die Klimaanlage funktioniert nicht.
L'aria condizionata non funziona.

Der Wasserhahn tropft.
Il rubinetto perde.

Es kommt kein (warmes) Wasser.
Non c'è acqua (calda).

Die Toilette/Das Waschbecken ist verstopft.
Il gabinetto/Il lavandino è intasato.

Ich hätte gern ein anderes Zimmer.
Vorrei un'altra camera.

Abreise

Ich reise heute Abend/morgen um ... Uhr ab.
Parto stasera/domani alle ...

Bis wann muss ich das Zimmer räumen?
Per quando devo liberare la stanza?

Könnten Sie bitte die Rechnung fertig machen?
Potrebbe prepararmi il il conto?

Könnten sie mir bitte ein Taxi rufen?
Potrebbe chiamarmi un tassì?

Vielen Dank für alles! Auf Wiedersehen!
Grạzie di tutto. Arrivederci!

Abendessen	cena
Abfalleimer	pattumiera
Anmeldung	l'accettazione *f*
Aschenbecher	il portacẹnere
Aufenthaltsraum	il soggiorno
Aufzug	l'ascensore *m*
Badetuch	telo da bagno
Badewanne	vasca da bagno
Badezimmer	bagno
Balkon	il balcone
Becher	il bicchiere
Bett	letto
Bettdecke	coperta
Bettwäsche	biancheria da letto
Bidet	il bidet
Brausekopf	dọccia
Briefpapier	carta da scrịvere
Dusche	dọccia
Duschvorhang/Schiebetür	tenda per dọccia/la scorrẹvole
Empfangshalle	la hall
Etage	piạno
Fenster	finestra
Fernseher	il televisore
Fernsehraum	stanza della televisione
Frühstück	la colazione
Frühstücksbüfett	il buffet della colazione
Frühstücksraum	sala per la colazione
Garage	il garage
Gedeck *(für das Frühstück)*	coperto(per la colazione)
Glas	il bicchiere
Glühbirne	lampadina (ad incandescenza)
Halbpension	la mezzapensione

Handbrause	doccia
Handtuch	asciugamano
Hauptsaison	alta stagione *f*
Heizung	riscaldamento
Kleiderbügel	gruccia (per i panni)
Klimaanlage	aria condizionata
Kopfkissen	cuscino
Lampe	lampada
Licht	la luce
Lichtschalter	l'interruttore *m*
Matratze	materasso
Minibar	il minibar
Mittagessen	pranzo, il desinare
Motel	il motel
Nachsaison	bassa stagione *f*
Nachttisch	comodino
Nachttischlampe	lampada del comodino
Parkplatz	parcheggio
Pension	la pensione
Portier	il portiere
Radio	la radio
reinigen	pulire
reparieren	riparare
Reservierung	la prenotazione
Restaurant	ristorante
Rezeption	la reception
Safe	la cassaforte
Schlüssel	la chiave
Schrank	armadio
Sessel	sedia
Speisesaal	sala da pranzo
Spiegel	specchio
Steckdose	presa
Stecker	spina
Stuhl	sedia
Terrasse	terrazza
Tisch	tavolo
Toilette	gabinetto
Toilettenpapier	carta igienica
Transferbus	servizio pulman
Türcode	il codice per la porta della camera
Übernachtung	pernottamento
Ventilator	il ventilatore
Verlängerungswoche	settimana supplementare
Vollpension	la pensione completa
Vorsaison	bassa stagione *f*
Waschbecken	lavandino

Wäschewechsel	cạmbio biancherịa
Wasser	ạcqua
kaltes Wasser	ạcqua fredda
warmes Wasser	ạcqua calda
Wasserglas	il bicchiẹre da acqua
Wasserhahn	rubinetto
Wolldecke	coperta di lana
Zimmer	cạmera
Zimmermädchen	camerie̩ra
Zimmertelefon	tele̩fono in cạmera
Zwischenstecker	spina di adattamento

Ferienhäuser und Ferienwohnungen

Informieren Sie sich, ob die Wohnungen wochen- oder nur monatsweise vermietet und ob Bettwäsche, Handtücher, Besteck gestellt werden.

Ist der Strom-/Wasserverbrauch im Mietpreis enthalten?
La luce/L'ạcqua è compresa nel prezzo d'affitto?

Gibt es Besteck/Handtücher/Bettwäsche?
Ci sono le posate/gli asciugamani/C'è la biancherịa?

Sind Haustiere erlaubt?
Si pọssono portare animali?

Wo befinden sich die Mülltonnen?
Dov'è il bidone delle immondịzie?

Müssen wir die Endreinigung selbst übernehmen?
Dobbiamo pensare noi alla pulizia finale?

Alberghi diffusi
Darunter versteht man ein neues Touristik-Konzept. Ein ganzes Dorf wird zum Hotel. Man wohnt in Zimmern oder Wohnungen zusammen mit den Dorfbewohnern. In einem nahe gelegenen Service-Gebäude befinden sich die Zentrale Rezeption, evtl. das Bad und die Toilette, das Restaurant, das Schwimmbad und sonstige Einrichtungen, die herkömmliche Hotels bieten. Weitere Informationen unter: **www.alberghidiffusi.it**.

➢ **auch Hotel - Pension - Privatzimmer**

Allgemeines

Anreisetag	giorno d'arrivo
Apartment	appartamento
Bauernhof	fattoria
Ferien auf dem ~	agriturismo

Ferien auf dem Bauernhof - agriturismo
In ganz Italien gibt es Bauernhöfe - *aziende agrituristiche* - die Gäste aufnehmen. Viele davon sind Öko-Bauernhöfe mit Direktverkauf *(agrispaccio)* landwirtschaftlicher Produkte.

Bungalow	il bungalow
Endreinigung	pulizia finale
Ferienanlage	centro vacanze
Ferienhaus	casa per le vacanze
Hausbesitzer	il padrone di casa
Haustiere	gli animali domestici
Kochnische	cucinino, cucinotto
Miete	affitto, noleggio
Müll	immondizia
Mülltrennung	raccolta differenziata
Nebenkosten	le spese (accessorie)
Schlafzimmer	camera da letto
Schlüsselübergabe	consegna delle chiavi
Strom	la corrente
Strompauschale	prezzo forfettario per la corrente
Stromspannung	voltaggio
Studio	studio
vermieten	affittare, noleggiare
Wasserverbrauch	consumo d'acqua
Wohnzimmer	soggiorno
Zentralheizung	riscaldamento centrale

Ausstattung

Backofen	forno
Bräter	rostiera
Bügeleisen	ferro da stiro
Eierbecher	portauovo
Etagenbett	letto a castello
Gasherd	cucina a gas
Geschirr	le stoviglie, i piatti
Geschirrtuch	canovaccio per asciugare i piatti

Geschirrspülmaschine	la lavastoviglie
Glas/Gläser	il bicchiere/i bicchieri
Herd	cucina
Elektroherd	cucina elettrica
Gasherd	cucina a gas
Kaffeefilter	filtro per il caffè
Kaffeelöffel	cucchiaino
Kaffeemaschine *(deutsche)*	macchina del caffè tedesca/americana
(italienische)	macchinetta per il caffè, moka
Kehrschaufel	paletta per la spazzatura
Küchensieb	colino
Kühlschrank	frigorifero
Mikrowelle	microonde
Mixer	il frullatore
Pfanne	padella
Reibe	grattugia
Putzmittel	i prodotti per pulire
Rührlöffel	mestolo
Schneebesen	frusta
Schlafcouch	divano letto
Schneidebrett	il tagliere
Schöpfkelle	ramaiolo
Schüssel/n	ciotola/le ciotole
Staubsauger	l'aspirapolvere *m*
Tasse/Tassen	tazza/le tazze
Toaster	il tostapane
Trockner	l'asciugatrice *f*
Waschmaschine	la lavatrice
Wasserkocher	il bollitore
Wischmopp	lavapavimento

Camping

Campingplätze sind meistens gut ausgestattet und liegen oft idyllischer als manches Luxushotel. Infos können Sie über das italienische Fremdenverkehrsamt (ENIT) in Frankfurt erhalten.

Könnten Sie mir bitte sagen, ob es in der Nähe einen Campingplatz gibt?
Saprebbe dirmi, se qui vicino c'è un campeggio?

Haben Sie noch Platz für einen Wohnwagen/ein Zelt?
C'è ancora posto per una roulotte/una tenda?

Wie hoch ist die Gebühr pro Tag und Person?
Quanto si paga al giorno a persona?

Wie hoch ist die Gebühr für ...
Quanto si paga per ...
das Auto?
l'auto?
den Wohnwagen?
la roulotte?
das Wohnmobil?
il camper?
das Zelt?
la tenda?

Vermieten Sie stationäre Wohnwagen?
Si possono affittare roulottes?

Wir bleiben ... Tage/Wochen.
Rimaniamo ... giorni/settimane.

Wo sind ...
Dove sono ...
die Toiletten?
i servizi igiẹnici?
die Waschräume?
i lavandini?
die Duschen?
le docce?

Gibt es hier Stromanschluss?
C'è una presa di corrente?

Wo kann ich Gasflaschen umtauschen?
Dove posso cambiare le bọmbole di gas?

Ist der Campingplatz bei Nacht bewacht?
Il campẹggio è sorvegliato la notte?

Camping	camping *m*, campẹggio
Campingausweis	tẹssera di campẹggio
Campingführer	guida dei campẹggi
Campingplatz	campẹggio
Gasflasche	bọmbola di gas
Gaskartusche	cartụccia del gas
Gaskocher	fornello a gas
Geschirrspülbecken	lavandino per i piatti
Hering	picchetto
Kocher	fornello
Petroleumlampe	lạmpada a petrọlio
Propangas	propano
Steckdose	presa
Stecker	spina

Strom	la corrente
Stromanschluss	presa di corrente
Trinkwasser	ącqua potąbile
Voranmeldung	preavviso, prenotazione *f*
Waschraum	stanzino da bagno
Wäschetrockner	stendibiancheria; *(Automat)* l'asciugatrice *f*
Wasser	ącqua
Wasserkanister	tąnica, latta
Wohnmobil	il camper
Wohnwagen	la roulotte
Zelt	tenda
zelten	campeggiare
Zeltschnur	lączio da tenda
Zeltstange	palo da tenda

www.informagiovani.it
Unter dieser Adresse findet man Informationen für Jugendliche über Unterbringung, Unterhaltung und Sehenswürdigkeiten. Teilweise auch auf englisch und deutsch.

Gastronomie

Buon appetito!
In Italien gibt es eine Vielfalt an Gaststätten:
osteria - eine Weinstube, in der man vor allem Wein aus der Gegend trinkt. Manchmal bekommt man dort auch etwas zu essen.
trattoria - eine kleines, günstiges Restaurant - meist handelt es sich um einen Familienbetrieb. In Großstädten verbergen sich hinter der Bezeichnung **trattoria** jedoch oft auch teure Lokale, in denen man nicht unbedingt gut isst. Am besten ist es, Einheimische nach einer empfehlenswerten Gaststätte zu fragen.
ristorante - ein Restaurant mit einer großen Speisekarte. Ein vollständiges Essen besteht aus Nudelgericht, Reisgericht oder Suppe *(= primo)*, Fleisch- oder Fischgericht *(= secondo)* und Obst, Käse oder Nachspeise.
Wenn Sie nur einen Teller Spaghetti oder nur ein *secondo* essen möchten, gehen Sie am besten in eine
tavola calda - ein Restaurant mit Selbstbedienung. Auch hier müssen Sie u.U. für das *coperto,* das Gedeck, extra bezahlen.
bar - ein Café, in dem die Italiener zu jeder Tageszeit ihren *espresso, macchiato, cappuccino* oder Aperitif trinken und Kleinigkeiten an der Theke oder am Tisch essen.
Einige Bars bieten mittags ebenfalls *tavola calda* („warmer Tisch") an. Meist muss man zuerst an der Kasse einen *scontrino* (Kassenbon) lösen, um dann an der Theke das Getränk zu bekommen. Die in der Preisliste *(listino prezzi)* angegebenen Preise gelten nur für den Verzehr an der Theke.
Bars sind auch ein Ort der Begegnung. Hier trifft man sich zwanglos, diskutiert, schaut Fernsehen, spielt Karten, Tischfußball, Billard oder ein Videogame. Für viele Italiener ist die Bar wie ein zweites Wohnzimmer.
paninoteca - ein Lokal, in dem man warme und kalte belegte Brötchen bekommt. Diese Art Lokal wird hauptsächlich von jungen Leuten besucht.

Essen gehen

Wo gibt es hier ...
Scusi, mi potrebbe indicare ...
ein gutes Restaurant?
un buon ristorante?
ein nicht zu teures Restaurant?
un ristorante a buon mercato?
einen Schnellimbiss?
uno snack-bar?

Wo kann man hier in der Nähe preiswert essen?
Dove si può andare a mangiare qui vicino senza spẹndere tanto?

Im Restaurant

Reservieren Sie uns bitte für heute Abend einen Tisch für 4 Personen.
Può riservarci per stasera un tạvolo per quattro persone?

Ist dieser Tisch/Platz noch frei?
È lịbero questo tạvolo/posto?

Einen Tisch für 2/3 Personen, bitte.
Per favore, un tạvolo per due/tre persone.

Wo sind bitte die Toiletten?
Scusi, dov'è il bagno?

Darf ich rauchen?
Posso fumare?

Bestellung

Herr Ober/Bedienung,
Cameriere, ...,
die Speisekarte,
il menụ,
die Getränkekarte, bitte.
la lista delle bevande, per favore.

In Pizzerien ist das Biertrinken „in". Bier vom Fass wird in Weinkaraffen mit Weingläsern und wenig Schaum serviert.

Was können Sie mir empfehlen?
Che cosa mi raccomanda?

Haben Sie vegetarische Gerichte/Diätkost?
Avete piatti vegetariani/cibo dietẹtico?

Machen Sie auch Kinderportionen?
Fate anche porzioni per i bambini?

Haben Sie schon gewählt?
Ha già scelto?

Ich nehme ...
Prendo ...

Als Vorspeise/Nachtisch/Hauptgericht nehme ich ...
Per antipasto/dessert/secondo prendo ...

Ich möchte keine Vorspeise, danke.
L'antipasto non lo prendo, grạzie.

Wir haben leider kein/e ... (mehr).
Purtroppo il/la... è finito.

Dieses Gericht servieren wir nur auf Bestellung.
Questo piatto lo serviamo solo su ordinazione.

Könnte ich statt ... ... haben?
Al posto di ... protrei avere ...?

Ich vertrage kein/e ... Könnten Sie das Gericht ohne ... zubereiten?
Non tollero il,lo,l',la/i,gli,le .... Potrebbe preparare il piatto senza ...?

Wie möchten Sie Ihr Steak haben?
Come vuole la carne?

gut durch
ben cotta
halb durch
non troppo cotta
englisch
all' inglese/al sạngue

Was möchten Sie trinken?
Che cosa desịdera da bere?

Salute!
Spritz heißt der neue Modeaperitiv, den man bislang nur in Norditalien kannte. Weißwein oder Prosecco, Mineralwasser, Aperol oder Campari werden gemixt und in einem Weißwein- oder Sektglas serviert. Dazu gibt es in den meisten Bars *stuzzichini*, Häppchen, die manchmal so üppig sind, dass man das Abendessen ausfallen lassen kann!
Wer's nicht alkoholisch mag, könnte sich an das Milchmixgetränk *latte e menta* wagen: Das ist ein Minzsirup, der entweder sommerlich erfrischend mit kalter Milch oder für die kälteren Tage mit warmer Milch gemixt wird.

Bitte ein Glas ...
Per favore, un bicchiere di ...

Bitte eine/eine halbe Flasche ...
Per favore, una/mezza bottịglia di ...

Mit Eis, bitte.
Con ghiạccio, per favore.

Guten Appetit!
Buon appetito!

Zum Wohl!
Salute!

Haben Sie noch einen Wunsch?
Desịdera altro?

Bitte bringen Sie uns ...
Ci porti, per favore ...

Könnten wir noch etwas Brot/Wasser/Wein bekommen?
Ci può portare un altro po' di pane/d'ạcqua/di vino?

Beanstandungen

Hier fehlt ein/e ...
Manca ...

Haben Sie mein/e ... vergessen?
Ha dimenticato il mio/la mia ...?

Das habe ich nicht bestellt.
Non l'ho ordinato/a.

Die Suppe ist kalt/versalzen.
La minestra è fredda/troppo salata.

Das Fleisch ist zäh/zu fett.
La carne è dura/troppo grassa.

Der Fisch ist nicht frisch.
Il pesce non è fresco.

Nehmen Sie es bitte zurück.
Lo porti indiẹtro, per favore.

Holen Sie bitte den Chef.
Mi chiami per favore il titolare.

Die Rechnung

Die Rechnung/Bezahlen, bitte.
Il conto/Pagare, per favore.

Bitte alles zusammen.
Fạccia un conto ụnico, per favore!

Getrennte Rechnungen, bitte.
Conti separati, per favore.

Ist die Bedienung inklusive?
È compreso il servịzio?

Die Rechnung scheint mir nicht zu stimmen.
Il conto non mi pare esatto.

Das habe ich nicht gehabt. Ich hatte ...
Questo non l'ho mangiato. Ho mangiato ...

Hat es geschmeckt?
Andava bene?

Das Essen war ausgezeichnet.
Il mangiare era squisito.

Das ist für Sie.
Questo è per Lei.

Es stimmt so.
Il resto è per Lei.

Trinkgeld
Es ist üblich, im Restaurant, Café oder auch im Taxi zunächst nur den Rechnungsbetrag zu bezahlen. Auf den Hinweis „stimmt so!"= *va bene così!* reagiert kein italienischer Kellner.
Wenn Sie das Lokal verlassen, können Sie, wenn Sie möchten, das Trinkgeld (die Höhe bleibt Ihnen überlassen! In Italien gibt es keine „Trinkgeldkultur") auf dem Tellerchen, auf dem Ihnen die Rechnung serviert wurde oder in einem eigens dafür aufgestellten Gefäß an der Restaurantkasse oder am Tresen liegen lassen.
Auch Hotel- und Toilettenpersonal freut sich über ein Trinkgeld.

Eisdiele

Eis-Zeit
Es wird berichtet, dass in Italien seit dem 17. Jahrhundert Speiseeis zubereitet wird. In vielen italienischen Großstädten, von Mailand bis Palermo, gibt es traditionsreiche Eisdielen, die Ende des vorletzten Jahrhunderts entstanden sind. Jede gute Eisdiele stellt ihr Eis selbst her *(produzione propria, produzione artigiana)*: für das Milchspeiseeis sind die Grundzutaten Eier, Zucker und Milch, für das Fruchteis Fruchtmark, Eiweiß und Zucker.
Eine gute italienische Eisdiele hat an die 15-20 Eissorten, manche sogar mehr. Jede Eisdiele hat eine besondere Eisspezialität, die manchmal zum nationalen Modeeis wird, wie z.B. vor ein paar Jahren das „Schlumpfeis" *(gelato puffi)*, das so blau ist wie die Haut der Schlümpfe. Die Eissorten *bacio* und *gianduia* verdanken ihren Namen berühmten italienischen Pralinen. In den letzten Jahren findet man auch „gesunde" Eissorten wie Joghurteis, Sojaeis oder Sojasprosseneis.
Neben dem „ganz gefrorenen" Eis gibt es auch Halbgefrorenes *(semifreddo)*. Das können in den Kühlvitrinen aufbewahrte Eistorten sein wie z.B. *Cassata* (aus Schokolade, Sahne und kandierten Früchten in einer Dreiecksform) oder *Zuccotto* (aus Sahne, Schokolade und Cocktailkirschen mit in Likör getränkten Biskuitscheiben in einer runden Form), aber auch Eissorten, die man eher als Nachtisch kennt wie *Zuppa Inglese* oder *Tiramisu*.

Ich möchte eine Kugel/zwei Kugeln Eis.
Vorrei una pallina/due palline di gelato.

Einmal Schokolade und einmal Vanille.
Una al cioccolato e una alla crema.

Ich möchte ein Eis für 1,60 Euro haben.
Vorrei un gelato da 1Euro e sessanta.

In der Waffel oder im Becher?
Nel cono o nel bicchierino?

Ein gemischtes Eis mit Sahne.
Un gelato misto con panna.

Ein Eisbecher ..., aber ohne Sahne bitte.
Una coppa ..., ma senza panna, per favore.

➢ **auch Lebensmittel**

Abendessen	cena
alkoholfrei	analcọlico
Aschenbecher	il portacẹnere
Besteck	le posate
Bestellung	l'ordinazione *f*
Chiliöl	olio e peperóncino
Diabetiker	diabẹtico
Essig	aceto
Fass, vom	alla spina
fettarm	con pochi grassi
Fleck	mạcchia
Frühstück	prima colazione
Gabel	forchetta
Gang	portata
Gedeck	coperto
Gericht	pietanza, piatto
Getränk	bevanda
Gewürz	le spẹzie
Glas	il bicchiere
Wasserglas	il bicchiẹre da ạcqua
Weinglas	il bicchiẹre da vino
Gräte	spina, lisca
hart	duro
Hauptspeise	secondo
hausgemacht	fatto in casa
heiß	caldo, bollente
hungrig sein	aver fame
kalorienarm	ipocalorico
Karaffe	caraffa
Kellner/in	il cameriẹre/la cameriẹra
Ketschup	il ketchup
Kinderteller	la mezza porzione
Knochen	osso

Koch	cuọco
Korkenzieher	il cavatappi
lieblich *(Wein)*	amạbile
Löffel	cucchịaio
Teelöffel	cucchiaịno
Majonäse	la maionese
Menü	menù
Messer	coltello
Mittagessen	pranzo, il desinare
Nachtisch	il dessert, il dolce
Nudel- oder Reisgericht	piatto di pasta o di riso
Ober	camerịere *m*
Öl	ọlio
Pfeffer	il pepe
Pfeffermühle	pepaiọla, macinapepe
Pfefferstreuer	spargipepe
Portion	la porzione
Rost	grịglia, gratịcola
Salatbüfett	il buffet delle insalate
Salz	il sale
Salzstreuer	spargisale *m*, saliẹra
Scheibe	fetta
Schonkost	cibo dietẹtico
Schüssel	terrina, ciọtola
Senf	la sẹnape
Serviette	tovagliọlo
Soße	salsa
Speisekarte	lista delle vivande, il menu
Spezialität	specialità
Strohhalm	cannụccia
Suppe	minestra, zuppa
Suppenteller	pịatto fondo, scodella
Süßstoff	l'edulcorante *m*, dolcificante *m*
Tagesgericht	pịatto del giorno
Tagesmenü	il menù del giorno
Tasse	tazza
Untertasse	piattino
Teller	piatto
Tischtuch	tovạglia
Trinkgeld	mạncia
trocken *(Wein)*	(vino) secco
vegetarisch	vegetariano
Vorspeise	antipasto
Wasser	ạcqua
würzen	condire, drogare
Zahnstocher	lo stuzzicadenti
Zucker	zụcchero

Zubereitung

durchgebraten	ben cotto
gebacken	fritto
gebraten	arrostito
am Spieß	allo spiedo
vom Grill	alla griglia
in der Pfanne	al tegame
gedämpft	cotto a vapore
gedünstet	stufato
gefüllt	ripiẹno, farcito
gekocht	bollito, cotto
geräuchert	affumicato
geröstet	tostato, arrostito
geschmort	brasato
überbacken	gratinare
gar	cotto
mager	magro
roh	crudo
saftig	succoso
sauer	agro, aspro
scharf	piccante
süß	dolce
weich	tẹnero, mọrbido
zäh	duro
zart	tẹnero

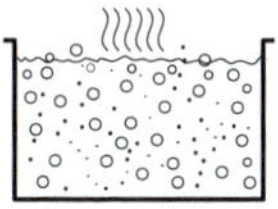
gekocht
bollito

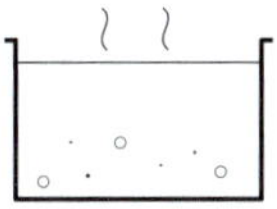
gegart
cotto

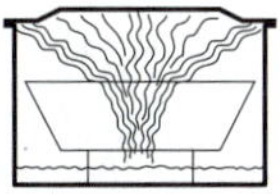
gedämpft
cotto al vapore

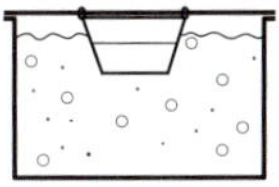
im Wasserbad
a bagnomarịa

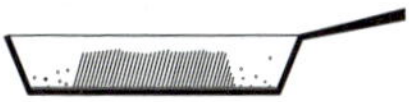
gebraten
arrostito

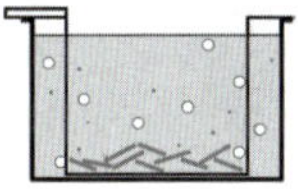
frittiert
fritto

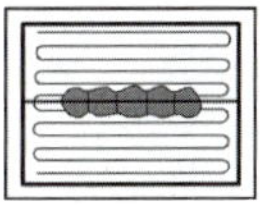
gegrillt
alla griglia

Ich hätte gern ...
Vorrei ...

Ingwer zẹnzero

Knoblauch
ạglio

Zwiebel
cipolla

Dill
aneto

Lorbeer
alloro

Rosmarin
rosmarino

Majoran/Oregano
maggiorana/orịgano

Koriander
coriandolo

Petersilie
prezzẹmolo

Basilikum
basịlico

Muskatnuss la noce moscat

Chili
peperoncino

Peperoni
peperoncini
verdi

Schnittlauch
erba cipollina

Salbei
sạlvia

Kerbel
cerfọglio

Thymian
timo

Bohnenkraut
sautorẹggia

Liebstöckl
ạppio montano

Ich hätte gern ...
Vorrei ...

Ich hätte gern ...
Vorrei ...

Menù	Speisekarte

Colazione	Frühstück
caffè amaro	schwarzer Kaffee
caffellatte	Kaffee mit Milch
caffè decaffeinizzato	koffeinfreier Kaffee
tè al latte/al limone	Tee mit Milch/Zitrone
tisana	Kräutertee
camomilla	Kamillentee
cioccolata	Kakao
succo di frutta/spremuta	Fruchtsaft/frisch gepresster Fruchtsaft
uovo à la coque	weich gekochtes Ei
uova strapazzate	Rühreier
uovo al tegame	Spiegelei
uova con lo speck	Eier mit Speck
il pane	Brot
i panini	Brötchen
il pane tostato	Toast
cornetto	Hörnchen
senza glutine	glutenfrei
integrale	Vollkorn-
cereali	Getreideflocken
burro	Butter
formaggio	Käse
i biscotti	Kekse
prosciutto	Schinken
il miele	Honig
marmellata	Marmelade
il müesli	Müsli
lo iọgurt	Joghurt
la frutta	Obst

Antipasti	Vorspeisen
antipasto caldo di mare	warme Meeresfrüchtevorspeise
antipasto misto di terra/di mare	gemischte Vorspeise (ohne Fisch)/ gemischte Fischvorspeise
bresạola, rụcola e parmigiano	Rinderschinken, Rucola und Parmesan
bruschetta	geröstete Weißbrotscheiben mit frischen Tomatenstückchen und Knoblauch
farro di mare	Dinkelsalat mit Meeresfrüchten
insalata caprese	Tomaten, Mozzarella und Basilikum
insalata di frutti di mare	Meeresfrüchtesalat

insalata di gamberetti	Krabbencocktail
melanzane alla parmigiana	Auberginen in Tomatensauce, mit Käse überbacken
prosciutto e melone	Parmaschinken mit Melone
rucola e parmigiano	Salat aus Rucola und Parmesan
tonno con fagioli	Salat aus Thunfisch und weißen Bohnen
vitello tonnato	kalte Kalbfleischscheiben in Thunfischsauce

Minestre	**Suppen**
crema di pomodori	Tomatencremesuppe
minestrone	dicke Gemüsesuppe
pasta e fagioli	dicke Suppe mit Bohnen und Nudeln
pastina in brodo	Fleischbrühe mit Suppennudeln
ravioli in brodo	gefüllte Teigtäschchen in Fleischbrühe
stracciatella	Einlaufsuppe
zuppa di pesce	Fischsuppe
zuppa pavese	Fleischbrühe mit Toast und Ei

Primi Piatti	**Nudel- und Reisgerichte**
spaghetti, penne, rigatoni	Spaghetti, spitz zulaufende Röhrennudeln, Röhrennudeln
- al burro/in bianco	- mit Butter
- alla napoletana/ al pomodoro	- mit Tomatensoße *(ohne Fleisch)*
- alla bolognese/al ragù	mit Tomatensoße *(mit Fleisch)*
- al cartoccio	mit Fischsoße oder Pilzen, im Back-papierpäckchen fertig gegart
- alle vongole	mit kleinen Muscheln
- alla carbonara	mit Ei und Speck
- al pesto	mit einer Soße aus Basilikum, Pinienkernen, Olivenöl, Knoblauch, Pecorino
- alla puttanesca	mit Tomatensoße, Oliven und scharfen Gewürzen
agnolotti/ravioli/ tortellini	gefüllte Teigtaschen
cannelloni	mit Fleisch oder Gemüse gefüllte Nudelrollen
gnocchi	winzige Kartoffelknödel
gnocchi alla romana	Gnocchi mit Käse überbacken
lasagne al forno	überbackene, geschichtete Nudelteigblätter mit Fleisch- und Béchamelsoße

polenta (alla valdostana)	Maisbrei (mit Schmelzkäse)
risotto alla milanese	Reisgericht mit Safran
risotto con funghi	Reisgericht mit Pilzen
fettuccine/tagliatelle	Bandnudeln
maccheroni	Makkaroni
tagliatelle verdi	grüne Bandnudeln
vermicelli	dünne Spaghetti

Carni	**Fleischgerichte**
abbạcchio	Lammbraten *(römische Spezialität)*
agnello	Lamm
ạnitra	Ente
arrosto di vitello	Kalbsbraten
bistecca ai ferri	gegrilltes Steak
bollito misto	verschiedene, gekochte Fleischstücke
capretto	Zicklein
cervello	Hirn
coniglio	Kaninchen
cotoletta alla milanese	paniertes Kalbskotelett
cotoletta di maiale	Schweinskotelett
faraona farcita	gefülltes Perlhuhn
fẹgato	Leber
fesa di vitello	Kalbsnuss
lepre	Hase
lịngua	Zunge
maiale	Schweinefleisch
lombata di vitello	Kalbslendchen
manzo/bue	Rindfleisch
montone	Hammel
ossobuco	Kalbshaxenscheibe mit Soße
petti di pollo	Hühnerbrust
piccione	Taube
pollo	Huhn
pollo arrosto	Brathuhn
polpette (svizzere)	Frikadellen
rognoni	Nieren
saltimbocca alla romana	kleine Kalbsschnitzel mit Schinken und Salbei
scaloppine di vitello	kleine Kalbsschnitzel
spezzatino	Gulasch mit Tomaten
stufato	Schmorbraten
tacchino	Truthahn
trippa	Kutteln
vitello	Kalbfleisch
zampone	gefüllter Schweinsfuß

Pesci, crostacei e molluschi	Fisch, Krusten- und Weichtiere
anguilla	Aal
aragosta	Languste
branzino	Seebarsch
calamari	Tintenfische
capesante brasate	geschmorte Jakobsmuscheln
cozze/vọngole	Miesmuscheln/Venusmuscheln
dạtteri di mare	Dattelmuscheln
fritto di pesce	gebackene kleine Fische
gạmbero, grạnchio	Krebs, Krabbe
pesce spada	Schwertfisch
salmone	Lachs
scampi fritti	gebackene kleine (See-)Krebse
sgombro	Makrele
sọgliola	Seezunge
trịglia	Barbe
tonno	Thunfisch
trota	Forelle

Verdura e contorni	Gemüse und Beilagen
aspạragi	Spargel
biẹtola	Mangold
brọccoli	Brokkoli
carciofi	Artischocken
carote	Karotten
cavolfiore	Blumenkohl
fagioli	weiße Bohnen
fagiolini	grüne Bohnen
finocchi	Fenchel
fiori di zucca fritti	frittierte Zucchiniblüten
funghi	Pilze
insalata belga	Chicorée
lentịcchie	Linsen
melanzane	Auberginen
patate	Kartoffeln
patatine fritte	Bratkartoffeln
peperoni	Paprikaschoten
piselli	Erbsen
pomodori	Tomaten
purè di patate	Kartoffelpüree
ravanelli	Radieschen
sẹdano	Sellerie
spinaci	Spinat
zucchini	Zucchini

Insalate	Salate
insalata di pomodori	Tomatensalat
insalata mista	gemischter Salat
insalata verde	grüner Salat
radicchio	roter Kopfsalat

Uova	Eierspeisen
frittata	Omelett
uova al tegame	Spiegeleier
uova sode	hart gekochte Eier
uova strapazzate	Rühreier

Formaggi	Käse
bel paese	milder Weichkäse
gorgonzola	mit grünem Schimmel durchzogener pikanter Fettkäse
gruviera	Emmentaler Käse
mozzarella	frischer Büffelkäse
parmigiano/grana	Parmesankäse
pecorino	Schafskäse
provolone (affumicato)	pikanter Filatakäse aus Kuhmilch (geräuchert)
ricotta	milder Quark aus Schafs- oder Kuhmilch
stracchino	milder Streichkäse
taleggio	norditalienischer Weichkäse

Dolci e frutta	Nachspeisen und Obst

➢ **auch Eisdiele**

bongo	kleine Windbeutel mit Sahnefüllung und Schokoladensoße
creme caramel	Karamellcreme
cassata	Eisschnitte mit kandierten Früchten
frutta cotta	Kompott
gelato	Eis
macedonia	Obstsalat
sorbetto	Zitronensorbet
tiramisu	aus Mascarpone und in Kaffee getränkten Biskuits hergestellte Süßspeise
zabaione	Eier-Marsala-Schaumcreme
zuppa inglese	Süßspeise aus verschiedenen Cremeschichten und mit Likör getränkten Biskuitböden

albicocca	Aprikose
ạnanas	Ananas
arạncia	Orange
ciliẹgie	Kirschen
cocọmero/anguria	Wassermelone
fichi	Feigen
frạgole	Erdbeeren
frutti di bosco	Waldbeeren
lamponi	Himbeeren
mela	Apfel
melone	Honigmelone
mirtilli	Heidelbeeren
pera	Birne
pesca	Pfirsich
pompelmo	Grapefruit
prugna/susina	Pflaume
uva	Trauben

Gelati, granite e frappè	**Milch- und Wassereis, Milchshakes**
amarena	Vanilleeis mit Amarenakirschen
bạcio	Nuss-Nougateis mit Haselnussstückchen
cioccolata	Schokoladeeis
coppa assortita	gemischter Eisbecher
coppa con panna	Eisbecher mit Sahne
fiọr di latte	Sahneeis
frappè alla frạgola	Erdbeershake
germi di soia	Sojasprosseneis
granita alla menta/ al limone ecc.	zerstoßene Eisstückchen mit Pfefferminz-/Zitronensirup u.a.
lampone	Himbeereis
limone	Zitroneneis
menta	Pfefferminzeis
mirtilli	Heidelbeereis
nocciọla	Haselnusseis
tartufo	Vanille- oder Schokoladeneis mit Kakao überzogen
torrone	Mandeleis mit kandierten Früchten
vanịglia/crema	Vanilleeis

Lista delle bevande	Getränkekarte
Vini	**Wein**
Asti spumante	meist lieblicher piemontesischer Schaumwein
Barbera	trockener, fruchtiger piemontesischer Rotwein
Bardolino	roter Tischwein aus der Gegend um den Gardasee
Brunello di Montalcino	schwerer, edler Wein aus der Toskana
Chianti	der bekannteste Rotwein aus der Toskana
Frascati	trockener Weißwein aus den „Castelli" bei Rom
Grignolino	herber piemontesischer Rotwein
Làcrima Christi	ziemlich süßer, schwerer Rotwein aus der Gegend von Neapel
Lambrusco	etwas prickelnder Rotwein aus dem Raum Modena–Bologna
Marino	trockener Schaumwein aus dem Friaul
Marsala	schwerer süßer Wein aus Sizilien
Pinot Grigio	trockener Weißwein aus dem Friaul oder Trentino
Orvieto	feiner lieblicher oder herber Weißwein
Ruffino	toskanischer Rotwein, der noch in der typischen Chianti-Korbflasche abgefüllt wird
Valpolicella	leichter Veroneser Rotwein
Birre	**Bier**
birra scura, bruna	dunkles Bier
birra chiara, bionda	helles Bier
birra alla spina	Bier vom Fass
Bevande analcoliche	**Alkoholfreie Getränke**
ạcqua minerale	Mineralwasser
gassata/non gassata	mit/ohne Kohlensäure
aranciata	Orangeade
cedrata	Sprudel mit Zedernsaft
gassosa	süßer Sprudel
lemonsoda/oransoda	Sprudel mit Fruchtfleisch von Zitronen/Orangen

spremuta d'arancia/ di pompelmo	frisch gepresster Orangen-/ Grapefruitsaft
succo di frutta	Fruchtsaft
succo di pesca	Pfirsichsaft
succo di pomodoro	Tomatensaft
succo di pera	Birnensaft

Liquori	**Schnäpse und Liköre**
amaro	Magenbitter
amaretto	Mandellikör
grappa	Tresterbranntwein
Limoncello	Zitronenlikör
sambuca	Likör mit Anisgeschmack
Vecchia Romagna	italienischer Kognak
vinsanto, vin santo	weißer Likörwein

Caffetteria	**Getränke in einer Bar**
caffè, espresso	kleiner, starker Kaffee ohne Milch
caffè corretto	kleiner, starker Kaffee mit Schnaps
caffè macchiato caldo/ freddo	kleiner, starker Kaffee mit warmer/ kalter Milch
caffè doppio	zwei *espressi* in einer Tasse
caffè lungo/corto	kleiner, starker Kaffee mit etwas mehr/etwas weniger Wasser
cappuccino	Kaffee mit schaumig geschlagener Milch
camomilla	Kamillentee
tisana	Kräutertee
tè al latte/limone	Tee mit Milch/Zitrone
tè verde	grüner Tee
cioccolata con panna	Trinkschokolade mit Schlagsahne

Besichtigungen und Ausflüge

Schau mal!
Über 40% des Weltkulturerbes findet man in Italien. Dementsprechend viele Sehenswürdigkeiten gibt es. Eigentlich ist ganz Italien ein einziges großes Freilichtmuseum: Alle Kulturepochen sind hier zu besichtigen: die Frühgeschichte (die *Nuraghen* auf Sardinien - Festungstürme, die zwischen der Bronze und Eisenzeit, d.h. 2000 - 1000 v.Chr. erbaut wurden), die Antike (*Pompeji, Herkulaneum, Forum Romanum* in Rom, der *Tempel von Segesta* auf Sizilien), das Mittelalter mit seinen romanischen (*Piazza dei Miracoli* mit schiefem Turm in Pisa, *S.Ambrogio* in Mailand), byzantinischen (berühmt sind hier Ravennas Mosaike und *San Marco* in Venedig) und gotischen Einflüssen (Mailänder Dom, Dom in Orvieto), die Renaissance mit ihren prachtvollen Bauten (z. B. der Dom *S. Maria del Fiore* oder *Palazzo Vecchio* in Florenz) und die Barockzeit - wegen ihrer Stilreinheit und Homogenität sind die Kirchen von Lecce in Apulien besonders zu empfehlen. Für kunst- und kulturhistorisch Interessierte ist Apulien eine wahre Fundgrube, denn hier sind nahezu alle Epochen vertreten. Die Neuzeit mit prachtvollen Jugendstilbauten, z. B. die *Galleria Vittorio Emanuele II* in Mailand (eine prächtige Einkaufspassage), modernen und postmodernen Bauten. Zu den wichtigsten Vertretern dieses Architekturstils gehören die Architekten Aldo Rossi und Pier Paolo Portoghesi, der die umstrittene Moschee in Rom gebaut hat.

Im Fremdenverkehrsamt

Ich möchte einen Stadtplan von ... haben.
Vorrei una pianta di ...

Haben Sie Sammeleintrittskarten für die Museen der Stadt?
Vendete i biglietti cumulativi per i musei della città?

Gibt es Stadtrundfahrten?
Ci sono giri turịstici della città?

Haben Sie einen Veranstaltungskalender für diese Woche?
Ha un programma delle manifestazioni di questa settimana?

L'Italia in Miniatura
In Viserba bei Rimini haben Sie die Möglichkeit, an einem Tag ganz Italien zu besichtigen: „Italien in Miniatur" heißt der Vergnügungspark, in dem man sich auf einer Fläche von 85.000 Quadratmetern im Maßstab von 1:25 bis 1:50 in drei bis vier Stunden einen Überblick über die sehenswertesten Gebäude Italiens verschaffen kann.

Sehenswürdigkeiten - Museen

Zu den bedeutendsten Museen der Welt gehören die Uffizien *(Galleria degli uffizi)* in Florenz und die Vatikanischen Museen. Das Nationalmuseum in Reggio Calabria beherbergt eine bemerkenswerte Sammlung prähistorischer und antiker Funde aus Kalabrien und dem antiken Griechenland. Eine der wichtigsten Sammlungen ägyptischer Kunst befindet sich im ägyptischen Museum *(museo egizio)* in Turin, in dem man u.a. riesige Statuen von Pharaonen wie Ramses II oder Tut-ench-Amun bewundern kann.
In den letzten Jahren bringen einige italienische Museen Kindern Kunst auf spielerische Weise nahe. So entstand z.B. in den Kapitolinischen Museen in Rom ein multimedialer Rundgang für Kinder ab sieben Jahren, bei dem man auf Bildschirmen die Geschichte der ausgestellten Werke und eine Menge von Spielvorschlägen abrufen kann. In einer angeschlossenen Experimentierwerkstatt können die Kinder das Gesehene und Gehörte aufarbeiten. Eines der namhaftesten Museen Italiens, das Museum von Capodimonte in Neapel, hat innerhalb des Museums ein Atelier eingerichtet, in dem Kinder zwischen vier und zehn Jahren die Möglichkeit haben, Ausstellungsstücke „nachzuarbeiten", während ihre Eltern in Ruhe durch das Museum bummeln.

Öffnungszeiten, Führungen, Eintrittskarten

Einige Museen sind bis 22.00 Uhr geöffnet, um dem Besucherstrom einigermaßen entgegenzukommen. Sind in einer Stadt besonders viele Museen konzentriert, so gibt es die Möglichkeit, Sammeleintrittskarten *biglietti cumulativi* zu kaufen. Erkundigen Sie sich im Touristikbüro. Bei viel besuchten Museen wie den Uffizien oder den Vatikanischen Museen ist es ratsam, Eintrittskarten vorher telefonisch oder per Internet zu bestellen, um lange Wartezeiten zu vermeiden.
EU-Mitglieder unter 18 und über 65 Jahren haben in städtischen und staatlichen Museen freien Eintritt und 18- bis 25-Jährige zahlen nur die Hälfte.

Können Sie mir bitte sagen, welche Sehenswürdigkeiten es hier gibt?
Scusi, saprebbe indicarmi le cose da vedere qui?

Sie müssen unbedingt ... besichtigen/besuchen.
Non deve assolutamente pẹrdere ...

Wann ist das Museum geöffnet?
Quando è aperto il musẹo?

Wann beginnt die Führung?
Quando comịncia la vịsita guidata?

Gibt es auch eine Führung in Deutsch?
La guida parla anche tedesco?

Darf man hier fotografieren?
È permesso fotografare?

Zwei Eintrittskarten, bitte!
Due biglietti, per favore!

Zwei Erwachsene und ein Kind.
Due adulti e un bambino.

Gibt es Ermäßigungen für ...
Ci sono riduzioni per ...
... Kinder?
... bambini?
... Studenten?
... studenti?
... Senioren?
... pensionati?
... Gruppen?
... gruppi?

Gibt es Sammeleintrittskarten für Museen?
Avete dei biglietti cumulativi per i musei?

Gibt es einen Katalog zur Ausstellung?
Esiste un catạlogo dell'esposizione?

Was? Wann? Wo?

Ist das ...?
È questo il ...?/È questa la ...?

Wann wurde dieses Gebäude erbaut/restauriert?
Quando fu costruịto/restaurato questo palazzo?

Von wem ist dieses Bild?
Chi ha dipinto questo quadro?

Haben Sie das Bild als Poster/Postkarte/Dia?
Ha un poster/una cartolina/una diapositiva di questo quadro?

Zu den Anstandregeln gehört, dass man nicht im Unterhemd ins Museum geht, kein Fußbad in den Brunnen nimmt, nicht Picknick-Decke und -Korb vor Denkmälern und Museen ausbreitet und nicht in kurzen Hosen und mit unbedeckten Armen eine Kirche betritt.

Allgemeines

Besichtigung	visita
Denkmalschutz	tutela dei monumenti
Fremdenführer/in	guida turistica, il cicerone
Führung	visita guidata
Funde	i reperti archeologici
Fußgängerzone	zona pedonale
Gasse	vicolo
Geburtsstadt	città natale
Geschichte	storia
Haus	casa
Kaiser/in	imperatore/imperatrice
König/in	re/regina
Kunst	l'arte, *f*
Markt	mercato
Material	il materiale
Museum	museo
Park	parco
rekonstruieren	ricostruire
Religion	la religione
restaurieren	restaurare
Sammeleintrittskarte	biglietto cumulativo
Sehenswürdigkeiten	le cose da vedersi, i monumenti
Stadtrundfahrt	giro turistico della città
Stadtteil	il quartiere
Stadtzentrum	centro città
Straße	strada, via
Überreste	i resti
Volkskundemuseum	museo di tradizioni popolari
Vorort	sobborgo
Wachablösung	cambio della guardia
Wahrzeichen	l'emblema *m*

Architektur

Abtei	abbazia
Altar	l'altare *m*
Altstadt	centro storico
Amphitheater	anfiteatro
Archäologie	archeologia
Architekt	architetto
Architektur	architettura
Arena	arena
Arkaden	i portici
Ausgrabungen	gli scavi
Bauwerk	edificio, la costruzione
Bogen	arco

Brücke	il ponte
Brunnen	fontana
Burg	fortezza
Dach	tetto
Decke	soffitto
Denkmal	monumento
Dom	duọmo
Fassade	facciata
Fenster	finestra
Festung	fortezza
Flügel	ala
Friedhof	cimitero
Gebäude	edifịcio
Gedenkstätte	monumento commemorativo
Gewölbe	volta
Giebel	tịmpano
Grab	tomba
Grabmal	monumento sepolcrale
Innenhof	il cortile interno
Inschrift	l'iscrizione *f*, l'epịgrafe *f*
Kanzel	pụlpito
Kapelle	cappella
Kathedrale	la cattedrale
Kirche	chiesa
Kirchturm	il campanile
Kloster	convento, monastero
Kreuzgang	chiostro
Krypta	cripta
Kuppel	cụpola
Markthalle	mercato coperto
Mauer	muro
Mausoleum	mausoleo
Nuraghen	le nuraghe
Obelisk	obelisco
Oper	ọpera
Palast	palazzo
Platz	piạzza
Portal	il portale
Rathaus	municịpio
Ruine	rovina
Säule	colonna
Schatzkammer	tesorerịa
Schloss	castello
Springbrunnen	fontana a zampillo
Stadtmauern	le mura della città
Tempel	tẹmpio
Theater	teạtro

Tor	il portone
Triumphbogen	arco di trionfo
Turm	la torre
Universität	università
Wallfahrtskirche	santuạrio
wieder aufbauen	ricostruire

Bildende Künste

Akt	atto
Aquarell	acquerello
Ausstellung	mostra, l'esposizione *f*
Bild	quadro
Bildende Künste	l'arti figurative
Bildhauer	lo scultore
Bronze	bronzo
Exponat	pezzo d'esposizione
Fotografie	fotografịa
Galerie	gallerịa (d'arte)
Gemälde	dipinto
Glasmalerei	pittura su vetro, vetrocromịa
Goldschmiedekunst	l'arte *f* ọrafa
Grafik	l'arte *f* grạfica
Holzschnitt	silografịa
Keramik	cerạmica
Kopie	cọpia
Kreuz	la croce
Kruzifix	crocifisso
Kunstgewerbe	artigianato
Kupferstich	l'incisione *f* su rame, calcografịa
Lithographie	litografịa
Maler/in	pittore/pittrice
Malerei	pittura
Modell	modello
Mosaik	mosạico
Mosaikleger	il mosaicista
Original	l'originale *m*
Plakat	manifesto
Plastik	scultura
Porträt	ritratto
Porzellan	porcellana
Radierung	l'acquaforte *f*
Schnitzerei	intạglio
Siebdruck	serigrafịa
Skulptur	scultura
Statue	stạtua
Stillleben	natura morta
Teppich	tappeto

Terrakotta	terracotta
Töpferei	l'arte *f* di vasạio
Torso	torso
Tusche	inchiostro, china
Vase	vaso
Zeichnung	disegno

Stilrichtungen und Epochen

antik	antico
Antike	antichità
Barock	barocco
Blütezeit	perịodo ạureo
Bronzezeit	età del bronzo
byzantinisch	bizantino
Christentum	cristianẹsimo
Dynastie	dinastịa
Eisenzeit	età del ferro
Epoche	ẹpoca
Expressionismus	espressionismo
Gotik	gọtico
nach Giottos Art	giottesco
griechisch	greco
heidnisch	pagano
Impressionismus	impressionismo
Jahrhundert	sẹcolo

Bezeichnung von Jahrhunderten in Kunst- und Kulturgeschichte: *il Quattrocento* – das 15. Jhd., *il Cinquecento* – das 16. Jhd. usw.

Jugendstil	lo stile lịberty
keltisch	cẹltico
Klassizismus	classicismo
Kubismus	cubismo
Manierismus	manierismo
Macchiaiuoli *(Malkunstrichtung aus Florenz)*	macchiaioli *pl*
Mittelalter	Medioẹvo
modern	moderno
normannisch	normanno
Ostgote	ostrogọto
raffaelisch	raffaellesco
Renaissance	rinascimento
Risorgimento *n*	risorgimento
Rokoko	rococò
Romanik	l'arte *f* romạnica
Romantik	romanticismo

Steinzeit	età della pietra
Stil	lo stile
Surrealismus	surrealismo
vorgeschichtlich	preistọrico
Vorgeschichte	preistọria
zeitgenössische Kunst	arte contemporanea

Ausflüge

Wo ist der Treffpunkt?
Dov'è il punto d'incontro?

Wann treffen wir uns?
Quando ci incontrịamo?

Kommen wir am/an ... vorbei?
Passiamo da ...?

Besichtigen wir auch ...?
Andiamo anche a vedere ...?

Wann fahren wir zurück?
Quando torniamo?

Ausflug	gita, l'escursione *f*
Aussichtspunkt	il belvedere
Berg	il monte
Bergdorf	villạggio di montagna
Botanischer Garten	giardino botạnico
Fischerhafen	porto di pesca
Fischerort	villạggio di pescatori
Fluss	il fiụme
Freilichtmuseum	museo all'aperto

Das größte „Freilichtmuseum" Italiens ist sicher **Venedig**. Als Highlights wären zu nennen: Der Markusplatz *(Piazza San Marco)*, der Dogenpalast *(Palazzo Ducale)* und die Rialtobrücke *(Ponte di Rialto)*.

Freizeitpark	parco divertimenti
Gebirge	montagna
Gipfel	cima
Grotte	grotta
Hinterland	il retroterra
Hochebene	altopiano
Höhle	grotta, caverna
Inselrundfahrt	giro dell'ịsola
Klippe	scọglio
Küste	il litorale
Landschaft	paesạggio

Lava	lava
Leuchtturm	faro
Maremmen	maremma
Markt	mercato
Museumsdorf	villạggio museale
Nationalpark	parco nazionale
Naturschutzgebiet	riserva naturale
Pass	passo
Quelle	la sorgente, la fonte
Rundfahrt	giro
Schlucht	gola
See	lago
Sternwarte	osservatọrio astronọmico
Sumpf	la palude
Tagesausflug	gita di un giorno
Tal	la valle
Tropfsteinhöhle	grotta con stalattiti e stalagmiti
Umgebung	i dintorni
Vogelschutzgebiet	riserva ornitolọgica
Vulkan	vulcano
Wald	bosco, foresta
Waldbrand	incẹndio forestale
Wallfahrtsort	luogo di pellegrinạggio
Wasserfall	cascata
Wildpark	riserva di cạccia
Zoo	lo zoo

Bade-, Aktiv- und Kreativurlaub

Sommer, Sonne, Strand
Sommerurlaub in Italien bedeutet für viele Urlaub am Meer. Aber Vorsicht: In Italien gibt es Privatstrände, zu denen nur derjenige Zugang hat, der auch einen Sonnenschirm mit Liegestuhl mietet.
Oben-ohne-Sonnen ist immer erlaubt, Oben-ohne-Badende sind seltener. Achten Sie auf die Gepflogenheiten der einheimischen Badegäste. Viele Privatbäder - vor allem an der Adria, die eine lange Tradition im Fremdentourismus hat - bieten Sportmöglichkeiten und Animation an. Zum Strandleben gehören mittlerweile auch die *vu' cumprà* - meist illegal eingewanderte Nordafrikaner (auch *extracomunitari* genannt, weil sie nicht zur europäischen Gemeinschaft gehören), die Teppiche, Feuerzeuge, Sonnenbrillen, gefälschte Designerhandtaschen usw. ohne Verkaufslizenz feilbieten. Sie werden von ihren Fluchthelfern zu dieser Arbeit gezwungen, müssen sehr viel Geld für ihre Schlafstelle in einem Zehnbett-Zimmer bezahlen und den Großteil ihrer Einnahmen abgeben.
Der Kauf gefälschter Ware wird mit hoher Geldstrafe geahndet!

Badeurlaub

Entschuldigen Sie bitte, gibt es hier ein ...
Scusi, c'è qui ...
Schwimmbad?
una piscina?
Freibad?
una piscina all'aperto?
Hallenbad?
una piscina coperta?

Eine Eintrittskarte, bitte!
Un biglietto, per favore!

Wo sind bitte die ...
Scusi, dove sono le ...
Duschen?
dọccie?
Umkleidekabinen?
cabine?

Umziehen sollte man sich in den Umkleidekabinen oder auf der Toilette. Wenn man sich am Strand umziehen möchte, sollte man sich mit dem Badetuch bedecken, was gar nicht so einfach ist. Die ungeschriebene Regel ist einfach: Man zeigt sich als Erwachsener nicht vollkommen nackt am Strand, außer es handelt sich um einen der seltenen Nacktbadestrände.

Ist der Strand ...
La spiạggia è ...
sandig?
con sạbbia?
steinig?
con ghiạia?
für Hunde erlaubt?
una spiạggia canina?

Gibt es hier Seeigel/Quallen/Algen?
Ci sono ricci/meduse/alghe?

Ist die Strömung stark?
È molto forte la corrente?

Können Sie mir sagen, ob es für Kinder gefährlich ist?
Sa dirmi se è pericoloso per i bambini?

Per soli nuotatori!	Nur für Schwimmer!
Vietato tuffarsi!	Hineinspringen verboten!
Vietato bagnarsi!	Baden verboten!

Wann ist Ebbe/Flut?
Quando viene la bassa/l'alta marea?

Ich möchte ... mieten.
Vorrei noleggiare ...
einen Liegestuhl
una (sẹdia a) sdrạio.
einen Sonnenschirm
un ombrellone.
ein Ruderboot/Tretboot
una barca a remi/un pedalò.
ein Paar Wasserski
un pạio di sci nạutici.

Was kostet das pro Stunde/pro Tag?
Quanto costa all'ora/al giorno?

Bademeister	bagnino
Badegebiet	zona balneare
Beach-Volleyball	il beach-volley
Freier Strand	spiạggia lịbera
FKK-Strand	spiạggia per nudisti
Kinderbecken	piscina/vasca per bambini
Liegewiese	prato per sdraiarsi
Luftmatratze	materasso pneumạtico
Nichtschwimmer	non nuotatore

schwimmen	nuotare
Schwimmer	il nuotatore
Schwimmflossen	le pinne
Schwimmflügel	i braccioli
Tretboot	patino a pedali, pedalò
Wasserski	gli sci nautici
Wasserski fahren	andare su sci nautici
Wasserskooter	lo scooter
Windschirm	frangivento

Aktivurlaub und Sport

Welche Sportmöglichkeiten gibt es hier?
Quali sport si possono praticare qui?

Gibt es hier ...
C'è ...
einen Golfplatz?
un campo da golf?
einen Tennisplatz?
un campo da tennis?

Können Sie mir bitte sagen, wo man hier ... kann?
Scusi, saprebbe dirmi dove si può/possono ...?
angeln
pescare
gut wandern
fare delle belle escursioni a piedi

Wo kann ich ... ausleihen?
Dove posso noleggiare ...?

Ich möchte einen ...-Kurs für Anfänger/Fortgeschrittene machen.
Vorrei fare un corso di ... per principianti/avanzati.

Wassersport

Bootsführerschein	la patente nautica
Canyoning	il canyoning
Hausboot	la house boat
Kanu	canoa
Motorboot	motoscafo
Paddelboot, paddeln	canoa, andare in canoa
Regatta	regata
Ruder	remo
Ruderboot	barca a remi
rudern	remare
Schlauchboot	canotto pneumatico
Segelboot	barca a vela
Segeln, segeln	la vela, fare vela

Segeltörn	veleggiata, gita in barca a vela
Surfbrett	tavola del wind-surf
surfen	praticare il surfing
Wasser wandern *(Hausboot)*	turismo sui corsi d'acqua
Windsurfen; windsurfen	il windsurf; fare windsurf
Windverhältnisse	la situazione tẹrmica

Tauchen

Gerätetauchen	immersione con le bombole
Harpune	fiọcina
Neoprenanzug	la muta in neoprene
Sauerstoffgerät	l'ossigenatore *m*
Schnorchel	il respiratore di superfịcie, lo snorkel
schnorcheln	fare lo snorkeling
tauchen	nuotare sott'ạcqua
Taucherausrüstung	attrezzatura da sub
Taucherbrille	la mạschera da sub

Angeln

Angel	canna da pesca
angeln	pescare con l'amo
Angelschein	licenza di pesca
Hafenmeisterei	capitanerịa di porto
Hochseeangeln	pesca d'altura
Schonzeiten	perịodo di divieto di cạccia

Ballspiele

Ball	palla
Basketball	il Basketball, pallacanestro
Fußball	cạlcio
Fußballplatz	terreno di gioco
Fußballspiel	partita di cạlcio
Halbzeit	primo/secondo tempo
Handball	palla a mano
Mannschaft	squadra
Netz	la rete
Rugby	il rugby
Tor *(Gehäuse)*	porta
(Treffer)	il goal
Torwart	il portiere
Volleyball	la pallavolo

Tennis und Badminton

Badminton	il badminton, gioco del volano
Doppel	dọppio
Einzel	sịngolo
Federball	volano
Flutlicht(anlage)	impianto di proiettori
Schläger	racchetta
Squash	lo squash
Tennis	il tennis
Tennisschläger	racchetta
Tischtennis	il ping-pong

Fitness- und Krafttraining

Aerobic	aerọbica
Bodybuilding	culturismo
Fitnesscenter	centro di fitness, palestra
Gymnastik	ginnạstica
Jazzgymnastik	ginnạstica jazz
joggen	fare jogging
Jogging	il jogging
Konditionstraining	allenamento per migliorare la forma
Stretching	lo stretching
Wirbelsäulengymnastik	ginnạstica per la colonna vertebrale

Radfahren

Fahrrad	bicicletta
Fahrradhelm	casco di protezione
Fahrradweg	pista ciclạbile, ciclopista
Flickzeug	gli accessori per la riparazione di forature
Luftpumpe	pompa d'ạria
Mountainbike	la mountain bike
Rad fahren	andare in bicicletta
Radsport	ciclismo
Radtour	itinerạrio in bici(cletta)
Radweg	percorso ciclạbile
Rennrad	bicicletta da corsa
Roller	monopạttino
Schlauch	cạmera d'ạria
Tourenrad	bicicletta da turismo
Trekkingrad	bicicletta da trekking

Wandern und Bergsteigen

Ich möchte eine Bergtour machen.
Vorrei fare un'escursione in montagna.

Können Sie mir eine interessante Route auf der Karte zeigen?
Mi può indicare un itinerario interessante sulla carta?

Bergsteigen	alpinismo
Fernwanderweg	sentiero per escursioni a lunga distanza
Freeclimbing	il freeclimbing
Route	percorso, itinerario
Schutzhütte	rifugio
Sicherungsseil	corda di sicurezza
Tagestour	marcia di un giorno
Trekking	il trekking
Wanderkarte	mappa dei sentieri
Wandern, wandern	il trekking, camminare/ fare un'escursione
Wanderweg	sentiero (per escursioni)

Reiten

Ausritt	cavalcata
Pferd	cavallo
Polo	polo
reiten	cavalcare
Reiterferien	le vacanze a cavallo
Reitschule	scuola di equitazione

Golf

18-Loch-Platz	campo con 18 buche
Abschlag	il teeing-ground
Clubhaus	circolo, il club
Golf	il golf
Golfclub	circolo golfistico
Golfschläger	mazza da golf
Greenfee	greenfee
Parcours	parcours, percorso
Tagesbesucher	visitatore giornaliero

Drachen-, Gleitschirm- und Segelfliegen

Drachenfliegen	lo sport del deltaplano
Fallschirmspringen	paracadutismo
Gleitschirm	parapendio
Lenkdrachen	deltaplano dirigibile

Paragliding	il paragliding
Schleppschirm *(am Strand)*	parapendio a motore trainante
Segelfliegen	volo a vela
Startplatz	pista di decollo
Thermik	termica

Winterurlaub

Eine Tageskarte, bitte.
Un (biglietto) giornaliero, per favore.

Wie viele Punkte kostet dieser Skilift?
Quanti punti costa lo ski-lift/l'impianto di risalita?

Um wie viel Uhr ist die letzte Bergfahrt/Talfahrt?
A che ora c'è l'ultima salita a monte/discesa a valle?

Babylift	l'impianto di risalita per bambini
Bergstation	la stazione a monte
Curling	il curling, l'eisschiessen
Eisbahn	pista per pattinaggio su ghiaccio
Eishockey	l'hockey *m* su ghiaccio
Eislauf	pattinaggio su ghiaccio
Langlauf	lo sci di fondo
Loipe	pista di fondo
Mittelstation	la stazione a mezza quota
Pulverschnee	la neve farinosa
Schlepplift	sciovia
Schlitten	slitta
Schlitten fahren	andare in slitta
Schlittschuh laufen	pattinare (sul ghiaccio)
Schlittschuhe	i pattini (per ghiaccio)
Seilbahn	funivia, la funicolare
Sessellift	seggiovia
Ski	lo sci
Ski alpin	lo sci alpino
Ski laufen	sciare
Skibindung	attacco
Skibrille	gli occhiali da sci
Skikurs	corso di sci
Skilehrer/in	maestro/a di sci
Skistöcke	i bastoni da sci
Snowboard	lo snowboard
Snowrafting	lo snowrafting
Tagespass	(abbonamento) giornaliero
Talstation	la stazione a valle
Wochenpass	abbonamento settimanale

Sonstige Sportarten

Basejumping	il basejumping
Bocciaspiel	il gioco delle bocce
Bowling	il bowling
Bungeejumping	il bungeejumping
Inliner	i Rollerblades, i pattini in linea
Inlineskating	pattinaggio con Rollerblades
Inline skaten	pattinare sui roller
Kegeln	gioco dei birilli
Leichtathletik	atletica leggera
Minigolf	il minigolf
Motorsport	motociclismo
Rollschuhe	i pattini a rotelle
Rollschuh fahren	andare sui pattini a rotelle
Skateboard	lo skate-board
Skateboard fahren	andare sullo skate

Sportveranstaltungen besuchen

Könnten Sie mir bitte sagen, welche Sportveranstaltungen es hier gibt?
Scusi,saprebbe dirmi quali manifestazioni sportive ci sono qui?

Ich möchte mir das Fußballspiel ansehen.
Vorrei vedere la partita di calcio.

Wann/Wo findet es statt?
Quando/Dove ha luogo?

Was kostet der Eintritt?
Quanto costa l'ingresso?

Wie steht's?
A quanto stanno?

2 zu 1.
2 a 1.

eins-eins.
uno a uno.

Foul!
Fallo!

Schöner Schuss!
Bel tiro!

Tor!
Goal!

abseits	fuorigioco
Anstoss	calcio d'inizio

Eintrittskarte	biglietto d'ingresso
Elfmeter	cạlcio di rigore
Flanke	il cross, il traversone
Freistoß	il cạlcio di punizione
gewinnen	vịncere
Kasse	cassa
Meisterschaft	campionato
Niederlage	sconfitta
Pass	passạggio
Programm	il programma
Radrennen	corsa ciclịstica
Rennen	corsa
Schiedsrichter	ạrbitro
Sieg	vittọria
Spiel	partita
Sportler/in	sportivo/sportiva
Sportplatz	campo sportivo
Stadion	stadio
Strafraum	ạrea di rigore
unentschieden	pari
verlieren	pẹrdere
Wettkampf	gara

Wellness

Wie viele Anwendungen bekomme ich noch?
Quante cure/applicazioni mi spẹttano ancora?

Ich möchte noch einige zusätzliche ...
Vorrei ancora alcune ... in più.

Könnte ich einen anderen Termin bekommen?
Potrei fissare un altro appuntamento?

Machen Sie auch eine ...
Fạccia anche una ...

Ich leide unter ...
Soffro di ...

Akupunktur	acupuntura
Anwendungen	applicazioni
Aqua-Jogging	l'ạcqua jogging *m*
Aromabad	il bagno aromạtico
Ayurveda	l'Ayurveda
Behandlung	trattamento
entschlacken, entgiften	depurare, disintossicare
Fango	fango
Fuß(reflexzonen)massage	riflessologịa plantare

Ganzkörpermassage	massaggio completo del corpo
Gesichtsbehandlung	trattamento viso
Heilbad	bagno termale
Heilfasten	digiuno terapeutico
Heu-Bad	bagno di fieno
Kneipp-Anwendung	l'applicazione *f*/circuito Kneipp
Kurtaxe	tassa di soggiorno
Lymphdrainage	drenaggio linfatico
Meditation	la meditazione
Therapie	terapia
Thermalbad	*(Kurort)* la località termale, *(Bäderanlage)* le terme *f*
Wellenbad	piscina con onde artificiali
Yoga	lo yoga

Kreativurlaub

Ich interessiere mich für ...
Mi interesserebbe fare ...
einen Töpferkurs.
un corso di ceramica.
einen Italienisch-Sprachkurs.
un corso d'italiano.
für Anfänger
per principianti
für Fortgeschrittene
per avanzati

Wie viele Stunden pro Tag wird gearbeitet?
Quante ore al giorno si lavora?

Ist die Teilnehmerzahl begrenzt?
Il numero dei partecipanti è limitato?

Sind Vorkenntnisse erforderlich?
Sono richieste delle conoscenze preliminari?

Bis wann muss man sich anmelden?
Fino a quando ci si deve iscrivere?

Sind die Materialkosten inklusive?
I costi per il materiale sono compresi?

Was ist mitzubringen?
Cosa si deve portare?

Aktzeichnen	disegno di nudi
Aquarellmalen	pittura di acquerello
Bauchtanz	danza del ventre
Fotografieren	il fotografare

Goldschmieden	i lavori d'oreficieria
Holzwerkstatt	i lavori di falegnameria
Kochen	il cucinare, la cucina
Kurs	corso
Malen	pittura
Ölmalerei	pittura a olio
Schauspielworkshop	il workshop/laboratorio d'arte drammatica
Seidenmalerei	pittura in seta
Selbsterfahrung	autocoscienza
Tanztheater	teatro-danza
Theatergruppe	compagnia teatrale
Trommeln	il suonare/battere il tamburo
Workshop	il workshop
Yoga	lo yoga

Unterhaltung

Feste feiern
Im Sommer finden sehr viele Theater- und Konzertveranstaltungen im Freien *(all'aperto)* statt. Bei Abendveranstaltungen ist gepflegte Garderobe erwünscht - Italiener legen auf Kleidung sehr viel Wert. Sie können sicher sein, dass Sie nie overdressed sind!

Theater - Konzert - Kino

1778 wurde die Mailänder Scala eröffnet und gilt seitdem als Weltzentrum des Melodrams. Die Spielzeit wird immer am 7. Dezember eröffnet und die ganze Welt reißt sich um die teueren Eintrittskarten. Der Verkauf der 200 Stehplätze *posti in piedi* beginnt immer eine Stunde vor Vorstellungsbeginn; anstellen sollte man sich aber bereits am Vormittag.

Könnten Sie mir bitte sagen, welches Stück heute Abend im Theater gespielt wird?
Scusi, saprebbe dirmi che pezzo danno oggi a teatro?

Was läuft morgen Abend im Kino?
Che cosa c'è al cinema domani sera?

Können Sie mir ein gutes Theaterstück empfehlen?
Mi può raccomandare un buon pièce teatrale?

Wann beginnt die Vorstellung?
Quando comincia lo spettacolo?

Wo bekommt man Karten?
Dove si comprano i biglietti?

Bitte zwei Karten für heute Abend.
Due biglietti per stasera, per favore.

Bitte zwei Plätze zu ... Euro.
Per favore due biglietti da ... Euro.

Kann ich bitte ein Programm haben?
Mi può dare un programma, per favore?

Bei den bekanntesten Musikveranstaltungen (Oper in der Arena von Verona, Konzerte in den *Caracalla*-Thermen in Rom, Musikfestival in Ravello, an der Amalfiküste, der *Maggio Musicale Fiorentino* in Florenz) ist es ratsam, sich schon vor der Anreise Karten zu besorgen.

Eintrittskarte	biglietto
Festival	il féstival
Kasse	biglietteria

Pause	intervallo
Programmheft	opụscolo del programma
Vorstellung	spettạcolo
Vorverkauf	prevẹndita

Theater

Akt	atto
Aufführung	spettạcolo
Ballett	balletto
Drama	il dramma
Freilufttheater	teatro all'aperto
Inszenierung	messa in scena
Kabarett	il cabaret
Kleinkunstbühne	il cabaret
Komödie	commẹdia
Loge	palco
Musical	il mụsical, commẹdia musicale
Oper	ọpera
Operette	operetta
Parkett	platẹa
Premiere	prima
1./2. Rang	prima/seconda fila di palchi
Schauspiel	teatro
Schauspieler/in	l'attore *m*/l'attrice *f*
Spielplan	il programma
Tänzer/in	ballerino/a
Theaterstück	ọpera teatrale, commẹdia
Tragödie	tragẹdia
Varietee	il varietà
Volksstück	commẹdia popolare

Konzert

Blues	il blues
Chor	coro
Dirigent/in	il direttore/la direttrice d'orchestra
Folk	il folk
Jazz	il jazz
Klassik	mụsica clạssica
Komponist/in	il compositore/la compositrice
Konzert	concerto
Kammerkonzert	concerto da cạmera
Kirchenkonzert	concerto di mụsica sacra
Sinfoniekonzert	concerto sinfọnico

Orchester	orchestra
Pop	il pop
Rap	il rap
Reggae	il reggae
Rock	il rock
Sänger/in	il/la cantante
Solist/in	il/la solista
Soul	il soul
Techno	tecno
Volksmusik	mụsica popolare

Kino

Film	il film
Actionfilm	d'azione
Dokumentarfilm	documentạrio
Drama	tragẹdia
Klassiker	clạssico
Komödie	commẹdia
Kurzfilm	a corto metrạggio
Schwarzweißfilm	in bianco e nero
Sciencefictionfilm	di fantascienza
Thriller	thrilling
Zeichentrickfilm	a cartoni animati
Filmschauspieler/in	l'attore *m*/l'attrice *f* di cịnema
Hauptrolle	ruolo principale
Kino	il cịnema
Freilichtkino	il cịnema all'aperto
Programmkino	il cịnema d'essai
Originalfassung	la versione originale
Regie	regịa
Spezialeffekte	effetti speciali
Untertitel	sottotịtolo

Nachtleben

Was kann man hier abends unternehmen?
Cosa si può fare qui la sera?

Gibt es hier eine gemütliche Kneipe?
C'è un locale simpạtico da queste parti?

Wo kann man hier tanzen gehen?
Dove si può andare a ballare?

Wollen wir (noch einmal) tanzen?
Balliamo (ancora)?

Abendgarderobe	ạbito da sera
ausgehen	uscire
Band	complesso
Bar	il night
Disko	discoteca
Folklore	il folclore
Folkloreabend	serata folclorịstica
Glücksspiel	gioco d'azzardo
Kneipe	il locale, il pub
Livemusik	mụsica dal vivo
Nachtklub	il night-club
Show	lo show
Spielkasino	casinò
tanzen	ballare
Tanzkapelle	orchestra

Feste und Veranstaltungen

Zweimal im Jahr, am 2. und 16. Juli, findet der *Palio di Siena* statt, das berühmte mittelalterliche Pferderennen. Das Wort *Palio* stammt vom lateinischen *pallium* (Siegesband) ab; das ist auch der Preis, der dem Sieger nach dreimaliger Umrundung der *Piazza del Campo* (Hauptplatz von Siena) überreicht wird. Der Wettstreit wird unter den Stadtvierteln *(contrade)* ausgetragen, die jeweils einen Reiter stellen. Für die Einwohner Sienas ist dieses Fest mehr als eine traditionelle Veranstaltung, für viele ist es der Lebensinhalt. Der älteste *Palio,* er geht auf das Jahr 1275 zurück, findet jedes Jahr am 16. September in Asti, Piemont, statt.

Könnten Sie mir bitte sagen, wann das ...-Festival stattfindet?
Scusi, potrebbe dirmi quando avrà luogo il Festival ...

vom ... bis ...
dal ... al ...

jedes Jahr im August
ogni anno in agosto

alle 2 Jahre
ogni due anni

Kann jeder teilnehmen?
Può partecipare chiụnque?

Dorfkapelle	banda
Edelfrau	madonna
Edelmann	il cavaliere

Umbrien ist die Region mit den meisten traditionellen Festen. Die drei bekanntesten sind *Il Calendimaggio, La Corsa dei Ceri* und *La Quintana*. Der *Calendimaggio* (Maifeier) hat seinen Ursprung in der Renaissance und findet in Assisi zwischen dem 29. April und dem 1. Mai statt. Die Obere und die Untere Stadt spielen dabei gegeneinander und der Sieger darf dann die *Madonna Primavera* (Frühlingsdame) ausrufen. Während der Festtage steht die ganze Stadt unter dem Motto der Renaissance und man kann überall Edelfrauen und Edelmänner in traditionellen Kostümen beobachten.
La Corsa dei Ceri (Altarkerzenwettlauf) stammt aus dem Mittelalter und findet am 15. Mai in Gubbio statt. Drei Mannschaften aus drei Stadtteilen von Gubbio tragen die fast fünf Meter hohen Holzstatuen, *Ceri* genannt, auf ihren Schultern und rennen in halsbrecherischer Weise durch die engen Gassen Gubbios auf einen Hügel, auf dessen Kuppe die Basilika des S. Ubaldo steht.

Fasching	il carnevale

Der Karneval in Venedig ist sicher eines der berühmtesten traditionellen Feste in Italien. Die Figuren und Masken, die man zehn Tage lang bis zum Faschingsdienstag *(martedì grasso)* auf Brücken und Plätzen in Venedig beobachten kann, entstammen meist der *Commedia dell'arte*, die ihren Ursprung im 16. Jhd. hat. Neben den klassischen Figuren wie *Arlecchino, Pulcinella* und *Colombina* trifft man auch auf Phantasiegestalten, die durch die Gassen Venedigs wandeln. Sehenswert sind auch die Faschingsumzüge in Ronciglione (Provinz Viterbo) und in Viareggio (Provinz Lucca). Und nicht zu vergessen: Der Karneval von Ivrea (Provinz Turin), der „verrückteste" Italiens. An den letzten drei Karnevalstagen findet jeweils um 14.15 Uhr der „Orangenkrieg" statt, bei dem die Bewohner der jeweiligen Stadtviertel statt mit Konfetti mit Blutorangen werfen und sich „blutige" Straßenschlachten liefern.

Faschingsdienstag	martedì grasso
Giro d'Italia	Giro d'Italia
Jahrmarkt	fiera
Lanzenrennen	giostra

La Quintana ist ähnlich wie *La Giostra del Saracino* (Lanzenrennen des Sarazeners), das im September in Arezzo stattfindet, ein mittelalterliches Ritterspiel, das sich jedes Jahr am zweiten Sonntag im September in Foligno wiederholt.

Maifeier	Calendimaggio
Mittelalterliches Pferderennen	palio
Prozession	la processione

Einkaufen

Was darf es sein?
Auch in Italien haben Supermärkte *(supermercati, ipermercati)* die kleinen Lebensmittelgeschäfte fast verdrängt. Die Waren sind frisch und vergleichsweise günstig. An den Wurst- und Käsetheken muss sich der Kunde nicht in eine Warteschlange einreihen, sondern sich aus einem Nummernspender einen Bon ziehen. Anhand der digitalen Anzeige über der Theke kann man ungefähr abschätzen, wann man an der Reihe ist und in der Wartezeit eventuell schon andere Sachen besorgen.
Um im harten Kampf gegen die Supermärkte zu bestehen, bieten die kleinen Läden oftmals besondere Lebensmittel an, wie z.B. Wildschweinschinken *(prosciutto di cinghiale)*, Zucchiniblüten *(fiori di zucca)* oder seltene Weine.

Fragen

Ich suche ...

Werden Sie schon bedient?
La sẹrvono già?

Danke, ich sehe mich nur um.
Grạzie, vorrei solo dare un'occhiata.

Ich möchte ...
Vorrei ...

Haben Sie ...?
Ha ...?

Darf es sonst noch etwas sein?
Altro?

Handeln und kaufen

Auch wenn es immer schwieriger wird: Auf Märkten sollte man unbedingt handeln! Man kann es auch in Einzelhandelsgeschäften probieren, muss dann aber wie auf dem Markt bar bezahlen.

Wie viel kostet es?
Quanto costa? Quanto viene?

Das ist aber teuer!
Ma è caro!

Geben Sie einen Rabatt?
Concedete uno sconto?

Sie sollten mir aber schon einen kleinen Preisnachlass gewähren!
Un po' di sconto me lo dovrebbe fare però!

Es tut mir leid, aber wir haben hier feste Preise.
Mi dispiace, ma abbiamo i prezzi fissi.

Sind Sie einverstanden, wenn ich Ihnen ... gebe?
È d'accordo se Le lạscio ...?

Einverstanden.
D'accordo.

Gut, ich nehme es.
Bene, lo prendo.

Nehmen Sie Kreditkarten?
Accetta carte di crẹdito?

Bei jedem Einkauf sollte man darauf achten, dass man einen Kassenzettel *scontrino* bekommt, den man bei einer eventuellen Kontrolle durch die Finanzpolizei vorzeigen muss. Im Umkreis von 100 m vom Ausstellungsort können solche Kontrollen stattfinden.

Geschäfte

Entschuldigen Sie bitte, wo finde ich ...?
Scusi, dove potrei trovare ...?

Öffnungszeiten – orari d'apertura

aperto	offen
chiuso	geschlossen
chiuso per ferie	Betriebsferien

Die Ladenöffnungszeiten sind flexibel. In Touristenzentren haben die Supermärkte meist durchgehend von 8.00 – 21.00 Uhr geöffnet; Fachgeschäfte machen zwar oft eine lange Mittagspause zwischen 13.00 und 17.00 Uhr, sind dafür aber zum Teil bis 23.00 Uhr geöffnet. In den Städten sind die Kaufhäuser meist durchgehend von 8.00 oder 9.00 Uhr bis 20.00 Uhr geöffnet. Fachgeschäfte machen in der Regel von 13.00 bis 16.00 Uhr Mittagspause und schließen zwischen 19.30 und 20.00 Uhr.

Antiquitätengeschäft	negọzio di antichità
Apotheke	farmacịa
Bäckerei	panifịcio
Bioladen	negọzio di prodotti biodinạmici
Blumengeschäft	fiorạio

Boutique	la boutique
Buchhandlung	librerịa
Computerfachgeschäft	negozio specializzato in computer
Einkaufszentrum	centro commerciale
Eisenwarengeschäft	negọzio di ferramenta, mesticherịa
Elektrohandlung	l'elettricista *m*, elettrodomẹstici
Feinkostgeschäft	negọzio di specialità gastronọmiche
Fischgeschäft	pescherịa
Flohmarkt	mercato delle pulci
Fotoartikel	gli artịcoli fotogrạfici
Friseur	il parrucchiere
Handygeschäft	negozio di cellulari
Heilkräuterladen	erboristerịa
Juwelier	gioiellerịa
Kaufhaus	il grande magazzino

Kaufhäuser gibt es in Italien relativ wenige und auch nur in den großen Städten.

Konditorei	pasticcerịa
Kunsthändler	il mercante d'arte
Lebensmittelgeschäft	negọzio di gẹneri alimentari
Lederwarengeschäft	pelletterịa
Markt	mercato

Auf den Märkten kann man neben Lebensmitteln auch Bekleidung, Leder- und Haushaltswaren kaufen. An den Bekleidungsständen wird mit großen Firmennamen geworben. Manchmal handelt es sich um Ware, die aus teueren Boutiquen aussortiert wurde. Oft sind es aber auch nur billige Raubkopien.

Metzgerei	macellerịa
Obst- und Gemüsehändler	fruttivẹndolo
Optiker	ọttico
Parfümerie	profumerịa
Plattenladen	negozio di dischi
Reformhaus	negọzio di prodotti dietẹtici
Reinigung, chemische	lavanderịa a secco, tintorịa
Reisebüro	agenzịa vịaggi
Schneider/in	sarto/sarta
Schreibwarengeschäft	cartolerịa
Schuhgeschäft	negọzio di calzature
Schuhmacher	calzolạio
Souvenirladen	negọzio di souvenir

Spielwarengeschäft	negọzio di giocạttoli
Spirituosengeschäft	rivẹndita di prodotti alcọlici, bottiglierịa
Sportartikel	gli artịcoli sportivi
Supermarkt	supermercato
Süßwarengeschäft	negọzio di dolciumi
Tabakladen	tabaccạio
Trödler	il rigattiere
Uhrmacher	orologiạio
Wäscherei	lavanderia
Waschsalon	lavanderịa a gettone
Weinhandlung	fiaschetterịa
Zeitungshändler	giornalạio

Bücher, Zeitschriften und Schreibwaren

Ich hätte gern ...
Vorrei ...
eine deutsche Zeitung.
un giornale tedesco.
eine Zeitschrift.
una rivista.
einen Reiseführer.
una guịda turịstica.
eine Wanderkarte dieser Gegend.
una mappa dei sentieri di questa zona.

Bücher, Zeitschriften und Zeitungen

Buch	libro
Comic-Heft	fumetto
Frauenzeitschrift	rivista femminile
Illustrierte	rivista, rotocalco
Kochbuch	libro di cucina
Kriminalroman	(romanzo) giallo
Landkarte	carta geogrạfica
Reiseführer	guịda turịstica
Roman	romanzo
Stadtplan	pianta della città
Straßenkarte	carta automobilịstica
Tageszeitung	quotidiano
Taschenbuch	libro tascạbile
Zeitschrift	periọdico
Zeitung	il giornale

Schreibwaren

Ansichtskarte	cartolina illustrata
Bleistift	il lapis
Block	blocco (di carta)
Briefpapier	carta da lẹttere
Briefumschlag	busta
Farbstift	matita colorata
Kugelschreiber	la biro
Malbuch	l'album *m* da colorare
Notizblock	blocchetto per appunti
Papier	carta

CDs und Kassetten

➢ **Elektroartikel/Computer, und Konzert**

Haben Sie CDs/Kassetten von ...?
Ha dei CD/delle cassette di ...?

Ich hätte gern eine CD mit typisch italienischer Musik.
Vorrei un CD con mụsica tịpica italiana.

Kann ich hier bitte kurz reinhören?
Scusi, potrei ascoltare un brano o due?

CD (Compactdisc)	il CD (compact disc)
CD-Spieler	il lettore CD
tragbarer CD-Spieler	il lettore CD portạtile
DVD	DVD
Kassette	cassetta
Kopfhörer	cụffia
Lautsprecher	l'altoparlante *m*
Walkman®	il walkman

Drogerieartikel

Drogerien gibt es in Italien nicht. Drogerieartikel findet man in Supermärkten, Parfümerien, Apotheken und in Geschäften für Haus- und Küchengeräte *(mesticheria)*. Babyartikel (auch Töpfchen!) und Kosmetika erhält man in Apotheken. Die italienische *drogheria* entspricht dem deutschen Kolonialwarenladen, oder auch allgemein dem Lebensmittelladen. Man erhält dort Delikatessen und Gewürze.

Bürste	spạzzola
Creme	crema

Ich hätte gern ...
Vorrei ...

Damenbinden	gli assorbenti
Deo(dorant)	il deodorante
Duschgel	il gel per la dọccia
Faden	filo
Feuchtigkeitscreme	crema idratante
Haarfestiger	la frizione
Haargel	il gel per capelli
Haargummi	elạstico per capelli
Haarklammern	le mollette (per capelli)
Handcreme	crema per le mani
Kamm	il pẹttine
Knopf	il bottone
Lichtschutzfaktor	il fattore protettivo
Lippenpomade	l'emolliente *(m)* per le labbra
Lippenstift	rossetto
Nachtcreme	crema da notte
Nadel	l'ago
Nagellack	smalto
Nagellackentferner	l'acetone *m*, il solvente per smalto
Nagelschere	le fọrbici per le ụnghie
Ohropax	l'oropax
Papiertaschentücher	i fazzoletti di carta
Parfüm	profumo
Pflaster	cerotto
Pinzette	le pinzette
Präservativ	preservativo
Puder	*(Gesicht)* cịpria; *(Streupuder)* borotalco
Rasierapparat *(mechan. ~)*	rasọio
Rasierklinge	la lạmetta
Rasierpinsel	pennello da barba
Rasierschaum	schiuma da barba
Rasierwasser	la lozione dopobarba
Seife	il sapone
Shampoo	lo shạmpoo
Slipeinlagen	le assorbenti sottili, i proteggi-slip
Sonnencreme	crema solare
Sonnenmilch	il latte solare
Sonnenöl	ọlio solare
Spiegel	spẹcchio
Spülbürste	spazzolino per le stovịglie
Spülmittel	detersivo per le stovịglie
Spültuch	strạccio per lavare i piatti
Tampons	i tamponi
mini/normal/super/ super plus	mini/normale/super/superplus
Teebaumöl	estratto di melalẹuca

Toilettenpapier	carta igiẹnica
Waschlappen	guanto di spugna
Waschmittel	detersivo
Watte	il cotone idrọfilo
Wattestäbchen	i bastoncini igiẹnici
Wimperntusche	il mascara
Zahnbürste	spazzolino da denti
Zahncreme/Zahnpasta	dentifrịcio
Zahnseide	filo interdentale
Zahnstocher	lo stuzzicadenti

Elektroartikel/Computer

➢ **auch Fotoartikel, und CDs und Kassetten**

Adapter	l'adattatore *m*
Akku	l'accumulatore *m*
Batterie	batteria
CD/DVD	il CD/il DVD
Drucker	la stampante
Föhn	il fon
Glühbirne	lampadina (ad incandescenza)
Ladegerät	il caricabatterịa
Ladekabel *(Handy)*	cavo ricạrica (il cellulare)
Ladekabel *(Laptop)*	cavo ricạrica (il computer portạtile)
Laptop	il computer portạtile
Memorystick	il memorystick
MP3Player/iPod	il player mp3/l'iPod
Notebook	il notebook
Organizer	l'organizer *m*
Pager	il pager
Rohling	il cd vuoto
Scanner	lo scannerizzatore
Speicherkarte	scheda di memoria
Stecker	spina
Steckdose	presa
Taschenrechner	il calcolatore tascạbile
Verlängerungsschnur	cavo di prolungamento, prolunga
Wecker	svẹglia

Fotoartikel

➢ Filmen und Fotografieren

Ich hätte gern ...
Vorrei ...
einen Film für diesen Fotoapparat.
una pellịcola per questa mạcchina.
einen Farbfilm (für Dias).
una pellịcola a colori (per diapositive).
einen Film mit 36/20/12 Aufnahmen.
una pellịcola da 36/20/12 fotografie.

... funktioniert nicht.
... non funziona.

Das ist kaputt. Können Sie es bitte reparieren?
Questo non funziona, me lo può riparare per favore?

Auslöser	scatto
Belichtungsmesser	esposịmetro
Blitzgerät	il flash
Camcorder	videocạmera
Dia	diapositiva
Digitalkamera	fotocamera digitale
DVD	DVD
Filmempfindlichkeit	sensibilità del film
Fotoapparat	mạcchina fotogrạfica, fotocamera
Linse	la lente
Objektiv	obiettivo
Schwarzweiß-Film	pellịcola in bianco e nero
Selbstauslöser	autoscatto
Sofortbildkamera	mạcchina fotogrạfica a sviluppo immediato
Speicherkarte	scheda memoria
Stativ	il treppiedi
Sucher	mirino
Teleobjektiv	teleobiettivo
Unterwasserkamera	mạcchina fotogrạfica subạcquea
Videofilm	il videofilm
Videokamera	videocạmera
Videokassette	videocassetta
Videorekorder	il videoregistratore

Frisör

Waschen und föhnen, bitte.
Shampoo e fon, per favore.

Schneiden mit/ohne Waschen, bitte.
Tagliare e/senza lavare, per favore.

Ich möchte ...
Vorrei ...

Nur die Spitzen.
Solo le punte.

Nicht zu kurz/Ganz kurz/Etwas kürzer, bitte.
Non troppo corti/Molto corti/Un po' più corti, per favore.

Die Ohren sollen frei sein/bedeckt bleiben.
Le orẹcchie devono essere scoperte/coperte.

Rasieren, bitte.
La barba, per favore.

Stutzen Sie mir bitte den Bart.
Mi spunti la barba, per favore.

Vielen Dank. So ist es gut.
Grạzie. Va bene così.

Augenbrauen zupfen	depilare le sopracciglia
Bart	barba
blond	biondo
färben	tịngere
föhnen	asciugare con il fon
frisieren	pettinare
Frisör	il parrucchiere
Frisur	pettinatura
Haar	i capelli
fettiges Haar	i capelli grassi
trockenes Haar	i capelli secchi
kämmen	pettinare
legen	mẹttere in piega
Locken	i ricci
Pony	frangia
Scheitel	riga
Schnurrbart	i baffi
Schuppen	fọrfora
Shampoo	lo shampoo
Spitzen schneiden	tagliare le punte
Strähne	ciọcca di capelli; *(getönt)* le mèche
Stufen	i capelli scalati
Stufenschnitt	tạglio scalato
tönen	tịngere

Haushaltswaren

Abfallbeutel	sacco delle immondịzie
Alufolie	carta argentata
Bindfaden	spago
Brennspiritus	spịrito industriale
Dosenöffner	l'apriscạtole *m*
Draht	filo
Flaschenöffner	l'apribottịglie *m*
Frischhaltefolie	pellịcola (per la conservazione dei cibi)
Gabel	forchetta
Glas	il bicchiere
Grill	grịglia
Grillanzünder	il combustịbile sọlido
Grillkohle	carbonella, carbone per barbecue
Grillrost	griglia
Holzkohlengrill	barbecue *m*
Kerzen	le candele
Korkenzieher	il cavatappi
Kühlelement	mattonella di ghiaccio
Kühltasche	borsa frigo
Löffel	cucchịaio
Messer	coltello
Papierservietten	i tovagliolini di carta
Petroleum	petrọlio
Plastikbecher	il bicchiere di plastica
Plastikbeutel	sacchetto di plạstica
Schere	le fọrbici
Sicherheitsnadel	spillo di sicurezza
Taschenmesser	temperino, coltello tascạbile
Thermosflasche	il termos
Wäscheklammern	molletta (per stẹndere la biancherịa)
Wäscheleine	corda per stẹndere il bucato

Lebensmittel

Was darf es sein?
Cosa desịdera?

Geben Sie mir bitte ...
Mi dịa ..., per favore.
- ein Kilo ...
  un chilo di ...
- 10 Scheiben ...
  10 fette di ...

ein Stück von ...
un pezzo di ...
eine Packung ...
un pacco di ...
ein Glas ...
un vasetto di ...
eine Dose ...
una scạtola di ...
eine Flasche ...
una bottịglia di ...
eine Einkaufstüte.
un sacchetto, una sportina.

Bitte schneiden Sie es in Scheiben.
Potrebbe affettarlo/-la

Darf es auch etwas mehr sein?
È un po' di più, è lo stesso?

Dürfte ich vielleicht etwas hiervon probieren?
Ne posso assaggiare un po'?

Danke, das ist alles.
È tutto, grạzie.

Ein bisschen mehr/weniger.
Un po' di più/meno.

abgelaufen	scaduto/a
Haltbarkeit	durata, la conservabilità
Haltbarkeitsdatum	data di scadenza

Obst	La frutta
Ananas	l'ananas *m*
Äpfel	le mele
Apfelsinen	le arance
Aprikosen	le albicocche
Bananen	le banane
Birnen	le pere
Brombeeren	le more
Datteln	i dạtteri
Erdbeeren	le frạgole
Erdnüsse	le noccioline americane
Feigen	i fichi
Heidelbeeren	i mirtilli
Himbeeren	i lamponi
Kaktusfeige	fico d'India
Khakifrucht	il cachi

Kirschen	le ciliẹgie
Kiwi	il kiwi
Kokosnuss	la noce di cocco
Mandarinen	i mandarini
Mango	mango
Mispeln	le nẹspole
Melone	il melone, il popone
Obst	la frutta
Pampelmuse	pompelmo
Pfirsiche	le pesche
Pflaumen	le prugne
Stachelbeeren	uva spina
Wassermelone	angụria, cocọmero
Weintrauben	l'uva *f*
Zitronen	i limoni

Gemüse — La verdura

Artischocken	i carciofi
Auberginen	le melanzane
Avocado	l'avocado *m*
Blumenkohl	il cavolfiore
Bohnen	i fagioli
grüne Bohnen	i fagiolini
weiße Bohnen	i fagioli bianchi
Chicoree	indịvia del Belgio
Erbsen	i piselli
Feldsalat	valeriana
Fenchel	finọcchio
Gemüse	verdura
Gurke	cetriọlo
Karotten	le carote
Kartoffeln	le patate
Kichererbsen	i ceci
Knoblauch	ạglio
Kohl	cạvolo
Kürbis	zucca
Lauch	porro
Linsen	le lentịcchie
Mangold	biẹtola
Mais	il mais, granturco
Oliven	le olive
Paprikaschote	il peperone
Rauke	rụcola
Rübenblätter	le rape
Salat	insalata
Kopfsalat	insalata verde, lattuga

Schalotten	le (cipolle)scalogne
Seitentriebe der Artischocke oder Distel	i gobbi, i cardi
Sellerie	sẹdano
Spargel	gli aspạragi
Spinat	gli spinaci
Tomaten	i pomodori
Zwiebeln	le cipolle
Zucchini	gli zucchini

Backwaren, Süßwaren ...	**I dolci e dolciumi ...**
Bonbons	le caramelle
Brot	il pane
Graubrot	il pane misto di sẹgale e frumento
Schwarzbrot	il pane nero/scuro
Weißbrot	il pane bianco
Vollkornbrot	il pane integrale
Brötchen	panino
belegte Brötchen	i panini imbottiti
Cornflakes	i cornflakes
Eis *(Speise~)*	gelato
Gebäck	le paste, i pasticcini
Haferflocken	i fiocchi d'avena
Kaugummi	gomma da masticare
Kekse	i biscotti
Kuchen	il dolce, torta
Marmelade	marmellata
Müsli	il müesli
Schokolade	cioccolata
Schokoriegel	barretta di cioccolata
Süßigkeiten	i dolciụmi
Toast	il toast

Eier und Milchprodukte	**Le uova e i latticini**
Butter	burro
Eier	le uọva
Joghurt	lo iọgurt
Käse	formạggio
Ziegenkäse	formạggio di capra
Schafskäse	pecorino
Milch	il latte
fettarme Milch	il latte magro
Vollmilch	il latte intero
Quark aus Schafsmilch	ricotta di pecora

Sahne	panna
Kochsahne	panna da cucina
geschlagene Sahne	panna montata

Fleisch und Wurstwaren — La carne ed i salumi

Fleisch	la carne
Ferkelbraten	porchetta
Gulasch	spezzatino
Hackfleisch	la carne macinata
Hähnchen	pollo
Hammelfleisch	la carne di montone/castrato
Kalbfleisch	la carne di vitello
Kaninchen	conịglio
Kotelett	co(s)toletta
Lammfleisch	la carne d'agnello
Leberpastete	paté di fegato
Mortadella mit/ohne Pistazien	mortadella con/senza pistacchi
Rindfleisch	la carne di manzo
Salami	il salame
Schinken	prosciutto
gekochter Schinken	prosciutto cotto
roher Schinken	prosciutto crudo
Parmaschinken	prosciutto di Parma
Rinderschinken	bresạola
Schweinefleisch	la carne di maiale
Schweinebraten, kalt	arrosto di maiale, arista
Schweinepreßkopf	coppa
Wildschwein	il cinghiale
Würste	le salsicce
Würstchen	i wurstel

Fisch und Meeresfrüchte — Il pesce ed i frutti di mare

Aal	anguilla
Austern	le ọstriche
Fisch	il pesce
Flussbarsch	il pesce pẹrsico
Garnelen	i gamberetti
Goldbrasse	orata
Hering	aringa
Krabben	i granchi
Makrele	sgombro
Miesmuscheln	i mịtili, le cozze
Venusmuscheln	le vọngole

Octopus	polpo
Rotbarbe	triglia
Sardellen	le acciughe
Schwertfisch	il pesce spada
Seebarsch	spigola, branzino
Seezunge	sogliola
Sprotte	sarda
Stockfisch	il baccalà
Thunfisch	tonno
Tintenfisch	seppia, calamaro

Gewürze und Kräuter — Le spezie e le erbe aromatiche

Gewürze und Kräuter	Le spezie e le erbe aromatiche
Basilikum	basilico
Borretsch	la borragine
Chili	peperoncino
Dill	aneto
Estragon	dragoncello
Ingwer	zenzero
Kerbel	cerfoglio
Knoblauch	aglio
Koriander	coriandolo
Kräuter	le erbette
Kümmel	cumino
Lorbeer	alloro
Majoran	maggiorana
Minze	menta
Muskatnuss	la noce moscata
Nelken	i chiodi di garofani
Oregano	origano
Paprika	*(Gemüse)* il peperone; *(Gewürz)* paprica
Pepperoni	peperoncini verdi
Petersilie	prezzemolo
Pfeffer	il pepe
Rosmarin	rosmarino
Safran	zafferano
Salbei	salvia
Salz	il sale
Schnittlauch	erba cipollina
Thymian	timo
Zimt	cannella
Zwiebel	cipolla

Dies und das	**Un po' di tutto**
Butter	burro
Essig	aceto
Gemüsebrühwürfel	dado da brodo vegetale
Honig	il miẹle
Mandeln	le mạndorle
Margarine	margarina
Mayonnaise	la maionese
Mehl	farina
Nudeln	la pasta
Spaghetti	gli spaghetti
Nüsse	le noci
Öl	ọlio
Olivenöl	ọlio d'oliva
Reis	riso
Salz	il sale
Senf	la sẹnape, la mostarda
Zucker	zụcchero

Getränke	**Le bevande**
Apfelsaft	succo di mele
Bier	birra
alkoholfreies Bier	birra analcọlica
Champagner	lo champagne
Kaffee	il caffè
koffeeinfreier Kaffee	il caffè decaffeinato
Limonade	limonata
Mineralwasser	ạcqua minerale
mit/ohne Kohlensäure	naturale/frizzante
Orangensaft	succo d'arạncia
Tee	il tè
Grüner Tee	tè verde
Früchtetee	tisana alla frutta
Hagebuttentee	tisana di rosa canina
Kamillentee	camomilla
Kräutertee	tisana alle erbe
Pfefferminztee	tisana alla menta
Schwarztee	tè
Teebeutel	bustina di tè
Wein	vino
Rosé(wein)	vino rosato
Rotwein	vino rosso
Weißwein	vino bianco

Mode

➢ Farben

Nicht erschrecken!
Beim Kleiderkauf muss man beachten, dass die italienischen Konfektionsgrößen nicht den deutschen entsprechen. Bei der Damenbekleidung muss man mindestens zwei Größen dazuzählen: die deutsche Größe 40 entspricht z. B. der italienischen Größe 44. Bei der Herrenbekleidung weichen die Größen kaum ab.

Kleidung

Können Sie mir bitte ... zeigen?
Scusi, potrebbe mostrarmi ...?

Kann ich es anprobieren?
Posso provarlo/-la/-li/-le?

Welche (Konfektions-)Größe haben Sie?
Che tạglia porta?

Das ist mir zu ...
Questo mi è troppo ...
eng/weit.
stretto/largo.
kurz/lang.
corto/lungo.
klein/groß.
piccolo/grande.

Das passt gut. Ich nehme es.
Va bene. Lo prendo.

Das ist nicht ganz, was ich möchte.
Non è prọprio quello che volevo.

Anorak	giacca a vento
Anzug	ạbito
Ärmel	le mạniche
Badeanzug	il costume da bagno da donna
Badehose	il costume da bagno da uomo
Bademantel	accappatọio
Bademütze	cụffia
Baumwolle	il cotone
Bikini	il bikịni
Blazer	il blazer
Bluse	camicetta
Body	il body
Büstenhalter	reggiseno

Bustier	il top
Feinstrumpfhose	i collant
Fliege	il papillon, farfalla
Halstuch	il foulard
Handschuhe	i guạnti
Hemd	camịcia
Hose	i pantaloni, i calzoni
Hut	cappello
Sonnenhut	cappello da sole
Jacke	giạcca
Jeans	i jeans
Jogginganzug	tuta da ginnạstica
Jogginghose	i calzoni della tuta
Kleid	vestito
Kostüm	il tailleur
Krawatte	cravatta
Leggins	i fuseaux
Leinen	lino
Mantel	cappotto, soprạbito
Mütze	berretto
Pullover	il pullover, il maglione
Regenmantel	l'impermeạbile *m*
Rock	gonna
Schal	lo scialle; sciarpa
Schirm	ombrello
Seide	seta
Shorts	i pantaloncini, gli shorts
Skihose	i pantaloni da sci
Slip	lo slip
Socken	i calzini
Strickjacke	giacca di lana, il golf
Strümpfe	le calze
Strumpfhose	il collant, calzamạglia
T-Shirt	maglietta
Unterhemd	maglietta, canottiera
Unterhose	le mutande
Unterwäsche	biancherịa ịntima
Weste	il golf, il gilè
Wolle	lana

Reinigung

Ich möchte diese Sachen reinigen/waschen lassen.
Vorrei far lavare a secco/lavare questa roba.

Wann sind sie fertig?
Quando sarà pronta?

bügeln	stirare
chemisch reinigen	lavare/pulire a secco
Wäsche	bucato

Optiker

Würden Sie mir bitte diese Brille/das Gestell reparieren?
Mi potrebbe aggiustare, questi occhiali/la montatura, per favore?

Ich bin kurzsichtig/weitsichtig.
Sono mịope/prẹsbite.

Wie ist Ihre Sehstärke?
Che capacità visiva ha?

rechts ..., links ...
a destra ..., a sinistra ...

Wann kann ich die Brille abholen?
Quando posso venire a prẹndere gli occhiali?

Ich brauche ...
Ho bisogno di ...
Aufbewahrungslösung
soluzione conservante
Reinigungslösung
soluzione detergente

für harte/weiche Kontaktlinsen.
per lenti a contatto rịgide/mọrbide.

Ich suche ...
Vorrei ...
eine Sonnenbrille.
un paio di occhiali da sole.
ein Fernglas.
un binọcolo.

Schuhe und Lederwaren

Ich hätte gern ein Paar ...schuhe.
Senta, vorrei un pạio di scarpe da ...

Ich habe Schuhgröße ...
Ho il nụmero ...

Sie sind zu eng.
Sono troppo strette.

Sie sind zu groß.
Sono troppo larghe.

Absatz	tacco
Badeschuhe	le scarpe da bagno
Flipflops	le ciabattine infradito
Gummistiefel	gli stivali di gomma
Gürtel	cintura
Gürteltasche	marsụpio
Handtasche	borsa
Koffer	valịgia
Lederhose	i calzoni di pelle
Lederjacke	giạcca di pelle
Ledermantel	cappotto di pelle
Reisetasche	borsa da viạggio
Rucksack	zạino
Sandalen	i sạndali
Schnürsenkel	laccio/stringa per scarpe
Schuh	scarpa
Schuhbürste	spạzzola da scarpe
Schuhcreme	lụcido per scarpe
Schulterriemen	tracolla
Skistiefel	gli scarponi da sci
Sohle	suọla
Stiefel	gli stivali
Strandschuhe	le scarpe da spiạggia
Tasche	borsa
Trolley(-koffer/-tasche)	(valịgia/borsa) trolley
Turnschuhe	le scarpe da ginnạstica
Umhängetasche	borsa a tracolla
Wander-/Trekkingschuh	scarpa da trekking

Souvenirs

Ich hätte gern ...
Vorrei ...
ein hübsches Andenken.
un bel ricordo.
etwas Typisches aus dieser Gegend.
un oggetto tịpico della zona.

Wie viel wollen Sie ausgeben?
Quanto vuole spẹndere?

Ich möchte etwas Preisgünstiges.
Vorrei spendere il giusto.

Das ist aber hübsch.
Questo sì che è carino.

Danke schön, ich habe nichts gefunden, das mir gefällt.
Grạzie, ma non ho trovato niente che mi piạccia.

Alabasterarbeiten	i lavori in alabastro
Briefbeschwerer	il fermacarte
echt	vero, puro
Florentinischer Hut	cappello fiorentino
Folkloreladen	negọzio con oggetti folklorịstici
Geschenkartikel	oggettistica
Geschenkartikelladen	negozio di oggettistica
Glasschmuck	le conterịe
Glücksbringer	il portafortuna
handgemacht	lavorato a mano
Heiligenbild	santino
Keramik	cerạmica
Korallenhörnchen	cornetto di corallo
Korallenschmuck	i gioielli di corallo
Krug	il boccale
Marmorarbeiten	i lavori in marmo
Mitbringsel	regalino
Nippes	il soprammọbile
regionale Produkte/ Spezialitäten	i prodotti/le specialità regionali
Rotes Hörnchen als Amulett	cornetto
Schmuck	i gioielli
Schnitzerei	intạglio
Sizilianischer Pferdewagen	il carro siciliano
Stickereien	i ricami
Strohflasche	fiasco
Töpferwaren	il vasellame
Venezianische Gondel, mit und ohne Beleuchtung	gondola veneziana con o senza luce

Tabakwaren

Zigaretten gibt es an Zigarettenautomaten und überall dort, wo ein Schild mit einem großen weißen „T" auf blauem Hintergrund hängt. Man kann es an einem Tabakwarenladen finden, wo es zudem auch Briefmarken, Busfahrscheine, Telefon- und Handykarten gibt. Bars und Zeitungshändler haben auch oft eine Lizenz für Tabakwaren und Wertmarken.

Eine Schachtel/Eine Stange ...
Un pacchetto/Una stecca di ...
mit/ohne Filter, bitte.
con/senza filtro, per favore.

Zehn Zigarren/Zigarillos, bitte.
Dieci sigari/sigaretti, per favore.

Ein Päckchen/Eine Dose Zigaretten-/Pfeifentabak, bitte.
Un pacchetto/Una scatola di tabacco per sigarette/per la pipa, per favore.

Aschenbecher	il posacenere
Feuerzeug	accendino
Pfeife	pipa
Streichhölzer	fiammiferi
Zigarette	sigaretta
Zigarillo	sigaretto
Zigarre	sigaro

Uhren und Schmuck

Anhänger	ciondolo
Armband	braccialetto
Armbanduhr	orologio da polso
für Damen/für Herren	da donna/ da uomo
Brosche	spilla
Gold	oro
Kette	collana, catena
Krawattennadel	spillo da cravatta
Kristall	cristallo
Modeschmuck	bigiotteria
Ohrringe	gli orecchini
Ohrstecker	orecchino a perno
Perle	perla
Reisewecker	sveglia da viaggio
Ring	anello
Schmuck	gioiello
Silber	argento
wasserdichte Uhr	orologio waterproof

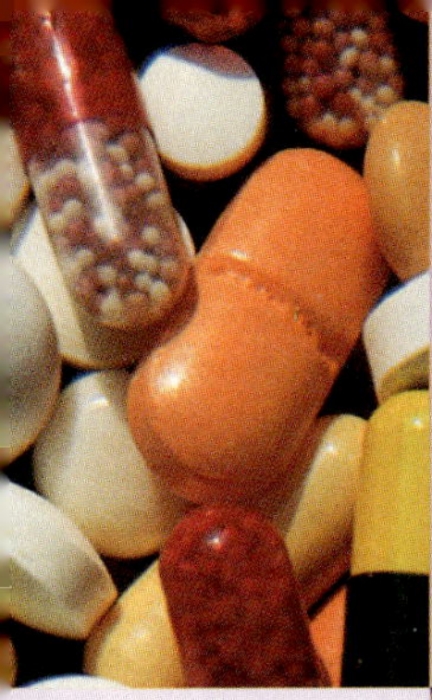

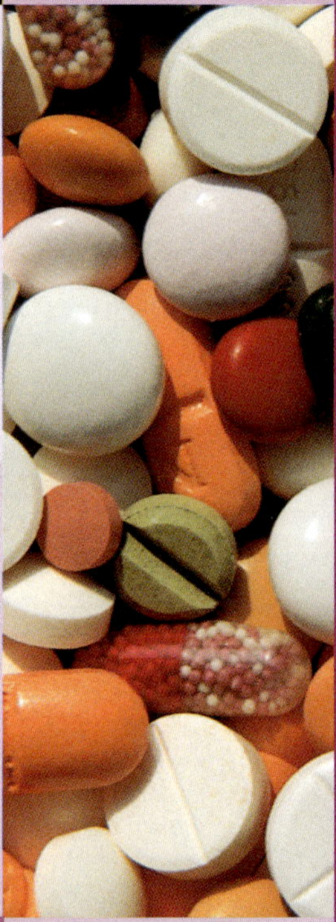

Gesundheit

Unbeschwertes Reisen
Es empfiehlt sich, einen Auslandskrankenschein mitzunehmen und zusätzlich eine private Auslandkrankenversicherung abzuschließen. In allen Krankenhäusern kann man sich ambulant behandeln lassen. Krankenkassenärzte haben in Behandlungszentren *(ambulatori)* festgelegte Dienstzeiten. Diese sind an den Zentren angeschlagen oder man erfährt sie in den Apotheken. Auch kirchliche Organisationen wie z.B. die *Misericordia* haben ambulante Dienste eingerichtet; die Dienstzeiten der jeweiligen Spezialisten sind auch hier an der Eingangstür angeschlagen - man sollte sich aber auf jeden Fall beim Personal erkundigen, ob sie noch aktuell sind. Hausbesuche muss man meist privat bezahlen. Bei leichteren Erkrankungen kann man sich auch in der Apotheke beraten lassen.

In der Apotheke

Könnten Sie mir bitte sagen, wo die nächste Apotheke (mit Nachtdienst) ist?
Scusi, potrebbe dirmi dove si trova la farmacịa (con servịzio notturno) più vicina?

Könnten Sie mir bitte etwas gegen ... geben?
Potrebbe darmi qualcosa contro ...

Dieses Mittel ist verschreibungspflichtig.
Questo medicinale è soggetto a prescrizione mẹdica.

➢ **auch Arztbesuch**

Abführmittel	lassativo
Antibabypille	le pịllole anticoncezionali
Antibiotikum	antibiọtico
Aspirin	aspirina
Augentropfen	le gocce per gli occhi, collịrio
Beruhigungsmittel	il calmante
Brandsalbe	pomata per le bruciature
Desinfektionsmittel	il disinfettante
Elastikbinde	benda elạstica
Fieberthermometer	termọmetro
Halstabletten	le pastiglie per la gola
Hustensaft	sciroppo (contro la tosse)
Mittel gegen Insektenstiche	rimẹdio contro le punture d'insetto
Insulin	insulina
Jod(tinktur)	tintura di iọdio
Kamillentinktur	tintura di camomilla
Kondom	preservativo, profilạttico
Kopfschmerztabletten	le compresse contro il mal di testa
Kreislaufmittel	medicamento per disturbi circolatori

Läuse	i pidocchi
Mittel gegen ~	rimedio contro i ~
Medikament	medicina, farmaco
Mittel	medicina, medicinale
Mullbinde	fascia di garza
Ohrentropfen	le gocce per gli orecchi
Pflaster	cerotto
Puder	borotalco
Rezept	ricetta
Salbe	pomata
Schlaftabletten	i sonniferi
Schmerztabletten	le compresse contro il dolore
Sonnenbrand	scottatura (solare)
Sonnenbrandsalbe	pomata per le scottature
Tablette	compressa, pasticca, pillola
Tropfen	le gocce
Verhütungsmittel	l'anticoncezionale *m*
Vitamintabletten	compressa vitaminica
Watte	il cotone idrofilo
Zäpfchen	supposta

foglio illustrativo	**Beipackzettel**
la composizione	Zusammensetzung
le indicazioni terapeutiche	Anwendungsgebiete
le controindicazioni	Gegenanzeigen
effetti collaterali	Nebenwirkungen
le interazioni	Wechselwirkungen
le precauzioni	Vorsichtsmaßnahmen
posologia:	**Dosierungsanleitung:**
... viene somministrato una/più volte al giorno	... wird 1×/mehrmals täglich verabreicht
1 compressa	1 Tablette
20 goccie	20 Tropfen
1 misurino	1 Messbecher
prima dei pasti	vor dem Essen
dopo i pasti	nach dem Essen
a stomaco vuoto	auf nüchternen Magen
viene somministrato con un po' di liquido senza masticare	unzerkaut mit etwas Flüssigkeit einnehmen
diluire in acqua	in etwas Wasser auflösen
far sciogliere in bocca	im Mund zergehen lassen
applicare uno strato sottile sulla pelle e frizionare	dünn auf die Haut auftragen und einreiben
i lattanti	Säuglinge
i bambini piccoli	Kleinkinder
(fino a circa ... anni)	(bis zu ... Jahren)
gli scolari	Schulkinder
gli adolescenti	Jugendliche
gli adulti	Erwachsene
Tenere fuori dalla portata dei bambini!	Für Kinder unzugänglich aufbewahren!

Arztbesuch

➢ **auch Reisen mit Kindern**

Könnten Sie mir einen ... empfehlen?
Potrebbe raccomandarmi un buon ...

Arzt
mẹdico?
Augenarzt
oculista?
Frauenarzt
ginecọlogo?
Hals-Nasen-Ohren-Arzt
otorinolaringoiạtra?
Hautarzt
dermatọlogo?
Kinderarzt
pediatra?
Praktischen Arzt
mẹdico genẹrico?
Urologen
urọlogo?
Zahnarzt
dentista?

Wo ist seine/ihre Praxis?
Dov'è il suo ambulatọrio?

Beschwerden

Was für Beschwerden haben Sie?
Che disturbi ha?

Ich habe Fieber.
Ho la febbre.

Mir ist oft schlecht/übel.
Spesso mi sento male/ho la nausea.

Mir ist oft schwindelig.
Spesso mi gira la testa.

Ich bin ohnmächtig geworden.
Sono svenuto/a.

Ich bin stark erkältet.
Sono molto raffreddato/a.

Ich habe Kopfschmerzen/Halsschmerzen.
Ho mal di testa/mal di gola.

Ich habe Husten.
Ho la tosse.

Ich bin gestochen worden.
Sono stato punto/a.

Ich bin gebissen worden.
Sono stato morso/a.

Ich habe mir den Magen verdorben.
Ho fatto un'indigestione.

Ich habe Durchfall.
Ho la diarrẹa.

Ich habe Verstopfung.
Soffro di stitichezza.

Ich vertrage das Essen/die Hitze nicht.
Digerisco male./Non sopporto il caldo.

Ich habe mich verletzt.
Mi sono fatto/a male.

Ich bin gestürzt.
Sono caduto/a.

Können Sie mir bitte etwas gegen ... geben/verschreiben?
Mi può dare/prescrịvere qualcosa contro ...?

Normalerweise nehme ich ...
Di sọlito prendo ...

Ich habe einen hohen/niedrigen Blutdruck.
Ho la pressione alta/bassa.

Ich bin Diabetiker.
Sono diabẹtico/a.

Ich bin schwanger.
Sono incinta.

Ich hatte vor kurzem ...
Poco tempo fa ho ...

Untersuchung

Was kann ich für Sie tun?
Cosa posso fare per Lei?

Wo tut es weh?
Dove fa male?

Ich habe hier Schmerzen.
Ho dei dolori qui.

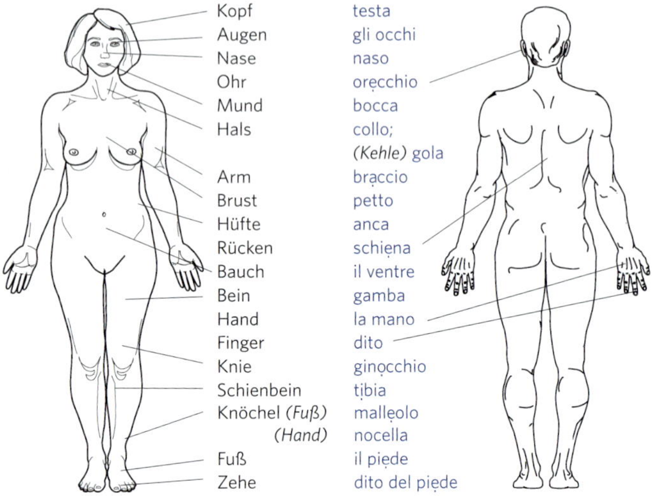

Bitte, machen Sie sich/Ihren Arm frei.
Si spogli, per favore./Si scopra il braccio.

Bitte tief einatmen. Atem anhalten.
Respiri profondamente. Trattenga il respiro, per favore.

Ich brauche eine Blut-/Urinprobe.
Ho bisogno dell'esame del sangue/dell'urina.

Sie brauchen ein paar Tage Bettruhe.
Deve stare a letto per qualche giorno.

Es ist nichts Ernstes.
Non è niẹnte di grave.

Haben Sie einen Impfschein?
Ha un certificato di vaccinazione?

Ich bin gegen ... geimpft.
Sono vaccinato contro ...

Im Krankenhaus

Wie lange muss ich hier bleiben?
Per quanto tempo devo stare qui?

Geben Sie mir bitte ...
Potrebbe darmi per favore...
  ein Glas Wasser.
  un bicchiere d'ạcqua.
  eine Schmerztablette.

delle compressa analgesica.
eine Schlaftablette.
un sonnifero.
eine Wärmflasche.
una borsa dell'acqua calda.

Ich kann nicht einschlafen.
Non riesco ad addormentarmi.

Wann darf ich aufstehen?
Quando potrò alzarmi?

Krankheiten und Beschwerden

Abszess	ascesso
Aids	Aids
Allergie	allergia
allergisch sein gegen ...	essere allergico a ...
Angina	angina
ansteckend	contagioso
Asthma	l'asma *m/f*
Atembeschwerden	difficoltà respiratorie
Ausschlag	l'eruzione *f* cutanea, l'esantema *m*
Bänderriss	strappo dei legamenti
Bindehautentzündung	la congiuntivite
Blähungen	flatulenza
Blinddarmentzündung	l'appendicite *f*
Bluthochdruck	l'ipertensione, *f*
Blutung	emorragia
Blutvergiftung	setticemia
Borreliose	la borreliosi
Brechreiz	nausea
Bronchitis	la bronchite
Bruch	*(Leisten~)* l'ernia; *(Knochen~)* frattura
Cholera	il colera
Diabetes	il diabete
Diphtherie	la difterite
Durchfall	diarrea
Entzündung	l'infiammazione *f*
Erkältung	il raffreddore
Fehlgeburt	aborto
Fieber	la febbre
gebrochen	rotto
Gehirnerschütterung	la commozione cerebrale
Gehirnschlag	apoplessia cerebrale
Gelbfieber	la febbre gialla
Gelbsucht	itterizia

Geschlechtskrankheit	malattịa venẹrea
geschwollen	gọnfio
Geschwulst	il tumore
Geschwür	ụlcera
Gleichgewichtsstörungen	disturbi dell'equilịbrio
Grippe	influenza
Halsschmerzen	mal di gola
Hämorriden	le emorrọidi
heiser sein	avere la voce rauca
Herpes	l'herpes *m*
Herzanfall	attacco cardịaco
Herzbeschwerden	i disturbi cardịaci
Herzfehler	difetto cardịaco
Herzinfarkt	infarto
Herzrasen	tachicardịa
Heuschnupfen	il raffreddore da fiẹno
Hexenschuss	colpo della strega
Hirnhautentzündung	la meningite
HIV-positiv	sieropositivo
Infektion	l'infezione *f*
Ischias	sciạtica
Keuchhusten	la pertosse
Kinderlähmung	la polio(mielite)
Knochenbruch	frattura ọssea
Kolik	cọlica
Kopfschmerzen	il mal di testa
Krampf	crampo
Krankheit	malattịa
Krebs	cancro
Kreislaufstörung	disturbi circolatori
Lähmung	la parạlisi
Lebensmittelvergiftung	l'intossicazione *f* da alimenti
Leistenbruch	ẹrnia inguinale
Lungenentzündung	la polmonite
Magenschmerzen	il mal di stọmaco
Malaria	malạria
Mandelentzündung	la tonsillite
Migräne	emicrạnia
Nasenbluten	emorragịa nasale
Nierenentzündung	la nefrite
Nierenstein	cạlcolo renale
Ohnmacht	svenimento
Pilzinfektion	la micosi
Pocken	vaiọlo
Prellung	la contusione
Qualle	medusa
Quetschung	la contusione

Rheuma	i reumatismi
Rückenschmerzen	il dolore alla schiena
Salmonellen	le salmonelle
Salmonellenvergiftung	la salmonellosi
Schlaflosigkeit	insọnnia
Schlaganfall	colpo apoplẹttico
Schmerzen	i dolori
Schnittwunde	ferita da tạglio
Schnupfen	il raffreddore
Schüttelfrost	i brịvidi
Schwellung	il gonfiọre, la tumefazione
Schwindel	le vertịgini
Sehstörungen	disturbi della vista
Seitenstechen	le fitte al fianco
Sodbrennen	acidità di stọmaco
Sonnenbrand	scottatura (solare)
Sonnenstich	colpo di sole
Stirnhöhlenentzündung	la sinusite
Tetanus	tẹtano
Typhus	tifo
Übelkeit	nạusea
Verbrennung	l'ustione *f*
Verdauungsstörung	l'indigestione *f*
Vergiftung	avvelenamento
verletzen	ferire
Verletzung	ferita
verstaucht	slogato
Verstopfung	la costipazione, stitichezza
weh tun	far male
Wunde	ferita
Zerrung	stiramento
Zecke	zecca
Zyste	la ciste

Körper – Arzt – Krankenhaus

atmen	respirare
Attest	certificato
Bescheinigung	certificato
Besuchszeit	orạrio di vịsita
bewusstlos	privo di sensi
Blase	vescica
Blinddarm	l'appendice *f*
Blut	il sạngue
Blutdruck (hoher/niedriger)	la pressione sanguịgna (alta/bassa)
bluten	sanguinare
Blutgruppe	gruppo sanguịgno

Bronchien	i bronchi
Bypass	il bypass
Chirurg/in	chirurgo
Darm	intestino
desinfizieren	disinfettare
Diagnose	la diạgnosi
Diät	il regime, la diẹta
Eiter	il pus
erbrechen, sich	vomitare
Facharzt	lo specialista
Gallenblase	la cistifẹllea
Gehirn	cervello
Gehör	udito
Gelenk	l'articolazione *f*
Geschlechtsorgane	gli organi genitali
Gesicht	fạccia
Haut	la pelle
Herz	il cuore
Herzschrittmacher	il cardiostimolatore, il pacemaker
Herzspezialist	cardiọlogo
Husten	la tosse
Impfpass	libretto di vaccinazione
Impfung	la vaccinazione
Infusion	la fleboclisi
Knochen	osso
krank	malato
Krankenhaus	l'ospedale *m*
Krankenkasse	cassa malattia
Krankenschein	buono per le cure mẹdiche
Krankenschwester	infermiẹra
Leber	fẹgato
Lippe	labbro
Lunge	il polmone
Magen	stọmaco
Mandeln	le tonsille
Menstruation	la mestruazione
Muskel	mụscolo
nähen	suturare
Narbe	la cicatrice
Narkose	anestesịa
Nerv	nervo
nervös	nervoso
Niere	il rene
Operation	l'operazione *f*
Prothese	la prọtesi
Puls	polso
Rippe	cọstola

röntgen	radiografare
Röntgenaufnahme	radiografịa
Rückgrat	spina dorsale
Schiene	stecca
Schlüsselbein	clavịcola
Schulter	spalla
Schwangerschaft	gravidanza
schwitzen	sudare
Speiseröhre	esọfago
Sprechstunde	orạrio di vịsita
Spritze	*(Gerät)* siringa; *(Einspritzung)* l'iniezione *f*
Station	reparto
Stich	punto; *(Einstich)* puntura
Stuhlgang	l'evacuazione *f*
Trommelfell	tịmpano
Ultraschalluntersuchung	l'esame *m* con ultrasuoni
Unterleib	l'addome *m*
Untersuchung	l'esame *m*
Urin	urina
Verband	il materiale di pronto soccorso
verbinden	fasciare
Verdauung	la digestione
verschreiben	prescrịvere
Virus	il virus
Wartezimmer	sala d'aspetto
Wirbelsäule	spina dorsale, colonna vertebrale
Zunge	lịngua

Beim Zahnarzt

Ich habe (starke) Zahnschmerzen.
Ho (un forte) mal di denti.

Dieser Zahn (oben/unten/vorn/hinten) tut weh.
Questo dente (in alto/in basso/davanti/in fondo) fa male.

Ich habe eine Füllung verloren.
È saltata l'otturazione.

Mir ist ein Zahn abgebrochen.
Mi si è rotto un dente.

Ich behandle ihn nur provisorisch.
Fạccio soltanto un trattamento provvisọrio.

Geben Sie mir bitte eine Spritze.
Mi dia un'iniezione, prego.

Geben Sie mir bitte keine Spritze.
Non mi dia un'iniezione, per favore.

Backenzahn	il molare
Brücke	il ponte
Füllung	otturazione
Kiefer	mascella
Krone	corona
Loch	buco
Prothese	la protesi
Schneidezahn	incisivo
Weisheitszahn	il dente del giudizio
Zahn	il dente
Zahnfleisch	gengiva
Zahnschmerzen	il mal di denti
ziehen	estrarre

Wichtiges von A bis Z

Tauschgeschäfte
Beim Geldtausch muss man oft den Personalausweis vorzeigen und die Urlaubsadresse angeben. Bei manchen Banken muss man alle metallischen Gegenstände in einem Schließfach deponieren, ansonsten blockiert die Eingangstür. Eine metallische Stimme aus dem Lautsprecher weist auf die Schließfächer hin.
Banken sind vormittags drei bis vier Stunden geöffnet, nachmittags meist nur eine. Samstags, Sonn- und Feiertags sind die Banken geschlossen, aber man kann am Bancomat Geld abheben, wenn dort das EC-Symbol angebracht ist.

Bank

Können Sie mir bitte sagen, wo hier eine Bank ist?
Scusi, saprebbe dirmi se c'è una banca qui vicino?

Ich möchte ... Schweizer Franken in Euro wechseln.
Vorrei cambiare ... franchi svịzzeri in euro.

Können Sie mir bitte sagen, wie heute der Wechselkurs ist?
Quant'è oggi il cạmbio, scusi?

Ich möchte ... einlösen.
Vorei incassare ...
diesen Reisescheck
questo assegno turịstico.

Auf welchen Betrag kann ich ihn maximal ausstellen?
Qual è l'importo mạssimo per un assegno?

Ihre Scheckkarte, bitte.
La carta assegni, per favore.

Darf ich bitte ... sehen?
Potrei vedere per favore ...
Ihren Ausweis
la Sua carta d'identità?
Ihren Pass
il Suo passaporto?

Würden Sie bitte hier unterschreiben?
Firmi qui, per favore.

Der Geldautomat akzeptiert meine Karte nicht.
Il bạncomat non accetta la mia carta.

Der Geldautomat gibt meine Karte nicht mehr heraus.
Il bạncomat non restituisce la mia carta.

auszahlen	pagare
Bank	banca
Bankkarte	carta bancaria
bar	in contanti
Bargeld	i contanti
Bearbeitungsgebühr	i diritti di cancelleria
Betrag	importo
Cent	centesimo
Chipkarte	tesserino magnetico
Devisen	le divise/valute estere
Euro	euro
Formular	modulo
Geheimzahl	codice segreto
Geld	denaro
Geldanweisung	il vaglia
Geldautomat	il bancomat, sportello automatico
Geldschein	banconota
Geldwechsel	cambio
Kleingeld	gli spiccioli, moneta
Konto	conto
Kreditkarte	carta di credito
Münze	moneta
Quittung	ricevuta
Reisescheck	assegno turistico, il traveller's chèque
Scheck	assegno
einen Scheck ausstellen	rilasciare un assegno
Schweizer Franken	franco svizzero
Überweisung	rimessa, trasferimento
telegrafische Überweisung	vaglia telegrafico
umtauschen	cambiare
Unterschrift	firma
Währung	valuta
Wechselkurs	corso dei cambi
Zahlung	pagamento

Filmen und Fotografieren

➢ **auch Fotoartikel**

Wären Sie wohl so freundlich, ein Foto von uns zu machen?
Le dispiacerebbe farci una foto?

Das ist sehr freundlich (von Ihnen).
Molto gentile (da parte Sua).

Drücken Sie bitte auf diesen Knopf.
Prema questo pulsante, per favore.

Die Entfernung/Blende stellt man so ein.
La distanza/Il diaframma si rẹgola così.

Dürfte ich Sie wohl fotografieren?
Potrei farLe una foto?

So haben wir eine schöne Erinnerung an unseren Urlaub.
Adesso abbiamo un bel ricordo delle nostre vacanze.

Foto	la foto(grafịa)
Fotoapparat	mạcchina fotogrạfica, fotocamera
fotografieren	fotografare
Hochformat	formato verticale
Querformat	formato orizzontale
Schnappschuss	istantạnea

Fundbüro

➢ **auch Polizei**

Können Sie mir bitte sagen, wo das Fundbüro ist?
Scusi, saprebbe dirmi dov'è l'ufficio oggetti smarriti?

Ich habe ... verloren.
Ho perso ...

Ich habe meine Handtasche im Zug vergessen.
Ho lasciato la (mia) borsa sul treno.

Würden Sie mich bitte benachrichtigen, wenn sie gefunden werden sollte?
Mi farebbe la cortesịa di informarmi se dovesse ẹsser trovata?

Hier ist meine Hotelanschrift/Heimatadresse.
Ecco l'indirizzo del mio albergo/l'indirizzo di casa.

Internetcafé

Wo gibt es in der Nähe ein Internetcafé?
C'è un ịnternet point/cafẹ́ quị vicino?

Wie viel kostet eine Stunde?/Viertelstunde?
Quanto costa un'ora/un quarto d'ora?

Ich möchte eine E-Mail senden.
Vorrei mandare un e-mail.

Kann ich von hier ein Fax versenden?
Posso spedire un fax da qui?

Kann ich eine Seite ausdrucken?
Posso stampare una pạgina?

Bei mir klappt die Verbindung nicht.
Non riesco a connettermi.

Ich habe Probleme mit dem Computer.
Ho dei problemi con il computer.

Kann ich bei Ihnen Fotos von meiner Digitalkamera auf CD brennen?
Mi potrebbe masterizzare su CD delle foto scaricate dalla mia fotocamera digitale?

Polizei

Könnten Sie mir bitte sagen, wo das nächste Polizeirevier ist?
Scusi, saprebbe indicarmi il prossimo commissariato di polizia?

Ich möchte ... anzeigen.
Vorrei denunciare ...
einen Diebstahl
un furto.
einen Überfall
un assalto/un'aggressione.

Mir ist ... gestohlen worden.
Mi è stata/o rubata/o ...
die Handtasche
la borsa.
die Brieftasche
il portafoglio.
mein Fotoapparat
la macchina fotografica.
mein Auto/mein Fahrrad
la macchina/la bicicletta.

Mein Auto ist aufgebrochen worden.
La mia macchina è stata forzata.

Aus meinem Auto ist ... gestohlen worden.
Dalla mia macchina è stato rubato ...

Ich habe ... verloren.
Ho perso ...

Mein Sohn/Meine Tochter ist verschwunden.
Mio figlio/Mia figlia è scomparso/a.

Dieser Mann belästigt mich.
Quest'uomo mi sta molestando.

Können Sie mir bitte helfen?
Mi può aiutare, per favore?

Wann genau ist das passiert?
Quando è successo esattamente?

Ihren Namen und Ihre Anschrift, bitte.
Il Suo nome e indirizzo, per favore.

Wenden Sie sich bitte an das deutsche/österreichische/Schweizer Konsulat.
Per favore, si rivolga al consolato tedesco/austriaco/svizzero.

anzeigen	denunciare
aufbrechen	forzare, scassinare
Autoradio	l'autoradio *f*
belästigen	molestare
beschlagnahmen	sequestrare
Dieb	ladro
Diebstahl	furto
Gefängnis	la prigione
Geldbörse	borsellino
Gericht	il tribunale
Kfz-Schein	libretto di circolazione
Kreditkarte	carta di credito
Papiere	i documenti
Personalausweis	carta d'identità
Polizei	polizia
Polizeiwagen	auto della polizia
Polizist/in	l'agente *m f*; *(Verkehr)* il vigile/la vigilessa
Rauschgift	gli stupefacenti
Rechtsanwalt	avvocato
Reisepass	passaporto
Richter	il giudice
Scheck	assegno
Scheckkarte	carta assegni
Schlüssel	la chiave
Schmuggel	contrabbando
Schuld	colpa
sexuelle Belästigung	molestia sessuale
Taschendieb	borsaiolo, lo scippatore
Überfall	l'aggressione *f*; assalto
Untersuchungshaft	la detenzione preventiva
Verbrechen	delitto
Vergewaltigung	violenza(carnale), stupro
verhaften	arrestare
verlieren	perdere
zusammenschlagen	picchiare, pestare

Post

In Orten, wo es viele Touristen gibt, sind die Postämter wochentags durchgehend bis 20.00 Uhr geöffnet.

Können Sie mir bitte sagen, wo ... ist?
Scusi, saprebbe indicarmi...
das nächste Postamt
il prọssimo uffịcio postale?
der nächste Briefkasten
la prọssima cassetta postale?

Was kostet ein Brief/eine Postkarte ...
Quanto costa una lẹttera/una cartolina per ...
nach Deutschland?
la Germạnia?
nach Österreich?
l'Austria?
in die Schweiz?
la Svịzzera?

Postkarten kosten genauso viel wie Briefe (bis 20g). In der Regel dauert die Beförderung 3-5 Tage. Schneller geht es mit DHL. Wo der nächse Servicepoint liegt, erfahren Sie übers Internet oder an der Hotelrezeption.
Mit Einschreiben (= *con raccomandata)* können nur Briefe innerhalb Italiens befördert werden. Luft- und Eilpost gibt es nicht mehr.

Drei Briefmarken zu ..., bitte.
Tre francobolli da ..., per favore.

Diesen Brief bitte per ...
Questa lẹttera ..., per favore.

Wie lange braucht ein Brief nach Deutschland?
Quanto tempo impiega una lẹttera per la Germạnia?

Haben Sie Sondermarken?
Ha anche delle emissioni speciali?

Ich möchte ... Euro von meinem Postsparbuch abheben.
Vorrei prelevare ... Euro dal mio libretto postale di rispạrmio.

➢ **auch Bank**

Absender	il mittente
Adresse	indirizzo
ausfüllen	compilare
Brief	lẹttera
Briefkasten	cassetta postale

Briefmarke	francobollo
Briefmarkenautomat	il distributore automatico per francobolli
Einschreibebrief	raccomandata
Empfänger	destinatario
Fax	fax
Formular	modulo
frankieren	affrancare
Gebühr	tariffa
Gewicht	peso
Hauptpostamt	posta centrale
Leerung	levata
nachsenden	recapitare
Päckchen	pacchetto
Paket	pacco
Paketkarte	bollettino di spedizione dei pacchi postali
Porto	affrancatura
Postamt	ufficio postale
Postanweisung	il vaglia postale
Postkarte	cartolina postale
postlagernd	fermo posta
Postleitzahl	CAP (codice di avviamento postale)
Postsparbuch	libretto di risparmio postale
Sondermarke	l'emissione *f* speciale
Telegramm	il telegramma
Vordruck	modulo
Wertangabe	il valore dichiarato
Zollerklärung	la dichiarazione doganale

Telefonieren

Können Sie mir bitte sagen, wo die nächste Telefonzelle ist?
Scusi, saprebbe indicarmi la prossima cabina telefonica?

Ich möchte bitte eine Telefonkarte.
Vorrei una scheda telefonica, per favore.

Wie ist bitte die Vorwahl von ...?
Scusi, qual è il prefisso di/per ...?

Bitte ein Ferngespräch nach ...
Per favore, un'interurbana per ...

Ich möchte ein R-Gespräch anmelden.
Vorrei annunciare una telefonata a carico del ricevente.

Gehen Sie in Kabine Nr. ...
Vada nella cabina numero ...

Man kann mit Münzgeld (10, 20, 50 Cent, 1 Euro) und mit Telefonkarten (achten Sie auf das Verfallsdatum!) telefonieren.
So wird per internationaler Direktwahl gewählt:

1) Landeskennzahl (0049 für Deutschland,
   0043 für Österreich,
   0041 für die Schweiz)
2) Ortskennzahl (ohne Null!) - z.B. 711.
   Will man von Deutschland nach Italien telefonieren, so bleibt die Null der Ortskennzahl.
3) Teilnehmernummer

Es gibt spezielle Telefonkarten für Handys, die man wie die Festnetztelefonkarten (= *carta telefonica internazionale per telefono fisso*) an Zeitungskiosken oder in Tabakwarengeschäften erhält.

Innerhalb Italiens muss auch für ein Ortsgespräch vor der Teilnehmernummer die Ortskennzahl gewählt werden!
Öffentliche Telefone gibt es in Telefonzellen, in Bars, Restaurants und in Telefonzentren (= *centro telefonico*).

Ein Telefongespräch

Hier spricht ...
Qui parla ...

Hallo, mit wem spreche ich, bitte?
Pronto, scusi, con chi parlo?

Kann ich bitte Herrn/Frau/Fräulein ... sprechen?
Scusi, potrei parlare con il signor/la signora/la signorina ...?

Tut mir leid, er/sie ist nicht da.
Mi dispiace, ma non c'è.

Kann er/sie Sie zurückrufen?
Può richiamarLa?

Möchten Sie eine Nachricht hinterlassen?
Vuol lasciar detto qualcosa?

Würden Sie ihm/ihr bitte sagen, ich hätte angerufen?
Gli/Le potrebbe dire che ho chiamato, per favore?

„Kein Anschluss unter dieser Nummer."
"Il numero da Lei selezionato è inesistente."

Mit dem Handy

Bitte ein SIM-Karte.
Una SIM, per favore.

Bitte eine internationale Telefonkarte.
Una carta telefọnica internazionale, per favore.

Wie viele Minuten kann ich mit einer Karte für ... sprechen?
Quanti minuti posso parlare con una carta da ...?

Für welches Gebiet gilt diese SIM-Karte?
Per quale zona vale questa SIM?

Ich habe kein Netz.
Non ho campo.

Geben Sie mir bitte eine Tarifübersicht.
Potrebbe darmi una panorạmica sulle tariffe?

Haben Sie Guthabenkarten der Mobilfunkgesellschaft...?
Ha delle carte prepagate della societạ di telefonịa mobile ...?

Ich suche ein Mobiltelefon mit InEar-Kopfhörer.
Cerco un telẹfono radiomobile con auricolare.

Verleihen Sie auch Freisprechanlagen?
Noleggiate anche degli apparecchi viva voce?

Haben Sie Handyhüllen?
Ha delle custodie per cellulari?

abnehmen	rispọndere al telẹfono
Anruf	telefonata, chiamata
Anrufbeantworter	segreteria telefọnica
anrufen	telefonare
Auskunft	informazioni
Auslandsgespräch	chiamata internazionale
besetzt	occupato
Ferngespräch	interurbana
Gebühr	tariffa
Gespräch	la conversazione
Handy	il cellulare/telefonino
Hörer	il ricevitore
Kopfhörer	cuffia, auricolare
Mobiltelefon	telẹfono radiomobile
öffentlicher Fernsprech-apparat	telẹfono pụbblico
Ortsgespräch	telefonata urbana
R-Gespräch	la comunicazione telefọnica a cạrico del ricevente
Schutzhülle	custodia
Telefon	telẹfono
Telefonbuch	elenco telefọnico
Telefonkarte	carta telefọnica

Telefonnummer	numero telefonico
Telefonzelle	cabina telefonica
Verbindung	la comunicazione
Voranmeldung	preavviso
Vorwahlnummer	prefisso
wählen	formare il numero

Toilette und Bad

Wo ist bitte die Toilette?
Scusi, dov'è il bagno?

Dürfte ich wohl bei Ihnen die Toilette benutzen?
Scusi, ma dovrei andare in bagno. Posso?

Würden Sie mir bitte den Schlüssel für die Toiletten geben?
Potrebbe darmi la chiave per il bagno, per favore?

Damen	Signore
Damenbinden	gli assorbenti
Handtuch	asciugamano
Handwaschbecken	lavabo, lavandino
Herren	Signori
sauber	pulito
schmutzig	sporco
Seife	il sapone
Stehklosett	gabinetto alla turca/vespasiano
Tampons	tamponi
Toilettenpapier	carta igienica
Wasserspülung	lo sciacquone

Der Artikel (Geschlechtswort)

Bestimmter Artikel im Singular und Plural (Einzahl und Mehrzahl)

	Singular	Plural	
weiblich	la	le	vor Konsonant z. B.: la bambina/le bambine
	l'	le	vor Vokal, z. B.: l'ora/le ore
männlich	il	i	vor Konsonant, aber nicht vor s + Konsonant (sb, st, sc ...), z, gn z. B. il treno/i treni
	lo	gli	vor s + Konsonant (sb, st, sc ...), z, gn z. B.: lo studente/gli studenti lo zạino/gli zạini
	l'	gli	vor Vokal, z. B.: l'amico/gli amici

- Mit bestimmtem Artikel stehen:
  - besitzanzeigende Fürwörter (s. S. 193)
  - Titel + Name: Dov'è **il signor Neri?** Wo ist Herr Neri? (außer bei der Anrede: Buongiorno, signor Neri.)
  - Ländernamen: Conosce **l'Italia?** Kennen Sie Italien? (außer bei *in* + weiblicher Name: in Italia in/nach Italien)
  - Uhrzeit: è **l'una.** Es ist 1 Uhr. Sono **le due.** Es ist 2 Uhr.
  - im allgemeinen Sinn gebrauchte Substantive:

  La benzina costa molto. Benzin ist teuer.

- Wendungen mit Artikel:

  chiuso il lunedì/il martedì
  montags/dienstags geschlossen

  l'anno prossimo
  nächstes Jahr

  fare il bagno baden

  fare il pieno voll tanken

  fare il biglietto
  einen Fahrschein lösen

- Wendungen ohne Artikel:

  partire lunedì/martedì
  am Montag/Dienstag abreisen

  in maggio/aprile
  im Mai/April

  andare in città
  in die Stadt gehen

  andare in treno/macchina
  mit dem Zug/Auto fahren

Unbestimmter Artikel

weiblich	una un'	vor Konsonant z. B.: una ragazza vor Vokal z. B.: un'amica
männlich	un uno	vor Vokal und Konsonant aber nicht vor s + Konsonant (sb, st, sc ...), z, gn z. B.: un minuto, un uomo vor s + Konsonant (sb, st, sc ...), z, gn z. B.: uno sciopero

Das Substantiv (Hauptwort)

Substantive im Singular und Plural (Hauptwörter in der Einzahl und Mehrzahl)

Im Italienischen gibt es
1. männliche Substantive auf -*o* (Plur. -*i*)
   -*e* (Plur. -*i*)
   -*a* (Plur. -*i*)
2. weibliche Substantive auf -*a* (Plur. -*e*)
   -*e* (Plur. -*i*)
   -*o* (Plur. -*i*)

	Singular		Plural	
männlich	il	ragazz**o**	i	ragazz**i**
	il	padr**e**	i	padr**i**
	il	problem**a**	i	problem**i**
weiblich	la	ragazz**a**	le	ragazz**e**
	la	madr**e**	le	madr**i**
	la	man**o**	le	man**i**

- Eine Reihe von Personenbezeichnungen (meist auf -*ante*, -*ente*, -*ese*, -*ista*) werden für männliche und weibliche Personen gebraucht, z. B.:
  il cliente/la cliente il turista/la turista
- Immer im Singular: la gente die Leute, la roba die Sachen
- Immer im Plural: gli occhiali die Brille, i pantaloni die Hose, i soldi das Geld

Das Adjektiv (Eigenschaftswort)

Die Übereinstimmung mit dem Substantiv

Im Italienischen gibt es:
1. Adjektive auf *-o*; sie bilden die weibliche Form auf *-a*;
2. Adjektive auf *-e*; sie haben für beide Geschlechter nur eine Form.

Im Plural wird wie bei den Substantiven: *o → i, a → e, e → i.*

	Singular	Plural
1. männlich weiblich	il ragazzo contento la ragazza contenta	i ragazzi contenti le ragazze contente
2. männlich und weiblich	il ragazzo / la ragazza > gentile	i ragazzi / le ragazze > gentili

Die Stellung des Adjektivs

Das Adjektiv steht im Allgemeinen nach dem Substantiv.

la valigia **nera/rossa/pesante**	der schwarze/rote/schwere Koffer
un giornale **italiano/inglese**	eine italienische/englische Zeitung

- Vor dem Substantiv können stehen:

bello	schön	buono	gut	grande	groß
lungo	lang	brutto	hässlich	cattivo	schlecht
piccolo	klein	bravo	tüchtig		

  Buono/bello werden vor männlichen Substantiven im Singular (außer vor *z, gn* oder *s* + Konsonant) zu *buon/bel* verkürzt:
  Buon viaggio! Gute Reise!
  Che **bel** bambino! Was für ein hübsches Kind!

Das Adverb (Umstandswort)

Es gibt ursprüngliche Adverbien, z. B. *tardi* (spät) und von Adjektiven abgeleitete Adverbien.
Abgeleitete Adverbien werden gebildet, indem man an die weibliche Form des Adjektivs die Endung *-mente* anhängt.

lento, -a:	Parla **lentamente.**	Er spricht langsam.
veloce:	Corre **velocemente.**	Er läuft schnell.

- Bei Adjektiven auf *-le* und *-re* entfällt das *e* vor *-mente*: facile leicht – facilmente
- Den Adjektiven *buono* und *cattivo* entsprechen die Adverbien *bene* und *male:* Lavora **bene/male.** Er arbeitet gut/schlecht.

Der Teilungsartikel – Mengenangaben mit „di"

Der Teilungsartikel besteht aus *di* + bestimmter Artikel.
Er bezeichnet eine nicht näher bestimmte Menge oder Anzahl.

unbestimmte Menge/Anzahl	Mi dia **dell'**acqua.	Geben Sie mir (etwas) Wasser.
	Vorrei **del** vino rosso.	Ich möchte (etwas) Rotwein.
	Ha fatto **delle** foto?	Haben Sie Fotos gemacht?

Nur „di" (ohne Artikel) steht nach Substantiven, die eine bestimmte Menge oder Anzahl bezeichnen.

bestimmte Menge/Anzahl	un litro **di** vino	ein Liter Wein
	un piatto **di** spaghetti	ein Teller Spaghetti
	due chili **di** arance	zwei Kilo Orangen
	un milione **di** lire	eine Million Lire

- **un po' di** vino (pane) ein wenig/etwas Wein (Brot)
  un paio di scarpe ein Paar Schuhe

Die Pronomen (Fürwörter)

Personalpronomen (Persönliche Fürwörter)

Personalpronomen im Nominativ (Werfall)

	Singular					Plural				
(Wer?)	io	tu	lui	lei	Lei	noi	voi	Voi	loro	Loro
	ich	du	er	sie	Sie	wir	ihr	Sie	sie	Sie

- Die Nominativformen des Personalpronomens werden beim Verb gewöhnlich weggelassen: Partiamo oggi. Wir reisen heute ab.
  Sie werden nur zur besonderen Hervorhebung des Subjekts gebraucht: Ordino **io?** Soll **ich** bestellen?
- Bei der höflichen Anrede verwendet man (großgeschrieben) das Personalpronomen der
  – 3. Person Singular, wenn man eine Person anredet;
  – 2. Person Plural oder (sehr formell) 3. Person Plural, wenn man mehrere anredet.

Personalpronomen im Akkusativ und Dativ (Wenfall und Wemfall)

	Singular					Plural						
Wen?	mi	ti	lo	la	La	ci	vi	Vi	li	le	Li	Le
	mich	dich	ihn	sie	Sie	uns	euch	Sie	sie	sie	Sie	Sie
									(m)	*(f)*	*(m)*	*(f)*
Wem?	mi	ti	gli	le	Le	ci	vi	Vi	gli		Loro	
	mir	dir	ihm	ihr	Ihnen	uns	euch	Ihnen	ihnen		Ihnen	

z. B.: Vedi Maria? Sì, la vedo. — Siehst du Maria? Ja, ich sehe sie.
Stasera incontro Maria e le do il libro. — Heute abend treffe ich Maria und gebe ihr das Buch.

Reflexivpronomen und reflexives Verb (Rückbezügliche Fürwörter und rückbezügliches Verb)

Reflexivpronomen stehen vor dem Verb.
Bei reflexiven Verben wird das Perfekt mit *essere* (sein) gebildet. Dabei richtet sich das Partizip Perfekt in Geschlecht und Zahl nach dem Subjekt:

I *bambini* si sono lavati. — Die Kinder haben sich gewaschen.

Präsens		Perfekt	
mi lavo	ich wasche mich	mi sono lavato, -a	ich habe mich gewaschen
ti lavi	du wäschst dich	ti sei lavato, -a	du hast dich gewaschen
si lava	er/sie wäscht sich	si è lavato, -a	er/sie hat sich gewaschen
ci laviamo	wir waschen uns	ci siamo lavati, -e	wir haben uns gewaschen
vi lavate	ihr wascht euch	vi siete lavati, -e	ihr habt euch gewaschen
si lạvano	sie waschen sich	si sono lavati, -e	sie haben sich gewaschen

Possessivpronomen (Besitzanzeigende Fürwörter)

	Besitz: Singular			Besitz: Plural	
	männlich		weiblich	männlich	weiblich
ein Besitzer	il mio	mein(er)	la mia	i miei	le mie
	il tuo	dein(er)	la tua	i tuoi	le tue
	il suo	sein(er)	la sua	i suoi	le sue
	il Suo	Ihr(er), ihr(er)	la Sua	i Suoi	le Sue
mehrere Besitzer	il nostro	unser(er)	la nostra	i nostri	le nostre
	il vostro	euer(er)	la vostra	i vostri	le vostre
		Ihr(er)			
	il loro	ihr(er)	la loro	i loro	le loro
	il Loro	Ihr(er)	la Loro	i Loro	le Loro

- Possessivpronomen werden gewöhnlich mit dem bestimmten Artikel gebraucht: Dov'è l**a mia** borsa? Wo ist meine Tasche?
  Sie stehen jedoch ohne Artikel:
  - vor Verwandtschaftsnamen im Singular: **mio** zio mein Onkel
  - in einigen Wendungen, z. B. a casa **mia** bei mir zu Hause
- *Suo* bezieht sich auf einen männlichen oder weiblichen Besitzer, *loro* bezieht sich auf mehrere Besitzer:
  la **sua** chiave sein/ihr Schlüssel – la **loro** chiave ihr Schlüssel

Demonstrativpronomen (Hinweisende Fürwörter)

Singular			Plural	
männlich		weiblich	männlich	weiblich
questo	der hier, dieser	questa	questi	queste
quello	der dort, jener	quella	quelli	quelle

Wenn „quello" anstelle des Artikels steht, so nimmt es die Form des bestimmten Artikels an:

Singular				Plural			
quel	pacco	jenes	Paket	quei	pacchi	jene	Pakete
quello	scolaro	jener	Schüler	quegli	scolari	jene	Schüler
quell'	uomo	jener	Mann	quegli	uomini	jene	Männer
quella	donna	jene	Frau	quelle	donne	jene	Frauen

Questa borsa mi piace. Diese Tasche gefällt mir. **Quest'** anno andremo a Roma. Dieses Jahr fahren wir nach Rom.	*Questo* bezieht sich auf Personen oder Sachen, die in unmittelbarer Nähe sind.
Conosce **quel** signore? Kennen Sie den Herrn (dort)? Che abito prende? – **Quello** rosso. Welches Kleid ...? – Das rote.	*Quello* bezieht sich auf Personen oder Sachen, die nicht in unmittelbarer Nähe sind.

Fragewörter

Wer?	**Chi** è venuto?	Wer ist gekommen?
Wen?	**Chi** cerca?	Wen suchen Sie?
An wen? Wem?	**A chi** scrive?	Wem schreiben Sie?
Was?	**Che cosa** desidera?	Was wünschen Sie?
Was für ... ?	**Che** libro è questo?	Was für ein Buch ist das?
Welcher?	**Quale** strada?	Welche Straße?
	Qual è la sua macchina?	Welches ist Ihr Auto?
Wie viel?	**Quanto** costa?	Wie viel kostet es?
	Quanti chilometri?	Wie viel Kilometer?
Wo?	**Dove** si trova ...?	Wo befindet sich ...?
Wohin?	**Dove** va?	Wohin gehen Sie?
Woher?	**Di dov'è?/Da dove** viene?	Woher kommen Sie?
Wann?	**Quando** aprono i negozi?	Wann öffnen die Geschäfte?
Um wie viel Uhr?	**A che ora** parte?	Um wie viel Uhr fahren Sie?
Wie lange?	**Quanto** devo aspettare?	Wie lange muss ich warten?
Wie?	**Come** funziona?	Wie funktioniert das?
Warum?	**Perché** non funziona?	Warum funktioniert es nicht?

Das Verb (Zeitwort)

Das Präsens (Gegenwart)

- Verbformen werden gewöhnlich ohne Personalpronomen verwendet (s. S. 191): **Abbiamo** tempo. Wir haben Zeit.
- Als Höflichkeitsform verwendet man
  - die 3. Person Singular, wenn man eine Person anredet: **Ha** tempo, signor/signora Neri? Haben Sie Zeit, Herr/Frau N.?
  - die 2. Person Plural oder (sehr formell) die 3. Person Plural, wenn man mehrere Personen anredet: **Avete** tempo?/**Hanno** tempo, signori? Haben Sie Zeit (, meine Herren/meine Damen und Herren)?

avere, essere

	avẹre	haben	ẹssere	sein
io	ho	ich habe	sono	ich bin
tu	hai	du hast	sei	du bist
lui	ha	er hat	è	er ist
lei		sie hat, Sie haben		sie ist, Sie sind
noi	abbiạmo	wir haben	siạmo	wir sind
voi	avẹte	ihr habt, Sie haben	siẹte	ihr seid, Sie sind
loro	hạnno	sie haben, Sie haben	sono	sie sind, Sie sind

- c'è da ist, es gibt – ci sono da sind, es gibt

Regelmäßige Verben

Nach ihrer Infinitivendung werden die italienischen Verben in drei Gruppen (Konjugationen) eingeteilt.

	Verben auf -are			-ere	-ire
	parlạre sprechen		vẹndere verkaufen	partịre abreisen	capịre verstehen
io	pạrl**o**	ich spreche	vẹnd**o**	pạrt**o**	cap**ịsco**
tu	pạrl**i**	du sprichst	vẹnd**i**	pạrt**i**	cap**ịsci**
lui	pạrl**a**	er spricht	vẹnd**e**	pạrt**e**	cap**ịsce**
lei		sie spricht			
lei		Sie sprechen			
noi	parl**iạmo**	wir sprechen	vend**iạmo**	part**iạmo**	cap**iạmo**
voi	parl**ạte**	ihr sprecht Sie sprechen	vend**ete**	part**ite**	cap**ite**
loro	pạrl**ano**	sie sprechen Sie sprechen	vẹnd**ono**	pạrt**ono**	cap**ịscono**

- Verben auf *-ere* haben im Infinitiv den Ton teils auf dem Stamm (z. B. vẹndere), teils auf der Endung (z. B. vedẹre sehen)
- Wie *capire:* finire enden, preferire bevorzugen, construire bauen, spedire senden, ubbidire folgen, pulire putzen
- Wie *partire:* dormire schlafen, sentire hören, aprire öffnen
- Bei Verben auf *-care/gare* wird vor *i* der Endung ein stummes *h* eingefügt: pa**gh**i

Das Perfekt (Vollendete Gegenwart)

Das Partizip Perfekt (Mittelwort der Vergangenheit)

Hilfsverben		Regelmäßige Verben auf -are	-ere	-ire
avere	essere	parl**are**	vend**ere**	cap**ire**
avuto	**stato**	parl**ato**	vend**uto**	cap**ito**
gehabt	gewesen	gesprochen	verkauft	verstanden
Partizipendung:		-ato	-uto	-ito

- Verben mit unregelmäßigem Partizip Perfekt:

accendere anzünden	acceso	offrire anbieten	offerto
aprire öffnen	aperto	rompere zerbrechen	rotto
chiedere fragen/bitten	chiesto	scendere hinunter-/aussteigen	sceso
chiudere schließen	chiuso	scrivere schreiben	scritto
correre laufen	corso	spegnere löschen, ausmachen	spento
fare tun/machen	fatto	spendere ausgeben	speso
leggere lesen	letto	vedere sehen	visto
mettere setzen/stellen/legen/anziehen	messo	vivere leben	vissuto

Das Perfekt mit „avere" und „essere"

Das Perfekt bildet man mit dem Präsens des Hilfsverbs

- *avere* (haben) + Partizip Perfekt: ho avuto ich habe gehabt
- *essere* (sein) + Partizip Perfekt; dabei richtet sich das Partizip in Geschlecht und Zahl nach dem Subjekt:
  Le mie amiche sono stat**e** a Roma. Meine Freundinnen sind in Rom gewesen.

Perfekt mit *avere*	Perfekt mit *essere* Subjekt: männlich	weiblich
ho capito	sono andat**o**	sono andat**a**
ich habe verstanden	ich bin gegangen	
hai capito	sei andat**o**	sei andat**a**
du hast verstanden	du bist gegangen	
ha capito	è andat**o**	è andat**a**
er/sie hat verstanden Sie haben verstanden	er ist gegangen Sie sind gegangen	sie ist gegangen Sie sind gegangen
abbiamo capito	siamo andat**i**	siamo andat**e**
wir haben verstanden	wir sind gegangen	
avete capito	siete andat**i**	siete andat**e**
ihr habt verstanden Sie haben verstanden	ihr seid gegangen Sie sind gegangen	
hanno capito	sono andat**i**	sono andat**e**
sie haben verstanden Sie haben verstanden	sie sind gegangen Sie sind gegangen	

- Abweichend vom Deutschen bildet man das Perfekt
  - mit *essere* bei reflexiven Verben (s. S. 196).
  - mit *avere* bei *viaggiare* reisen, *passeggiare* spazieren gehen, *nuotare* schwimmen, *sciare* Ski fahren.
    Abbiamo viaggiato molto. Wir sind viel gereist.
  - mit *essere* oder *avere* bei Modalverben (*potere, dovere, volere*).
    Non ho voluto mangiare. Ich habe nicht essen wollen.
    è voluto andare a Roma. Er hat nach Rom fahren wollen.

Futur und Konditional (Zukunft und Bedingungsform)

Das Futur

	-are comprare		-ere vendere	-ire partire
io	compr**erò**	ich werde kaufen	vend**erò**	part**irò**
tu	compr**erai**		vend**erai**	part**irai**
lui lei	compr**erà**		vend**erà**	part**irà**
noi	compr**eremo**		vend**eremo**	part**iremo**
voi	compr**erete**		vend**erete**	part**irete**
loro	compr**eranno**		vend**eranno**	part**iranno**

Das Konditional

io	compr**erẹi**	ich würde kaufen	vend**erei**	part**irei**
tu	compr**erẹsti**		vend**eresti**	part**iresti**
lui lei	compr**erẹbbe**		vend**erebbe**	part**irebbe**
noi	compr**erẹmmo**		vend**eremmo**	part**iremmo**
voi	compr**erẹste**		vend**ereste**	part**ireste**
loro	compr**erẹbbero**		vend**erebbero**	part**irebbero**

- Das Konditional wird oft in höflichen Wendungen gebraucht:
  Vorrei una camera singola. Ich möchte ein Einzelzimmer.
  Avrebbe un fiammifero? Hätten Sie ein Streichholz?
  Mi **potrebbe** aiutare? Könnten Sie mir helfen?
- Verben auf *-care/gare* schieben vor *e* der Endung ein stummes *h* ein:
  pa**gh**eremo wir werden zahlen

Die Wortstellung

Die regelmäßige Wortstellung im Aussagesatz ist:

	Subjekt	Verb	Satzergänzung	
	Carla	compra	la borsa.	C. kauft die Tasche.
Oggi	Carla	ha comprato	la borsa.	Heute hat C. die Tasche gekauft.

Das Subjekt wird jedoch dem Verb nachgestellt:

Oggi è arrivata Carla. Heute ist C. angekommen.	wenn das Subjekt besonders hervorgehoben werden soll.
Dov'è la mia borsa? Wo ist meine Tasche?	in Fragesätzen.

- Fragesätze ohne Fragewort haben meist die regelmäßige Wortstellung des Aussagesatzes:
  Ha visto il signor Neri? Haben Sie Herrn Neri gesehen?

Die Verneinung

no

È stanco?	– **No,** signora.	Sind Sie müde?	– Nein.
Pioverà?	– Speriamo **di no.**	Wird es regnen?	– Hoffentlich nicht.

non

	non Verb	
Perché	**non** è venuto?	Warum ist er nicht gekommen?
Gina	**non** ha tempo.	Gina hat keine Zeit.

- Zwischen *non* und Verb stehen unbetonte Pronomen sowie *ci* (da, dort) und *ne* (davon):
  Non lo vedo. Ich sehe ihn/es nicht.
  Non ci sono panini. Es gibt keine Brötchen.

non ... nessuno/nulla/niente/mai etc.

Non c'è **nessuno.**	Es ist niemand/keiner da.
Non voglio **nulla/niente.**	Ich will nichts.
Non fumo **mai.**	Ich rauche nie.
Non fumo **più.**	Ich rauche nicht mehr.
Non beve **né** vino **né** birra.	Er trinkt weder Wein noch Bier.

- Wird der zweite Teil der Verneinung dem Verb vorangestellt, entfällt *non*: Nessuno è venuto. Niemand ist gekommen.

Kurzgrammatik

A

a *(Richtung Sachen)* zu, nach; *(pro)* je; **vicino a** *(nahe bei, neben)* an
a casa daheim
a livello del suolo ebenerdig
a mezzogiọrno mittags
a quest'ora um diese Zeit
a tinta unita einfarbig
a volte manchmal
abat-jour *m* Nachttischlampe
abbandonare verlassen
abbastanza ziemlich
abbazịa Abtei
abbigliamento Kleidung; **~ per bambini** Kinderkleidung
abbonamento giornaliẹro Tagespass
abbonamento settimanale Wochenkarte, Wochenpass
abbracciạre umarmen
abbreviazione *f* Abkürzung
abbronzato *(gebräunt)* braun
abitante *m/f* Einwohner
abitare wohnen
ạbito Anzug; **~ da sera** Abendgarderobe
abituạle üblich
abituato, ẹssere ~ gewohnt sein
aborto Fehlgeburt
accadere s. ereignen
accappatọio Bademantel
acceleratore *m* **a mano** Handgas *(Auto)*
acceleratore *m* Gaspedal
accẹndere anzünden; *(Licht)* einschalten
accensione *f* Zündung
accessibilità Zugänglichkeit
accessori *m pl* **per la riparazione di forature** Flickzeug
accettare annehmen; *(Einladung)* zusagen
accettazione *f* Anmeldung
acclimatarsi s. akklimatisieren
accomiatarsi s. verabschieden
accompagnare begleiten
accompagnatore(-trice) Begleitperson
acconsentire einwilligen
accordarsi su s. einigen über
accumulatore *m* Akku
aceto Essig
acetone *m* Nagellackentferner
acidità di stọmaco Sodbrennen
ạcqua Wasser; **~ calda** warmes Wasser; **~ di raffreddamento** Kühlwasser; **~ fredda** kaltes Wasser; **~jogging** *m* Aqua-Jogging; **~ minerale** Mineralwasser; **~ potạbile** Trinkwasser
acquaforte *f* Radierung
acquạio Spülbecken
acquerello Aquarell
acupuntura Akupunktur
adattatore *m* Adapter
adatto *(geeignet)* richtig; **~ per carrozzelle** rollstuhlgerecht
addome *m* Unterleib
aderire zustimmen
adirato zornig
adoperare verwenden
Adriạtico Adria
adulto/adulta Erwachsener/Erwachsene
aerọbica Aerobic
aeroporto Flughafen
affamato, essere ~ hungrig sein
affermare behaupten
affettuoso zärtlich
affittare vermieten; mieten
affitto Miete

affrancare frankieren
affrancatura Porto
affrettarsi s. beeilen
affumicato geräuchert
afoso schwül
agente *m f* Polizist/in
agenzịa Agentur; **~ di viaggi** Reisebüro
aggiụngere hinzufügen
aggressione *f* Überfall
ạglio Knoblauch
ago Nadel
agosto August
agro sauer
air terminal *m* Terminal
aiutare qd jdm helfen
aiụto Hilfe; Unterstützung
al di sotto di unterhalb
ala Flügel
ạlbero Baum
albicocche Aprikosen
album *m* **da colorare** Malbuch
alcuni einige; ein paar
alcuni/alcune einige
alimentazione *f* Verpflegung
aliscafo Tragflügelboot
alla grịglia vom Grill
alle *(Zeitangabe)* um
allegro lustig, fröhlich
allergịa Allergie
allọggio Unterkunft
allora also; damals; *(Zeit)* da
alloro Lorbeer
allungare verlängern
almeno wenigstens
alpinismo Bergsteigen
alt! halt!
alta marea Flut
alta stagiọne *f* Hauptsaison
altare *m* Altar
altezza Höhe
alto hoch; *(Statur)* groß
altoparlante *m* Lautsprecher
altro andere, weitere;
 ~ iẹri vorgestern
altrove anderswo
alzare heben; *(Preise)* heraufsetzen
alzarsi aufstehen
amạbile lieblich *(Wein)*
amare lieben
amaro bitter
ambasciạta *(dipl. Vertretung)* Botschaft
ambiente *m* Umwelt, Umgebung
amici/amiche, ẹssere ~ befreundet sein
amico/amica Freund/in
ammaccatura Delle
ammenda Bußgeld
ammesso zulässig
amministrazione *f* Verwaltung
ammirare bewundern
amore *m* Liebe
ạmpio *(Gegenteil von eng)* weit
analcọlico alkoholfrei
analgẹsici *m pl* Schmerztabletten
ạnanas *m* Ananas
anca Hüfte
anche auch
ancora noch
andạr via weggehen
andare gehen; fahren;
 ~ a letto zu Bett gehen;
 ~ a trovare qd jdn besuchen;
 ~ in bicicletta Rad fahren
anello Ring
anestesịa Narkose
anfiteatro Amphitheater
angina Angina
ạngolo Ecke
anguilla Aal
animale *m* Tier
animali *m pl* **domẹstici** Haustiere

animazione bambini Kinderbetreuung
anno Jahr; **~ prọssimo** nächstes Jahr
annuale *(adj)*; **annualmente** *(adv)* jährlich
annuale jährlich
annunciare anmelden
antibiọtico Antibiotikum
antịcipo Vorschuss; **in ~** im Voraus
antico *(aus früheren Zeiten)* alt
anticoncezionale *m* Verhütungsmittel
antigelo Frostschutzmittel
antipasto Vorspeise
ape *f* Biene
aperto auf, offen, geöffnet
apoplessịa cerebrale Gehirnschlag
apparẹcchio Apparat; **~ cạrica-batterie** Ladegerät
appartamento Wohnung
appartenere gehören
appena kaum
appendicite *f* Blinddarm-entzündung
appetito Appetit
applạuso Beifall
applicazione *f* **Kneipp** Kneipp-Anwendung
appuntamento Verabredung
apribottịglie *m* Flaschenöffner
aprile April
apriporta *m* **automạtico** automatischer Türöffner
aprire öffnen
apriscạtole *m* Dosenöffner
arance Apfelsinen
arancione orange
archeologịa Archäologie
architetto Architekt
architettura Architektur
arco Bogen
ạrea di rigore Strafraum
arena Arena
argento Silber
ạria Luft; **~ condizionata** Klimaanlage
aringa Hering
armạdio Schrank
arrabbiarsi (per qc/con qd) s. ärgern über
arrabbiato wütend, zornig; verärgert
arrestare verhaften
arrivare eintreffen
arrivo Ankunft
arrostito gebraten, geröstet
arte *f* Kunst; **~ di vasạio** Töpferei; **~ grạfica** Grafik; **~ ọrafa** Goldschmiedekunst
articolazione *f* Gelenk
artịcoli *m pl* **sportivi** Sportartikel
artigianato Kunstgewerbe
ascensore *m* Fahrstuhl
ascesso Abszess
asciugamano Handtuch
asciugare trocknen; **~ con il fon** föhnen
asciugatrice *f* Wäschetrockner *(Automat)*
asciụtto trocken
ascoltare (qd) (jdm) zuhören
ascoltare mụsica Musik hören
ạsino Esel
asma *m/f* Asthma
aspạragi *m pl* Spargel
aspettare erwarten; warten
aspettarsi erwarten *(rechnen mit)*
aspirapọlvere *m* Staubsauger
aspirina Aspirin
assaggiare *(Speisen)* versuchen
assalto Überfall
assegno Geldanweisung; **~ turịstico** Reisescheck

assetato, ẹssere ~ durstig sein
assicurazione *f* Versicherung;
~ di totale copertura Vollkasko;
~ parziale per tutti i rischi Teilkasko
assistente *m/f* **di bordo** Steward/ess
assistenza ai bambini Kinderbetreuung
associazione *f* Verband, Verein;
~ handicappati/svantaggịati Behindertenverband
assolutamente durchaus; unbedingt
assomigliare gleichen
assorbenti *f pl* **sottili** Slipeinlagen
assorbenti *m pl* Damenbinden
atlẹtica leggera Leichtathletik
attacco Skibindung
attacco cardịaco Herzanfall
attento aufmerksam; vorsichtig
attenzione! Vorsicht! Achtung!;
fare attenzione (a) Acht geben (auf)
atterrạggio Landung
atto Akt
attore/attrice Schauspieler/in
attore/attrice di cịnema Filmschauspieler/in
attraversare überqueren
attraverso quer durch
attrezzatura da sub Taucherausrüstung
attrezzo Werkzeug
augụrio Glückwunsch
aumentare *(Preise)* erhöhen; *(anwachsen)* zunehmen
Austria Österreich
austrịaco/austrịaca Österreicher/in
autẹntico echt
ạuto *f* Auto, Wagen
ạuto della polizịa Polizeiwagen
autoambulanza Krankenwagen
ạutobus *m* Bus;
~interurbano Überlandbus;
~urbano Stadtbus
autogrịll *m* Raststätte
automạtico; *(adv)* **automaticamente** automatisch
autorạdio *f* Autoradio
autorità Behörde
autoscatto Selbstauslöser
autosoccorso Abschleppdienst
autostrada Autobahn
autunno Herbst
avanti herein!; vorwärts!
avẹr bisogno di benötigen
avere haben;
avẹr bisogno di brauchen;
avẹr fretta es eilig haben;
avere il mal di mare seekrank sein
avocado *m* Avocado
avvelenamento Vergiftung
avvenimento Ereignis
avvertire benachrichtigen;
~ di warnen vor
avvicinarsi s. nähern
Ayurveda Ayurveda

B

babyfon *m* Babyfon
baby-sitter *m/f* Babysitter
baciare küssen
bạcio Kuss
bạdminton *m* Badminton, Federball
baffi *m pl* Schnurrbart
bagaglịaio Kofferraum
bagạglio Gepäck
bagnato nass
bagnino Bademeister

bagno Badezimmer; **bagno aromạtico** *m* Aromabad; **bagno di fiẹno** Heu-Bad; **bagno per handicappati** Behindertentoilette; **bagno termale** Heilbad
bạita *(Alpen-)*Hütte
balcone *m* Balkon
ballare tanzen
ballerino/a Tänzer/in
balletto Ballett
ballo Tanz; *(Fest)* Ball
bambini Schul-/Kinder
bambino Kind
banane Bananen
banca Bank
banchina Kai
bancomat *m* Geldautomat
banconota Geldschein
banda magnetica Magnetstreifen
barba Bart
barca a remi Ruderboot
barca a vela Segelboot
barocco Barock
barretta di cioccolata Schokoriegel
barzelletta Witz
basette Koteletten
basịlico Basilikum
basket(-ball) *m* Basketball
bassa marea Ebbe
bassa stagione *f* Vor-/Nachsaison
basso niedrig, tief; *(Statur)* klein; **a bassa voce** leise
bastare (aus)reichen
bastoncini *m pl* **igienici** Wattestäbchen *pl*
bastone *m* Stock; **~ per ciẹchi** Taststock; **~ da sci** Skistock
batterịa Batterie
beach-volley *m* Beach-Volleyball
beige beige
bello schön
belvedere *m* Aussichtspunkt
ben cotto durchgebraten
benché obwohl
benda elạstica Elastikbinde
bene *m* Wohl; *(adv)* gut; wohl
benestante wohlhabend
benvenuto willkommen
benzina Benzin; **fare ~** tanken
bere trinken
berretto Mütze
bevanda Getränk
biancherịa da letto Bettwäsche
biancherịa ịntima Unterwäsche
biạnco weiß
biberọn *m* Saugflasche
bịbita Erfrischung *(Getränk)*
bicchiẹre *m* Glas; **~ da ạcqua** Wasserglas; **~ da vino** Weinglas
bicicletta Fahrrad; **~ da corsa** Rennrad; **~ da trekking** Trekkingrad; **~ per disạbili** Handbike
bidone *m* **delle immondịzie** Mülltonne
bigiotterịa Modeschmuck
biglietterịa Fahrkartenschalter
bigliẹtto Fahrkarte, Fahrschein; **~ a più obliterazioni** Mehrfahrtenkarte; **~ d'ingresso** Eintrittskarte; **~ di andata e ritorno** Rückfahrkarte; **~ giornaliero** Tageskarte; **~ per ragazzi** Kinderfahrkarte
bigodini *m pl* Lockenwickler
bikịni *m* Bikini
binạrio Gleis
biondo blond
biro *f* Kugelschreiber
birra Bier; **~ analcọlica** alkoholfreies Bier

biscotti *m pl* Kekse
bisognoso di cure pflegebedürftig
bizantino byzantinisch
blazer *m* Blazer
blocco, ~ di carta Block, Papier~
blu blau
blues *m* Blues
bocca Mund
body *m* Body
bollettino meteorologico Wetterbericht
bollito gekocht
bollitore *m* Wasserkocher
bombola di gas Gasflasche
bonaccia Flaute
borotalco Körperpuder
borreliosi *f* Borreliose
borsa Tasche, Handtasche, Beutel; **~ a tracolla** Umhängetasche; **~ da viaggio** Reisetasche; **~ frigo** Kühltasche
borsaiolo Taschendieb
bosco Wald
bottiglia Flasche
bottiglieria Spirituosengeschäft
bottone *m* Knopf
boutique *f* Boutique
bowling *m* Bowling
braccialetto Armband
bracciali *m pl* **salvagente** Schwimmflügel *pl*
braccioli *m pl* Schwimmflügel *pl*
brasato geschmort
breve *(zeitlich)* kurz; **a ~ termine/scadenza** kurzfristig
brillo beschwipst
brividi *m pl* Schüttelfrost; Schauder
bronchi *m pl* Bronchien
bronchite *f* Bronchitis
bronzo Bronze
bruciare verbrennen, brennen
brutto hässlich; übel; *(Wetter)* schlecht
bucato Wäsche
buco Loch
buffet *m* **della colazione** Frühstücksbüfett
buffet *m* **delle insalate** Salatbüfett
bugia Lüge
bungalow *m* Bungalow
bungeejumping *m* Bungeejumping
buono *(adj)* gut; *m* Gutschein; **~ per le cure mediche** Krankenschein
burro Butter
bussola Kompass
busta Briefumschlag, Plastiktasche
bustina di tè Teebeutel
bypass *m* Bypass

C

c'è es gibt; **c'è Luigi?** ist Luigi da?
cabaret *m* Kabarett; Kleinkunstbühne
cabina Kabine; **~ telefonica** Telefonzelle
cadere fallen, stürzen
caffè *m* Kaffee; Café
calamaro Tintenfisch
calcio Fußball
calcolare rechnen; berechnen
calcolatore *m* **tascabile** Taschenrechner
calcolo renale Nierenstein
caldo warm; heiß
calligrafia (Hand-)Schrift
calmante *m* Beruhigungsmittel
calzamaglia Strumpfhose
calze Strümpfe

calzini *m pl* Socken
calzolạio Schuhmacher
calzoni *m pl* Hose
cambiamento Veränderung
cambiare ändern, verändern; tauschen; *(Geld)* wechseln; umtauschen; umsteigen; **~ il bigliẹtto** umbuchen
cambiarsi s. umziehen
cạmbio Wechsel; Geldwechsel; Wechselkurs; Umrechnung; **~ automạtico** Automatik(getriebe); **~ dell'ọlio** Ölwechsel; **~ della guạrdia** Wachablösung
cạmera Zimmer; **~ da letto** Schlafzimmer
cạmera d'ạria Luftschlauch
cameriẹra Zimmermädchen; Kellnerin
cameriẹre Kellner
camicetta Bluse
camịcia Hemd
camminare *(zu Fuß)* gehen; wandern
camomilla Kamille; Kamillentee
campanello Klingel
campanile *m* Kirchturm
campeggiare zelten
campẹggio Camping,
camper *m* Wohnmobil
camping *m* Camping, Campingplatz
campo Feld; **~ sportivo** Sportplatz
canale *m* Kanal
cancro Krebs
candela (Zünd-)Kerze
cane *m* Hund; **~ guida per ciẹchi** Blindenhund
canna da pesca Angel
cannụccia Strohhalm
canọa Kanu
canottiẹra Unterhemd
canotto pneumạtico Schlauchboot
canovạccio per asciugare i piatti Geschirrtuch
cantante *m/f* Sänger/in
cantare singen
cantiere ẹdile Baustelle
canto Gesang
canzone *f* Lied
CAP (codice di avviamento postale) Postleitzahl
capanna Hütte
capelli *m pl* Haare
capelli scalati *pl* Stufen
capire verstehen
capitale *f* Hauptstadt; *m* Kapital
capitano Kapitän
capo Haupt; Stück; Chef
Capodanno Neujahr
capogiro Schwindel, Schwindelanfall
capolịnea *m* Endstation
cappella Kapelle
cappello Hut; **~ da sole** Sonnenhut
cappotto Mantel
caraffa Karaffe
caratterịstico (per) typisch (für)
carbonella Grillkohle
carciọfi *m pl* Artischocken
cardiostimolatore *m* Herzschrittmacher
carino hübsch
carne *f* Fleisch; **~ d'agnello** Lammfleisch; **~ di maiale** Schweinefleisch; **~ di manzo** Rindfleisch; **~ di montone/castrato** Hammelfleisch; **~ di vitello** Kalbfleisch; **~ macinata** Hackfleisch
caro lieb, liebenswürdig; teuer; **non ~** billig
carote Karotten

carro attrezzi Abschleppwagen
carrozzella Rollstuhl;
~ elettrica Elektrorollstuhl;
~ pieghevole Faltrollstuhl
carta Papier;
~ automobilistica Straßenkarte;
~ d'identità Personalausweis;
~ d'imbarco Bordkarte;
~ da lettere Briefpapier;
~ da scrivere Briefpapier;
~ di credito Kreditkarte;
~ geografica Landkarte;
~ igienica Toilettenpapier;
~ telefonica Telefonkarte;
~ verde grüne Versicherungskarte
cartoleria Schreibwarengeschäft
cartolina illustrata Ansichtskarte
cartolina postale Postkarte
cartone *m* **animato** Zeichentrickfilm
cartuccia del gas Gaskartusche
casa Haus; **~ per le vacanze** Ferienhaus; **a casa** daheim
cascata Wasserfall
casco Sturzhelm;
~ di protezione Fahrradhelm
casinò Spielkasino
caso Vorfall, Zufall;
per ~ zufällig;
~ di emergenza Notfall
casomai falls
cassa Kasse; Kiste;
~ automatica prelievi Geldautomat;
~ malattia Krankenkasse
cassaforte *f* Safe
cassetta Kassette;
~ di pronto soccorso Verbandskasten;
~ postale Briefkasten
castello Burg; Schloss;
~ di sabbia Sandburg
catena Kette
cattedrale *f* Kathedrale
cattivo schlecht, böse; gemein
causa Grund; Ursache;
a ~ di wegen
causare verursachen
cauzione *f* Kaution; Flaschenpfand
cavalcare reiten
cavalcata Ausritt
cavallo Pferd
cavatappi *m* Korkenzieher
caverna Höhle
cavo ausiliario per la messa in moto Starthilfekabel
cavo da rimorchio Abschleppseil
cavo di prolungamento Verlängerungsschnur
cavo ricarica *(il cellulare/il computer portatile)* Ladekabel *(Handy/Laptop)*
cavolfiore *m* Blumenkohl
cavolo Kohl
CD *m* **(compact disc)** CD/Compactdisc; **CD vuoto** *m* Rohling
ceci *m pl* Kichererbsen
celibe *(Mann)* ledig
cellulare *m* Handy
cena Abendessen
centimetro Zentimeter
centrale *(adj)* zentral; *(f)* Zentrale
centro Zentrum, Mitte; **~ città** Stadtzentrum; **centro commerciale** Einkaufszentrum;
~ di fitness Fitnesscenter;
~ storico Altstadt;
~ vacanze Ferienanlage
ceramica Keramik
cercare suchen
cerotto Pflaster

certamente sicher *(adv)*
certificare bescheinigen
certificato Attest, Bescheinigung
certo *(adj)* gewiss, bestimmt; doch; **certamente** *(adv)* bestimmt
cervello Gehirn
cespụglio Busch
cesto Korb
cetriọlo Gurke
champagne *m* Champagner
che dass; *(rel prn)* der, die das; **che peccato!** wie schade! **che ...?/che cosa?** was?
chiamare rufen; aufrufen; nennen
chiamarsi heißen
chiạro deutlich, hell, klar
chiạsso Lärm
chiave *f* Schlüssel; **~ di accensione** Zündschlüssel
chiẹdere verlangen, fordern; **~ qc a qd** jdn um etw bitten; **~ un consịglio a qd** jdn um Rat fragen
chiẹsa Kirche
chilogrammo Kilogramm
chilọmetro Kilometer
chiodi *m pl* **di garọfano** Gewürznelken
chiostro Kreuzgang
chirurgo Chirurg/in
chiụdere (a chiave) abschließen
chiụdere schließen, zumachen; einschließen; **~ a chiave** ab-, zu-, verschließen
chiụso geschlossen, zu
ci uns; *(adv)* dort, hier, da; **ci sono** es gibt; **ci sono i nonni?** sind die Großeltern da?
ciabattine infradito *f pl* Flipflops
cibo dietẹtico Schonkost
cicatrice *f* Narbe
cicerone *m* Fremdenführer/in
ciclismo Radsport
ciclopista Fahrradweg
cielo Himmel
ciliẹgie Kirschen
cima Gipfel
cimitero Friedhof
cịnema *m* Kino; **~ all'aperto** Freilichtkino
cintura Gürtel; **~ di sicurezza** Sicherheitsgurt
ciò nonostante trotzdem
ciọcca di capelli Strähne
cioccolata Schokolade
ciọndolo Anhänger
ciọtola Schüssel
cipolle Zwiebeln
cịpria Gesichtspuder
circa ungefähr
cịrcolo Clubhaus; **~ golfịstico** Golfclub
circonvallazione Umgehungsstraße
circụito Kneipp Kneipp-Anwendung
ciste *f* Zyste
cistifẹllea *f* Gallenblase
città Stadt
cittadino unitạrio EU-Bürger
ciụccio Schnuller
clacson *m* Hupe
classe *f* Klasse
classicismo Klassizismus
clạssico Klassiker
clavịcola Schlüsselbein
cliente *m/f* Kunde/Kundin; Klient/-in
clima *m* Klima
club *m* Club, Clubhaus
cọdice *m* **per la porta della cạmera** Türcode
cọdice segreto Geheimzahl
cọfano Motorhaube
cọgliere pflücken
cognata Schwägerin

cognato Schwager
cognome *m* Familienname; **~ di nascita, ~ da nubile** Geburtsname
coincidenza Anschluss
colazione *f* Frühstück; **fare ~** frühstücken
colẹra *m* Cholera
cọlica Kolik
colino Küchensieb
collana Kette
collant *m pl* Feinsrumpfhose
collega *m/f* Kollege
collegamento Verbindung
collina Hügel
collịrio Augentropfen
collisione *f* Zusammenstoß
collo Hals
colonna Säule; **~ vertebrale** Wirbelsäule
colọr oro goldfarben
colore *m* Farbe; **a colori** farbig, Farb~
colpa Schuld
colpi *m pl* **di sole** *(Frisur)* Strähnchen *pl*
colpire schlagen, treffen
colpo apoplẹttico Schlaganfall
colpo della strega Hexenschuss
colpo di sole Sonnenstich
coltello Messer; **~ tascạbile** Taschenmesser
combustịbile *m* Brennstoff
come *(Vergleich, Frage)* wie
cominciare anfangen
comitiva Gruppe, Freundeskreis
commẹdia Komödie, Theater; **~ musicale** Musical; **~ popolare** Volksstück
commerciante *m/f* **in oggetti d'arte** Kunsthändler/in
commestịbile essbar
commozione *f* **cerebrale** Gehirnerschütterung
comodino Nachttisch
cọmodo bequem
compagnịa aẹrea Fluggesellschaft
compagnịa teatrale Theaterensemble
compagno di giọchi Spielkamerad
compassione *f* Mitleid
competente zuständig
compilare ausfüllen
compleanno Geburtstag
complesso Komplex; Musikband
completo *(adj)* vollständig; **al ~** vollbesetzt
compositore/compositrice Komponist/in
comprare kaufen
compreso inbegriffen
compressa Tablette
compresse contro il dolore Schmerztabletten
compresse contro il mal di testa Kopfschmerztabletten
computer portạtile *m* Laptop
comune *m* Gemeinde; *(adj)* gemeinsam; gewöhnlich
comunicazione *f* Mitteilung; *(tele)* Verbindung; **~ internazionale** Auslandsgespräch; **~ telefọnica a cạrico del ricevente** R-Gespräch
con mit; *(Mittel)* durch
con pochi grassi fettarm
concerto Konzert; **~ sinfọnico** Sinfoniekonzert
conchịglia Muschel
condimento per l'insalata Dressing
condire würzen
condizione *f* Bedingung; Zustand
conducente *m/f* Fahrer/-in
confermare bestätigen

confine *m* Grenze, Grenzübergang
confortęvole gemütlich
confrontare vergleichen
congedarsi s. verabschieden
congiuntivite *f* Bindehautentzündung
congratularsi gratulieren
conįglio Kaninchen
connazionale *m/f* Landsmann
conoscente *m/f* der, die Bekannte
conoscenza Kenntnis, Bekanntschaft; **fare la ~ di qd** jdn kennen lernen
conǫscere kennen
consegna del bagąglio Gepäckausgabe
consegna delle chiavi Schlüsselübergabe
consegnare *(Gepäck)* aufgeben; abgeben, übergeben
conservabilità *f* Haltbarkeit
conservare bewahren, aufbewahren
consigliare raten
consįglio Rat, Tipp
consolato Konsulat
consumo Verbrauch; **~ d'ącqua** Wasserverbrauch
contagiǫso ansteckend
contanti *m pl* Bargeld
contare zählen
contatto Kontakt; Berührung; Verbindung
contemporąneo gleichzeitig
contenere enthalten
contento zufrieden, froh
contenuto Inhalt
conto Rechnung
contrabbando Schmuggel
contrąrio Gegenteil; **al ~** im Gegenteil; **ęssere ~** dagegen sein
contrattempo Zwischenfall
contratto Vertrag
contro gegen
controllare kontrollieren, prüfen
controllo dei passaporti Passkontrolle
controllo di sicurezza Sicherheitskontrolle
controllo radar Radarkontrolle
controllore *m* Kontrolleur, Schaffner
contusione *f* Prellung
convalidare entwerten
convento Kloster
conversare s. unterhalten
conversazione *f* Gespräch, Unterhaltung
conversione *f* Umrechnung
convįncere überzeugen
coperta Bettdecke; **~ di lana** Wolldecke
coperto Gedeck
cǫpia Kopie
cǫppia (Ehe-)Paar
corda Seil; **~ per stęndere il bucato** Wäscheleine
cordiale *(adj)* herzlich
cordialmente *(adv)* herzlich
cornflakes *pl* Cornflakes
coro Chor
corona Krone
corpo Körper
corrente *f* Strömung; *(adj)* üblich; laufend, fließend; **~ d'aria** Luftzug; **~ elęttrica** *(el)* Strom
cǫrrere laufen; rennen
corridǫio Gang; Hausflur
corrimano Handlauf
corrotto *(sittlich)* verdorben
corso Kurs; **~ da nuǫto** Schwimmkurs; **~ dei cambi** Wechselkurs; **~ di sci** Skikurs

cortese höflich
cortile *m* Hof;
~ interno Innenhof
corto kurz
corto circụito Kurzschluss
cortometraggio Kurzfilm
cosa Sache, Ding; was?
cose *f pl* **da vedersi** Sehenswürdigkeiten
così so
costa Küste
costare kosten
costipazione *f* Erkältung; Verstopfung
costituito, ẹssere ~ da bestehen aus
costoletta Kotelett
costrịngere zwingen
costruzione *f* Bauwerk
costume *m* Sitte, Gewohnheit; Tracht; **~ da bagno** Badehose, Badeanzug;
~ regionale Tracht *(Volkstracht)*
cotone *m* Baumwolle;
~ idrọfilo Watte
cotto gar, gekocht;
~ a vapore gedämpft
cozze *f pl* Miesmuscheln
crampo Krampf
cravatta Krawatte
creativo kreativ
crẹdere glauben, meinen
crema Crème;
~ per le mani Handcreme;
~ solare Sonnencreme
cremagliẹra Zahnradbahn
crẹscere wachsen
cric *m* Wagenheber
cristallo Kristall
cristianẹsimo Christentum
criticare kritisieren
croce *f* Kreuz
crociẹra Kreuzfahrt
crudo roh
cucchiaịno Tee-/Kaffeelöffel
cucchiạio Löffel
cucina Küche
cucina a gas Gasherd
cucina elẹttrica Elektroherd
cucinare kochen
cucinino Kochnische
cucinotto Kochnische
cucire nähen
cụffia Bademütze; Kopfhörer
cugino/cugina Cousin/e
cultura Kultur
culturismo Bodybuilding
cumino Kümmel
cuọco Koch
cuọre *m* Herz
cụpola Kuppel
curare behandeln
curioso neugierig
curling *m* Curling
curva Kurve
cuscino Kopfkissen
custodire aufbewahren; beaufsichtigen

D

da *(Richtung)* von, aus; *(zeitl.)* seit
danneggiạre beschädigen; schaden
danno Schaden; Beschädigung
dannoso schädlich, ungesund
danza Tanz
dappertutto überall
dare geben
data Datum; Zeitpunkt; **~ di nạscita** Geburtsdatum; **~ di scadenza** Haltbarkeitsdatum
dato che da *(am Satzanfang)*
dạtteri Datteln
davanti vorn; davor;
~ a *(räumlich)* vor

dẹbito *(Geld)* Schuld
dẹbole schwach
decịdere entscheiden; beschließen
decịdersi s. entschließen
decollo Abflug
definitivamente *(adv)* endgültig
definitivo *(adj)* endgültig
del posto einheimisch
dẹlega Vollmacht
delitto Verbrechen
deluso enttäuscht
denaro Geld
dente *m* Zahn
dente *m* **del giudịzio** Weisheitszahn
dentifrịcio Zahncreme/Zahnpasta
dentro drin, innen
denunciạre anzeigen, melden
deodorante *m* Deo(dorant)
depilare le sopraccịglia Augenbrauen zupfen
depositare hinterlegen
depọsito a cassette Schließfach
depọsito bagagli Gepäckaufbewahrung
depurare entschlacken
derivare abstammen, herkommen
descrịvere beschreiben
desiderare wünschen
desinare *m* Mittagessen
dessert *m* Nachtisch
destinatạrio Adressat
destro rechte(r, -s); **a destra** rechts, nach rechts
detenzione *f* **preventiva** Untersuchungshaft
detersivo Waschmittel; **~ per le stovịglie** Spülmittel
deviazione Umleitung
di *(Herkunft)* von; *(Material)* aus; *(bei Vergleich)* als
di mala vọglia nicht gern
diabete *m* Diabetes
diabẹtico Diabetiker
diạgnosi *f* Diagnose
diapositiva Dia
diarrẹa Durchfall
dicembre *m* Dezember
dichiarare erklären
dichiarazione *f* **doganale** Zollerklärung
dieci minuti fa vor zehn Minuten
diẹta *f* Diät
diẹtro hinten/r
difetto Fehler, Mangel
differenza Unterschied
diffịcile schwer, schwierig
difficoltà di respirazione Atembeschwerden
difterite *f* Diphtherie
digestione *f* Verdauung
digitare eintippen, *(inform)* eingeben
digiuno *(mit leerem Magen)* nüchtern
digiụno terapẹutico Heilfasten
dimenticare vergessen
dịnamo *f* Lichtmaschine
dinastịa Dynastie
dintorni *m pl* Umgebung
Dio Gott
dipịngere malen
dipinto Gemälde
dire sagen
diretto *(adj)* direkt
direttore/direttrice Leiter(in), Direktor(in); **~ d'orchestra** Dirigent/in
direzione *f* Richtung; Direktion
diritto gerade; Recht
diritti *m pl* **aeroportuali** Flughafengebühren
diritti *m pl* **di cancelleria** Bearbeitungsgebühren

diritti *m pl* **fissi** Bearbeitungsgebühren
disąbile *m/f* **in sędia a rotelle** Rollstuhlfahrer/in
disabitato einsam, unbewohnt
disdire absagen
disegnare zeichnen
disegno Zeichnung; **~ di nudi** Aktzeichnen
disgrązia Unglück
disinfettante *m* Desinfektionsmittel
disinfettare desinfizieren
disintossicare entgiften
disoccupato arbeitslos
disperato verzweifelt
dispiacere *m* Bedauern; Kummer; bedauern
distinto vornehm
distributore *m* Verteiler; Tankstelle; **~ automątico** (Waren-) Automat; **~ automątico di bigliętti** Fahrkartenautomat; **~ automątico per francobolli** Briefmarkenautomat
distrụggere zerstören
disturbare stören
disturbi *m pl* **circolatori** Kreislaufstörungen, **~ cardịaci** Herzbeschwerden
dito Finger; **~ del pięde** Zehe
ditta Firma
divano letto Schlafcouch
diventare werden
diverso *(adj)*, **diversamente** *(adv)* anders, verschieden
divertimento *(Vergnügen)* Unterhaltung, Spaß
divertirsi s. unterhalten, s. amüsieren
divịdere teilen; trennen; **~ con qd** mit jdm teilen
divieto Verbot
divise *f pl* **ęstere** Devisen
dọccia Dusche
documentąrio Dokumentarfilm
documenti *m pl* Papiere
dogana Zoll
dolce *m* Kuchen, Nachtisch; *(adj)* süß, mild
dolcificante Süßstoff
dolciụmi *m pl* Süßigkeiten
dolore *m* **alla schięna** Rückenschmerz
domanda Frage; Bitte
domandare fragen
domęnica (am) Sonntag
domicịlio Wohnort
donna Frau
dopo danach, nachher; *(prp)* nach; **~ domani** übermorgen
dọppio *(adj)* doppelt
dormire schlafen
dovere *m* Pflicht; *(verb)* müssen, sollen; schulden
dramma *m* Drama
drenąggio linfątico Lymphdrainage
drogare würzen
dụe zwei; **tutte/tutti** *f/m pl* **e dụe** beide*f/m*
dụnque also
duọmo Dom
durante *(prp)* während
durare dauern; halten
durata Dauer; Haltbarkeit
duręvole haltbar
duro fest; hart
DVD *m* DVD

E

e und
eccellente ausgezeichnet
eccetto außer

ecco da, da kommt, da ist
economico billig
edificio Gebäude
educazione *f* Erziehung
edulcorante *m* Süßstoff
elastico per capelli Haargummi
elenco Verzeichnis; **~ telefonico** Telefonbuch
elettricista *m* Elektriker
elettrico elektrisch
elettrodomestici Elektrogeräte, **negozio di~** Elektrogeschäft
elevatore *m* Hublift
emblema *m* Wahrzeichen
emicrania Migräne
emissione *f* **speciale** Sondermarke
emorragia Blutung; **~ nasale** Nasenbluten
ente *m* Amt; Institution; **~ per il turismo** Verkehrsbüro
entrare eintreten, hineingehen, hereinkommen; **~ in** betreten
entrata Eintritt; Einfahrt; **entrata in territorio straniero** Einreise
entusiasta (di) begeistert (von)
epigrafe *f* Inschrift
epilessia Epilepsie
epoca Epoche
equipaggio *(Schiff)* Mannschaft
erbette Kräuter
ernia (Eingeweide)bruch; **~ inguinale** Leistenbruch
errore *m* Irrtum
eruzione *f* **cutanea** Ausschlag
esagerato übertrieben
esame *m* Untersuchung
esaminare untersuchen
esantema *m* Ausschlag
esaurito erschöpft
escursione *f* **a terra** Landausflug
escursione *f* Wanderung, Ausflug; **fare un'~** wandern
esempio Beispiel; **per ~** zum Beispiel
esente da dazio doganale zollfrei
esercitare üben; *(Beruf)* ausüben
esercizio Übung
esigere *(fordern)* verlangen
esitare zögern
esofago Speiseröhre
esposimetro Belichtungsmesser
esposizione *f* Ausstellung
espressamente ausdrücklich
espressione *f* Ausdruck
espressionismo Expressionismus
essere sein
est *m* Osten; **a ~ di** östlich von
estate *f* Sommer
estero Ausland; ausländisch
estintore *m* Feuerlöscher
estraneo/a der/die Fremde
età Alter
euro Euro
Europa Europa
europeo europäisch
europeo/europea Europäer/in
evacuazione *f* Evakuierung; Stuhlgang
evitare vermeiden

F

fabbrica Fabrik
faccia Gesicht
facciata Fassade
facile einfach, leicht
fagioli *m pl* dicke Bohnen
fagiolini *m pl* grüne Bohnen
famiglia Familie
famoso berühmt
fanalino posteriore Rücklicht

fango Schlamm; Schmutz; Fango
far benzina tanken
far scalo a anlegen in
far segno winken
fare machen; tun
fare contrabbando schmuggeln
fare della musica musizieren
fare escursioni wandern
fare il check-in einchecken
fare jogging joggen
fare lo snorkeling schnorcheln
fari *m pl* **abbaglianti** Fernlicht
farina Mehl
farmacia Apotheke
farmaco Medikament
faro Leuchtturm; Scheinwerfer
fascia coprireni Nierengurt
fascia di garza Mullbinde
fasciare verbinden
fasciatoio Wickeltisch
faticoso anstrengend
fatto Tatsache; Vorfall
fatto a mano handgemacht
fatto in casa hausgemacht
fattore *m* **protettivo** Lichtschutzfaktor
fattoria Bauernhof
favore *m* Gefallen, Gefälligkeit
favorevole, essere ~ dafür sein
fazzoletto Kopf-, Taschentuch; **~ di carta** Papiertaschentuch
febbraio Februar
febbre *f* Fieber
fede *f* Glaube; Ehering
fedele treu
fegato Leber
felice glücklich; froh
felicità Glück
felpa Sweatshirt
femminile weiblich
ferie *pl* Urlaub
ferire verletzen
ferita Verletzung, Wunde; **~ da taglio** Schnittwunde
ferito/ferita Verletzter, Verletzte
fermare *(mech)* abstellen, anhalten
fermarsi stehen bleiben, halten
fermata Haltestelle
fermo posta postlagernd
ferro da stiro Bügeleisen
festa Fest, Party
festival *m* Festival
fetta Scheibe
fiammifero Streichholz
fiaschetteria Weinhandlung
fichi Feigen
fidanzato/fidanzata der/die Verlobte
fidarsi di vertrauen auf; **non fidarsi di qc/qd** etw/jdm misstrauen
fidato zuverlässig
fiducia Vertrauen
fiera Jahrmarkt
figlia Tochter
figlio Sohn
fila Reihe; **fare la ~** Schlange stehen
film *m* Film, **~ in bianco e nero** Schwarzweißfilm
filo Draht; Faden
filtro per il caffè Kaffeefilter
finalmente endlich
fine *f* Ende, Schluss; fein, zart; **alla fine** am Ende, zuletzt
finestra Fenster
finire (be)enden
fino a bis
finocchio Fenchel
finora bis jetzt
fiocchi *m pl* **d'avena** Haferflocken
fioraio Blumengeschäft
fiore *m* Blume
fiorire blühen
firma Unterschrift
firmare unterschreiben

fissare vereinbaren, ausmachen
fiume *m* Fluss, Strom
flash *m* Blitzgerät
flatulenza Blähungen
fleboclisi *f* Infusion
fọglia *(Laub)* Blatt
fọglio *(Papier)* Blatt
föhn *m* Föhn *(Wind)*
folclore *m* Folklore
folle *m/f* Narr/Närrin; *(adj)* verrückt; *(Getriebe)* **in folle** im Leerlauf
fon Föhn, Haartrockner
fontana Brunnen
fonte *f* Brunnen; Quelle
fọrbici *f pl* Schere; **~ per le ụnghie** Nagelschere
forchetta Gabel
foresta Wald
forfait *m* Pauschale; **forfait per il fine settimana** Wochenendpauschale
fọrfora Schuppen
forma Form; **in ~** fit
formạggio Käse; **~ di capra** Ziegenkäse
formare bilden; **~ il numero** *(tele)* wählen
formato orizzontale Querformat
formato verticale Hochformat
formazione *f* Formung; Ausbildung
fornello Kocher; **~ a gas** Gaskocher
forno Backofen
forse vielleicht
forte kräftig, stark; *(Geruch, Geschmack)* scharf
fortezza Burg, Festung
forza Kraft; Stärke
forzare aufbrechen
foto *f* Aufnahme, Foto
fotocạmera Fotoapparat
fotocạmera digitale Digitalkamera
fotografare fotografieren
fotografịa Fotografie
foulạrd *m* Kopftuch; Halstuch
fra zwischen, unter; **~ una settimana** in einer Woche
frạgole Erdbeeren
francese französisch; Franzose, Französin
franco svịzzero Schweizer Franken
francobollo Briefmarke
frangetta *(Frisur)* Pony
frạngia Pony *(Haarschnitt)*
frase *f* Satz
fratello Bruder
frattura ọssea Knochenbruch
freddo kalt; **aver ~** frieren
freno Bremse; **~ a mano** Handbremse
fresco frisch; kühl
fretta *(Eile)* Schnelligkeit; **in ~** *(adv)* schnell
frettoloso eilig
frigorịfero Kühlschrank
fritto gebacken
frizione *f* Haarfestiger; Kupplung
fronte *f* Stirn; **di fronte a** gegenüber
frontiẹra Grenze; Grenzübergang
frullatore *m* Mixer
frusta Schneebesen
frutta *f* Obst
fruttivẹndolo Obst- und Gemüsehändler
fụlmine *m* Blitz
fumare rauchen
fumatore Raucher
funicolare *f* Seilbahn
funivia Seilbahn
funzionare funktionieren
fuọco Feuer

fuọri draußen, außen;
fuori di außerhalb
fuorigiọco abseits
furbo schlau
furto Diebstahl
fuseaux *m pl* Leggins
futuro zukünftig; Zukunft

G

gabbiano Möwe
gabinetto Kabinett; Klosett;
~ alla turca/vespasiano Stehklosett
gallerịa Passage; Tunnel; Galerie;
gallerịa d'arte Kunstgalerie
gamba Bein
gamberetti Garnelen
gạncio Haken
gara Wettkampf
garage *m* Garage
garanzịa Garantie, Sicherheit
garbare mögen, gern haben
gatta/gatto Katze/Kater
gel *m* **per capelli** Haargel
gel *m* **per la dọccia** Duschgel
gelo Frost
gengiva Zahnfleisch
genitori *pl* Eltern
gennạio Januar
gente *f* Leute
gentile liebenswürdig; nett
Germạnia Deutschland
gettare werfen
ghiạccio Eis
già bereits, schon
giạcca Jacke;
~ a vento Anorak;
~ di lana Strickjacke;
~ di pelle Lederjacke
giacere liegen
giạllo gelb
giardino Garten;
~ pụbblico Park;
~ botạnico Botanischer Garten
gilè *m* Weste
ginnạstica Gymnastik;
~ jazz Jazzgymnastik
ginọcchio Knie
giocare spielen
giocạttoli *m pl* Spielsachen
giọco dei birilli Kegeln
gioco del volano Badminton
giọia Freude
gioiellerịa Juwelier
gioiẹlli *m pl* Schmuck, Juwelen
giornalạio Zeitungshändler
giornale *m* Zeitung
giọrno Tag; **il ~** tagsüber;
~ d'arrivo Anreisetag; **nei giọrni feriali** werktags
giọvane jung
giovedì Donnerstag
giro Bummel, Runde, Tour;
~ dell'ịsola Inselrundfahrt;
~ turịstico della città Stadtrundfahrt
gita Tour, Ausflug;
~ di un giorno Tagesausflug;
~ in barca a vela Segeltörn
giù unten; **in ~** abwärts, bergab
giubbotto di salvatạggio Schwimmweste
giụgno Juni
giusto gerecht; richtig;
ẹssere ~ stimmen *(richtig sein)*
gocce *f pl* Tropfen;
~ per gli occhi Augentropfen;
~ per gli orẹcchi Ohrentropfen
godere genießen
gola Schlucht; Kehle, Hals
golf *m* Golfspiel; Wolljacke
golfo Bucht
gomma a terra Platten
gomma da masticare Kaugummi
gọnfio geschwollen

gonfiọre *m* Schwellung
gonna Rock
gọtico Gotik
governo Regierung
gradino Stufe
grạffio Kratzer
grammo Gramm
granchi Krabben
grande groß
grande magazzino *m* Kaufhaus
grandezza *(geistige, räumliche)* Größe
granturco Mais
grasso dick, fett; fetthaltig
gratinare überbacken
gratis gratis, kostenlos
grattụgia Reibe
gravidanza Schwangerschaft
Grẹcia Griechenland
greco griechisch
gridare schreien
grịgio grau
grịglia Grill
grosso dick, stark
grotta Grotte, Höhle
grụccia Krücke
grụccia per i panni Kleiderbügel
gruppo Gruppe; **~ sanguịgno** Blutgruppe
guadagno Verdienst, Gewinn
guạnti Handschuhe
guanto di spugna Waschlappen
guardare (an)schauen, ansehen, betrachten; zuschauen
guardaroba *m* Garderobe
guasto Panne, Defekt; *(adj)* verfault, verdorben; defekt
guida Führung, Leitung; Reiseführer, Reiseleiter
guida dei campẹggi Campingführer
guida turịstica Fremdenführer/in
guidare führen; Auto fahren
gusto Geschmack

H

hall *f* Empfangshalle
handicap *m* **fịsico** Körperbehinderung
herpes *m* Herpes
hockey *m* **su ghiạccio** Eishockey
hostess *f* Stewardess
house boat *f* Hausboot
hovercraft *m* Luftkissenboot

I

idẹa Idee; Vorstellung, Ahnung
idọneo per carrozzelle rollstuhlgerecht
idọneo per/a misura degli handicappati behindertengerecht
iẹri gestern
il der, das
imballạggio Verpackung
imboccatura Mündung
imbroglione *(m)* Schwindler
immondịzia Müll
imparare lernen
impedire hindern, verhindern
imperatore/imperatrice Kaiser/in
impermeạbile *m* Regenmantel; *adj* wasserdicht
impianto Anlage; **~ di risalita per bambini** Babylift
impiẹgo (An-)Stellung, Arbeit
importante wichtig, bedeutend, groß; **poco ~** unwichtig
importo Betrag, Summe
impossịbile unmöglich
impressionante beeindruckend

impressione *f* Eindruck
impressionismo Impressionismus
improbạbile unwahrscheinlich
improvviso *(adj)* plötzlich; **all'~** *(adv)* plötzlich
in in; *(Richtung)* nach; **in italiano** auf Italienisch; **in contanti** bar; **in fretta** *(adv)* schnell; **in nessun luogo** nirgends; **in più** zusätzlich; **in secondo luogo** zweitens
inadatto ungeeignet
incantẹvole bezaubernd, entzückend
incartare einpacken *(in Papier)*
incẹndio Brand
incidente *m* Unfall; Vorfall; **avere un incidente** verunglücken
incontrare begegnen; treffen
incredịbile unglaublich
incrọcio Kreuzung
indecente unanständig
indeciso unentschlossen
indicazione *f* Bezeichnung; Angabe
indiẹtro zurück; **all'~** rückwärts
indigestione *f* Verdauungsstörung
indirizzo Adresse, Anschrift
indịvia del Belgio Chicoree
infarto Herzinfarkt
infastidire belästigen
infermiẹra Krankenschwester
infezione *f* Infektion
infiammạbile feuergefährlich
infiammazione *f* Entzündung
influenza Grippe
informare informieren, unterrichten; **~ qd** jdn verständigen
informarsi s. erkundigen
informazione *f* Information, Auskunft
infortụnio Unfall; **avere un ~** verunglücken
inganno *(Gaunerei)* Betrug
inglese englisch; Engländer/in
ingorgo Stau
ingresso Eingang; Eintritt
iniezione *f* Spritze *(Einspritzung)*
iniziare anfangen, beginnen
inịzio Anfang, Beginn
innocente unschuldig
inoltre außerdem
insalata Salat; **~ verde** Kopfsalat
insalatiẹra Salatschüssel
insegna Schild
insegnare lehren, unterrichten
insetto Insekt
insiẹme *(adv)* gemeinsam, zusammen
insịstere su bestehen auf
insọlito ungewöhnlich
insọnnia Schlaflosigkeit
insopportạbile unerträglich
insulina Insulin
intạglio Schnitzerei
intelligente klug
intẹndere beabsichtigen
intẹndersi s. verständigen; s. verstehen
intensità del vento Windstärke
intenzione *f* Absicht; **avere l'intenzione di** beabsichtigen
interessante interessant
interessarsi (a, di) s. interessieren (für)
internazionale international
intero *(adj)*; **interamente** *(adv)* ganz
interrail *m* Interrail
interrọmpere unterbrechen; abbrechen
interruttore *m* Lichtschalter
interurbana Ferngespräch
intervallo Pause
intestino Darm

intorno a *(herum)* um
intossicazione *f* **da alimenti** Lebensmittelvergiftung
invạlido/a *(adj. u. subst.)Invalide, erwerbsunfähig, ungültig;* **grande** ~ Schwerbehinderte/r
invano *(vergeblich)* umsonst
invece di statt, anstatt
inverno Winter
inverso umgekehrt
invitare einladen, auffordern
ịo ich
iọgurt *m* Joghurt
ipocalọrico kalorienarm
iPod iPod
ipodermoclisi *f* Infusion
iscrizione *f* Inschrift
ịsola Insel
istantạnea Schnappschuss
istante *m* Augenblick, Moment
istruire unterrichten
istruzione *(f)* Bildung
istruzione scolạstica Schulausbildung
Itạlia Italien
italiano italienisch; **in ~** auf Italienisch
itinerạrio Reiseroute, Route; **~ in bici(cletta)** Radtour

J

jazz *m* Jazz
jeans *m pl* Jeans

K

ketchup *m* Ketschup
kiwi *m* Kiwi

L

la *(Artikel f sing)* die; *(acc prn f sing)* sie
là da, dort, dorthin
labbro Lippe
lạccio da tenda Zeltschnur
laccio per scarpe Schnürsenkel
ladro Dieb
lago der See
lamentarsi (di) s. beklagen (über)
lạmpada Lampe
lampadina (ad incandescenza) Glühbirne
lampeggiạtori *m pl* **d'emergenza** Warnblinkanlage
lana Wolle
larghezza Breite
largo breit; *(Gegenteil von eng)* weit
lasciạre lassen; verlassen
lassativo Abführmittel
lato Seite
latta Blechkanister
latte *m* Milch;
latte magro fettarme Milch
lattina Getränkedose
lattuga Kopfsalat
lavabo Handwaschbecken
lavanderịa Wäscherei; **~ a gettone** Waschsalon
lavandino Wasch-, Spülbecken
lavapavimento Wischmopp
lavare waschen
lavare/pulire a secco chemisch reinigen
lavastovịglie *f* Geschirrspülmaschine
lavatọio Waschraum
lavatrice *f* Waschmaschine
lavorare arbeiten, bearbeiten
lavoro Arbeit
le *(Artikel f pl)* die; *(dat prn f sing)* ihr

Le *(dat prn f sing; Höflichkeitsform)* Ihnen
leale fair
lẹggere lesen
leggero *(Gewicht)* leicht
legno Holz
Lei Sie; **lei** *(nom prn f sing)* sie; **a lei** *(betonte Form)* ihr
lente *f* Linse
lentịcchie *f pl* Linsen
lento *(adj)*, **lentamente** *(adv)* langsam
lẹttera Brief
lettino (per bambini) Kinderbett
letto Bett;
 ~ a castello Etagenbett
lettore *m* **CD** CD-Spieler;
 ~ portạtile tragbarer CD-Spieler
levata Leerung
lezione *f* Unterrichtsstunde
li *(acc prn m pl)* sie
lì dort, dorthin
lịbero frei
librerịa Buchhandlung
libretto di circolazione Kfz-Schein
libretto di rispạrmio postale Postsparbuch
libretto di vaccinazione Impfpass
libro Buch;
 ~ da colorare Malbuch;
 ~ di cucina Kochbuch;
 ~ tascạbile Taschenbuch
licenza di pesca Angelschein
lieto (di) erfreut (über)
lilla lila
lịmite *m* Grenze, **~ mạssimo consentito di ạlcol nel sạngue** Promillegrenze
limonata Limonade
limoni *m pl* Zitronen
lịnea Linie; *(tele, el)* Leitung; *(Bahn)* Strecke
lịngua Sprache
linguạggio mịmico/a segni Zeichensprache
lino Leinen
lịquido flüssig
lisca Gräte
lista delle vivande Speisekarte
lite *f* Streit
litro Liter
livello, a ~ del suolo ebenerdig
lo ihn; *(Artikel m sing)* der, das
locale *(m)* *(Räumlichkeit)* Raum; Lokal, Kneipe
località Ortschaft; **~ marittima** Badeort; **~ termale** *f* Thermalbad, Kurort
lodare loben
lontananza Entfernung
lontano entfernt, weit
Loro *pl* Sie; **loro** *(nom prn pl)* sie; ihnen; *(poss prn pl)* ihre
lozione *f* **dopobarba** Rasierwasser
luce *f* Licht;
 luci anabbaglianti Abblendlicht;
 luci di arresto Bremslichter;
 luci di posizione Standlicht
lụcido per scarpe Schuhcreme
lụglio Juli
lui er; *(betonte Form)* ihn;
 a ~ *(betonte Form)* ihm
luna Mond
lunedì Montag
Lunedì dell'Angelo Ostermontag
lunedì scorso letzten Montag
lunghezza Länge
lungo entlang; lang; *(Weg)* weit
luọgo Ort; **aver ~** stattfinden;
 ~ di nạscita Geburtsort;
 ~ di pellegrinạggio Wallfahrtsort
lussuọso luxuriös

M

ma aber; jedoch; sondern
mącchia Fleck(en)
mącchina Maschine; Auto; Wagen; **~ fotogrąfica** Fotoapparat; **~ fotogrąfica subącquea** Unterwasserkamera
macellerịa Metzgerei
madre *f* Mutter
maestro/a Lehrer/in, **~ di sci** Skilehrer/in
mąggio Mai
maglietta T-Shirt
maglione *m* Pullover
magnịfico herrlich
magro mager
mai nie; jemals
mais *m* Mais
malato krank
malattịa Krankheit; **~ infantile** Kinderkrankheit
male Schmerz, Übel; **mal di denti** Zahnschmerzen; **mal di stọmaco** Magenschmerzen; **mal di testa** Kopfschmerzen; **mal di gola** Halsschmerzen
male *(adv)* schlecht; **fare ~** weh tun
malinteso Missverständnis
mallęolo Knöchel *(Fuß)*
mancare fehlen; verfehlen
mąncia Trinkgeld
mancorrente *m* Handlauf
mandare schicken, senden
mandarini *m pl* Mandarinen
mąndorle *f pl* Mandeln
mangiare *m* Essen; essen
mango Mango
mąniche Ärmel
manifestazione *f* Veranstaltung
manifesto Plakat
manịglia Haltegriff
mano *f* Hand
manọpola Waschlappen
manọpola sul volante Lenkrad-Drehknopf *(Auto)*
mappa dei sentieri Wanderkarte
mąrcia *(Auto)* Gang; Marsch
mąrcia di un giorno Tagestour
mąrcia indiętro Rückwärtsgang
mąrcio verfault, morsch
mare *m* Meer
margarina Margarine
marito Ehemann
marmellata Marmelade
marrone braun
martedì Dienstag
marzo März
mascara *m* Wimperntusche
mascella Kiefer
mąschera *f* **da sub** Taucherbrille
maschile männlich
massąggio Massage; **massąggio completo del corpo** Ganzkörpermassage
mąssimo größte, höchste; **al massimo** höchstens
materassino Luftmatratze
materasso Matratze
materiale *m* Material; **~ di pronto soccorso** Verband
matita colorata Farbstift
mattina Morgen; Vormittag
mattino Morgen
mattonella di ghiąccio Kühlelement
maturo reif
mazza da golf Golfschläger
mazzo *(Blumen)* Strauß
me *(betonte Form)* mich; **a me** *(betonte Form)* mir
mèche *f pl* Strähne *(getönt)*
méches *f pl* Strähnchen
mediatore *m* Vermittler
medicamento per disturbi circolatori Kreislaufmittel

medicina Heilmittel; Medikament
mẹdio *(adj)* durchschnittlich; **in media** *(adv)* durchschnittlich
Medioẹvo Mittelalter
meditaziọne *f* Meditation
Mediterrạneo Mittelmeer
medusa Qualle
mẹglio (di) besser (als)
melanzane Auberginen
mele Äpfel
melone *m* Melone
memorystick *m* Memorystick
meningite *f* Hirnhautentzündung
meno minus; **per lo ~** mindestens
menomazione *f* **fịsica** Körperbehinderung
mensile *(adj)*; **mensilmente** *(adv)* monatlich
mentre *(conj)* während
menu *m* Speisekarte
meravigliarsi (di) s. wundern (über)
meraviglioso wunderbar
mercanteggiạre feilschen
mercato Markt; **a buon ~** billig; **~ delle pulci** Flohmarkt
mercoledì Mittwoch
mese *m* Monat
messa *(Kirche)* Messe
messa in scena Inszenierung
mesticherịa Eisenwarengeschäft
mẹstolo Rührlöffel
mestruazione *f* Menstruation
metà Hälfte
meta Ziel
metro Meter; **~ quadrato** Quadratmeter
metropolitana U-Bahn
mẹttere legen, hinlegen; stellen; setzen; **~ in valịgia** einpacken *(in den Koffer)*
mẹttersi anziehen
mettersi d'accordo s. einigen
mezza porzione *f* halbe Portion
mezza pensione *f* Halbpension
mezzo halb; Mittel; **in ~ a** inmitten von; **~ chilo** Pfund
mezzogiorno Mittag; **a mezzogiọrno** mittags
mi mich, mir
micọsi *f* Pilz; Pilzinfektion
microọnde *m* Mikrowelle
miẹle *m* Honig
migliorare verbessern
migliore *m/f* bessere/r
millịmetro Millimeter
minestra Suppe
minibar *m* Minibar
minigolf *m* Minigolf
minorenne *m/f* Jugendliche(r)
minuto Minute
mio, il mio mein
mirino Sucher
misto gemischt
misura Maß; *(Kleidung, Schuhe)* Größe
mite mild
mịtili *m pl* Miesmuscheln
mittente *m* Absender
mọbile *m* Möbel; beweglich, mobil
moda Mode
modello Modell
moderno modern
modo Art, Weise
mọdulo Formular
mọglie *f* Ehefrau
molẹstia sessuale sexuelle Belästigung
molletta (per stẹndere la biancherịa) Wäscheklammern
mollette *f pl* **(per capelli)** Haarklammern
molo Mole
molto sehr; viel
monastero Kloster

mondo Welt
moneta Münze, Geldstück
monopạttino Roller
montagna Gebirge
monte *m* Berg
monumenti *m pl* Sehenswürdigkeiten
monumento Denkmal; **~ commemorativo** Gedenkstätte; **~ sepolcrale** Grabmal
mọrbido weich
morbillo Masern
mọrdere beißen
more Brombeeren
morire sterben
morte *f* Tod
morto tot
mosạico Mosaik
mosca Fliege
mostarda *f* Senf
mostra Ausstellung
mostrare zeigen
motẹl *m* Motel
motivo (Beweg-)Grund; Anlass
moto ondoso Seegang
motore *m* Motor
motorino d'avviamento Anlasser
motoscafo Motorboot
mountain bike *f* Mountainbike
mụcchio, un ~ di eine Menge
müesli *m* Müsli
multa Geldstrafe
multicolore bunt
municịpio Rathaus
muro Mauer
mụscolo Muskel
musẹo Museum
mụsica Musik; **~ clạssica** Klassik; **~ dal vivo** Livemusik; **~ popolare** Volksmusik
mụsical *m* Musical
muta *f* **in neoprene** Neoprenanzug
mutande Unterhose
muto stumm

N

nascọndere verstecken, verheimlichen; **di nascosto** *(adv)* heimlich
naso Nase
nato geboren
natura Natur; **~ morta** Stillleben
naturale *(adj)*; **naturalmente** *(adv)* natürlich
nạusea Brechreiz, Übelkeit
nave *f* **a vapore** Dampfer
nazionalità Staatsangehörigkeit
nẹbbia Nebel
necessạrio nötig, notwendig
nefrite *f* Nierenentzündung
negativo negativ
negọzio di antichità Antiquitätengeschäft
negọzio di calzature Schuhgeschäft
negọzio di cellulari Handygeschäft
negọzio di dischi Plattenladen
negọzio di ferramenta Eisenwarengeschäft
negọzio di gẹneri alimentari Lebensmittelgeschäft
negọzio di giocạttoli Spielwarengeschäft
negọzio di prodotti biodinạmici Bioladen
negọzio di souvenir Souvenirladen
negọzio specializzato in computer Computerfachgeschäft

nei dintorni di in der Umgebung von
neonato Baby
neppure nicht einmal
nero schwarz
nervo Nerv
nervoso nervös
nessuno keine(r, s), niemand
neve *f* Schnee; **neve farinosa** Pulverschnee
niente nichts; **~ affatto** gar nicht
night *m* Bar
night-club *m* Nachtklub
nipote *m/f* Enkel/in; Neffe/ Nichte
noccioline americane *f pl* Erdnüsse
noci *f pl* Nüsse; **noce di cocco** Kokosnuss; **noce moscata** Muskatnuss
noi *(akk prn, betonte Form)* uns; wir; **a ~** *(dat prn, betonte Form)* uns
noioso langweilig; lästig
noleggio Miete, Verleih
nome *m* Name
non nicht; **non ancora** noch nicht; **non ubriaco** nüchtern *(nicht betrunken)*; **non udente** gehörlos
nonna Großmutter
nonno Großvater
nord *m* Norden; **a ~ di** nördlich von
normale normal
normalmente normalerweise
nostro, il nostro unser
notare merken, bemerken; notieren
notebook *m* Notebook
notizia Nachricht
noto bekannt
notte *f* Nacht; **la notte** nachts
novembre November
novità Neuheit; Neuigkeit
nozze *f pl* Hochzeit
nubile *(Frau)* ledig
nudo nackt
numero Zahl, Anzahl; Nummer; **~ civico** Hausnummer; **~ del vagone** Wagennummer; **~ segreto** Geheimzahl; **~ telefonico** Telefonnummer
nuotare schwimmen; **~ sott'acqua** tauchen
nuovo neu; **di ~** wieder
nuvola Wolke
nuvoloso bewölkt

O

o ... o ... entweder ... oder
obbligato, essere ~ verpflichtet sein
obiettivo *(sachlich)* nüchtern
obliteratore *m* Fahrscheinentwerter
occasionalmente *(adv)* gelegentlich
occasione *f* Gelegenheit; Anlass
occhi *m pl* Augen
occhiali *m pl* Brille; **~ da ski** Skibrille
occuparsi di s. kümmern um
occupato beschäftigt; *(Platz)* besetzt
odorare riechen
odore *m* Geruch
offesa Beleidigung
offrire bieten, anbieten
oggetto Gegenstand; **oggetti di valore** Wertsachen
oggi heute
ogni *(adj)* jeder; **~ giorno** jeden Tag; **~ ora** stündlich; **~ settimana** *(adv)* wöchentlich
ognuno *(prn)* jeder

olio Öl; ~ **d'oliva** Olivenöl; ~ **per freni** Bremsflüssigkeit; ~ **solare** Sonnenöl
olive Oliven
ombra Schatten
ombrello Schirm
ondata di caldo Hitzewelle
opera Werk; Oper; ~ **teatrale** Theaterstück
operazione *f* Operation
operetta Operette
opinione *f* Meinung, Ansicht
opposto entgegengesetzt
oppure oder
opuscolo del programma Programmheft
ora jetzt; nun; Stunde; **un quarto d'ora** eine Viertelstunde; **una mezz'ora** eine halbe Stunde; **a quest'ora** um diese Zeit
orario Fahrplan; ~ **d'apertura (al pubblico)** Öffnungszeit; ~ **d'arrivo** Ankunftszeit; ~ **di visita** Sprechstunde, Besuchszeit
orchestra Orchester, Tanzkapelle
ordinazione *f* Bestellung
orecchini *m pl* Ohrringe
orecchio Ohr
orecchioni *m pl* Mumps
originale *m* Original
oro Gold
orologiaio Uhrmacher
orologio da polso Armbanduhr
oropax Ohropax
osare wagen
ospedale *m* Krankenhaus
ospitalità Gastfreundschaft
ospite *m/f* Gastgeber/in; Gast
osservare beachten; beobachten; bemerken
osservatorio astronomico Sternwarte
ossigenatore *m* Sauerstoffgerät
osso Knochen
oste *m* Wirt
osteria Kneipe
ostriche Austern
otite *f* Mittelohrentzündung
ottico Optiker
ottobre Oktober
ovest *m* Westen; **a ~ di** westlich von

P

pacchetto Päckchen
pacco Paket
pacemaker *m* Herzschrittmacher
padella Pfanne
padre *m* Vater
padrone/padrona *m/f* Besitzer/in; Wirt/in; ~ **di casa** Hausbesitzer/in;Gastgeber/in
paesaggio Landschaft
paese *m* Land, Staat; Dorf
pagamento Zahlung
pagare zahlen, bezahlen; ~ **in contanti** bar zahlen
paio Paar
palazzo Palast
palco Tribüne, Loge
palestra Fitnesscenter
paletta per la spazzatura Kehrschaufel
palla Ball; ~ **a mano** Handball
pallacanestro Basketball
pallavolo *f* Volleyball
pallido bleich
pallone *m* Ball
palo da tenda Zeltstange
palude *f* Sumpf
panchina Sitzbank
pane *m* Brot; **pane bianco** Weißbrot; **pane integrale** *m* Vollkornbrot; **pane nero** Schwarzbrot

panificio Bäckerei
panino Brötchen
panna Sahne
panne *f* Panne
panno Tuch
pannolini *m pl* Windeln
panorama *m* Panorama
pantaloncini *m pl* Shorts
pantaloni *m pl* Hose;
~ da sci Skihosen;
~ della tutai Sport-, Jogginghose
paprica Paprika *(Gewürz)*
parabrezza *m* Windschutzscheibe
paracadutismo Fallschirmspringen
paralisi *f* Lähmung
parapendio Gleitschirm
paraplegico querschnittsgelähmt
paraurti *m* Stoßstange
parcheggiare parken
parcheggio Parkplatz
parco Park; **~ divertimenti** Freizeitpark, Vergnügungspark; **~ nazionale** Nationalpark; Naturschutzgebiet
parente di verwandt mit
parete *f* Wand
pari unentschieden
parlare sprechen, reden
parola Wort
parrucca Perücke
parrucchiere *m* Friseur
parte *f* Teil
partecipare (a) teilnehmen (an)
partenza Abfahrt
particolare besondere
partire verreisen, abfahren; starten *(da* von); abreisen *(per* nach)
partita Spiel; **~ di calcio** Fußballspiel
Pasqua Ostern
passaggio Durchgang; Übergang; Durchfahrt; **di ~** auf der Durchreise; **~ di confine** Ausreise
passaggio Pass
passaporto Reisepass
passare vorübergehen; vorbeigehen; *(Zeit)* verbringen; *(Zeit)* vergehen; **~ al forno** überbacken
passato vorüber; *(temporal)* vorbei; Vergangenheit
passeggero Fahrgast; *(adj)* vorübergehend
passeggiare spazieren gehen
passeggiata Spaziergang; Bummel
passerella Steg
passo Pass
pasta *f* Nudeln, Feingebäck, Teig
pasticca Tablette
pasticceria Konditorei
pastiglie *f pl* **per la gola** Halstabletten
pasto Mahlzeit
patate Kartoffeln
paté di fegato Leberpastete
patente *f* Führerschein; **~ nautica** Bootsführerschein
patino a pedali Tretboot
patria Heimat, Vaterland
pattinaggio su ghiaccio Eislauf
pattini *m pl* **da ghiaccio** Schlittschuhe
paura Angst; Furcht; **aver paura di** s. fürchten vor
pavimento Fußboden
pazienza Geduld
pazzo verrückt
pecorino Schafskäse
pedaggio autostradale Autobahngebühren
pedalò Tretboot
pedone *m* Fußgänger

pegno Pfand
pelle *f* Haut
pelletterịa Lederwarengeschäft
pellịcola (per la conservazione dei cibi) Frischhaltefolie
pelo Körperhaar, Tierfell
pena Strafe
pennello da barba Rasierpinsel
pensare meinen;
~ a denken an; sorgen für
pensione *f* Pension;
~ completa Vollpension
penụltimo/a vorletzte/r/s
pepe *m* Pfeffer
peperone *m* Paprika *(Gemüse)*
per für; je; pro; *(Mittel)* durch; wegen; **per iscritto** schriftlich; **per me** meinetwegen
per il fine settimana am Wochenende
percento Prozent
perché warum?; *(conj)* da, weil *(Grund)*
perciò daher, deshalb
pẹrdere verlieren; verpassen, versäumen; **~ l'ạutobus** den Bus verpassen
pẹrdita Verlust
pere Birnen
perịcolo Gefahr
pericoloso gefährlich
periọdico Zeitschrift
perịodo di divieto di cạccia Schonzeiten
perla Perle
permanente *f* Dauerwelle
permesso Erlaubnis
permẹttere erlauben, genehmigen, zulassen
pernottamento Übernachtung
pernottare übernachten
persona Person
personale *m* Personal; *(adj)* persönlich
persuadere überzeugen; überreden
pertosse *f* Keuchhusten
pesante schwer
pesare wiegen
pescare con l'amo angeln
pesce *m* Fisch; **~ pẹrsico** Barsch; **~ spada** Schwertfisch
pesche Pfirsiche
pescherịa Fischgeschäft
pescivẹndolo Fischhändler
peso Gewicht
petrọlio Petroleum
pettinare frisieren, kämmen
pettinatura Frisur
pẹttine *m* Kamm
petto Brust
pezzo Stück;
un ~ di pane ein Stück Brot;
~ d'esposizione Exponat
piacere *m* Freude, Vergnügen
piacere gefallen, mögen, gern haben; *(beim Vorstellen)* angenehm!
piacẹvole angenehm
piạngere weinen
piano *(adj)* eben, flach; *(adv)* langsam; leise
piano *m* Plan; Stockwerk
pianta Pflanze; **~ della città** Stadtplan
pianterreno Erdgeschoss
pianura Ebene
piastra refrigerante Kühlelement
piatti *m pl* Geschirr
piattino Untertasse
piatto flach, eben
piạtto *m* Teller; Gericht; Gang *(in der Speisenfolge)*;
~ del giorno Tagesgericht;
~ fondo Suppenteller
piazza Platz
piạzzola di sosta Rastplatz

piccante scharf
picchetto Hering *(Camping)*
picchiare schlagen, verprügeln
pịccolo klein
pidocchi *pl* Läuse
pięde *m* Fuß
pięno voll; **fare il pieno** volltanken
pietanza Gericht, Speise
piętra Stein
pigro faul
pile *m* Fleece
pịllola Tablette; **pịllole anticoncezionali** Antibabypille
ping-pong *m* Tischtennis
pinne Schwimmflossen
pinzetta Pinzette
pịoggia Regen
piombatura Plombe
piovoso regnerisch
pirọscafo Dampfer
piscina Swimmingpool; **~ con onde artificiạli** Wellenbad; **~ per bambini** Planschbecken
piselli *m pl* Erbsen
pista di fondo Loipe
pista per pattinạggio su ghiạccio Eisbahn
pittore/pittrice Maler/in
pittura Malerei; **~ a ọlio** Ölmalerei; **~ di acquerello** Aquarellmalen; **~ in seta** Seidenmalerei; **~ su vetro** Glasmalerei
più mehr; plus; **~ che/di** mehr als; **~ tardi** später
piuttosto *(adv)* lieber, eher
pizzo *(Gewebe)* Spitze
platęa *(Theater)* Parkett
player mp3 *m* MP3Player
pneumạtico Reifen; **pneumạtici da neve** Winterreifen
poco wenig; **un po'** etwas, ein wenig
poi dann; danach; nachher
poiché denn
polio(mięlite) *f* Kinderlähmung
polizịa Polizei
pollo Hähnchen
polmone *m* Lunge
polmonite *f* Lungenentzündung
polso Puls
pọlvere *f* Staub; Pulver
pomata Salbe; **~ per le bruciature** Brandsalbe
pomerịggio Nachmittag
pomodori *m pl* Tomaten
pompa d'ạria Luftpumpe
pompa della benzina Benzinpumpe
pompieri *m pl* Feuerwehr
ponte *m* Brücke
pontile *m* Steg
pọpolo Volk
popone *m* Melone
porcellana Porzellan
pọrgere reichen; geben
porro Lauch
porta Tür
portacęnere *m* Aschenbecher
portale *m* Portal
portamonete *m* Geldbeutel
portar via (weg)bringen
portare bringen; tragen; **~ gli occhiali** eine Brille tragen; **~ con sé** mitbringen
portarsi dietro mitnehmen
portata *(Speisen)* Gang, Gericht
portauovo Eierbecher
portiere *m* Portier; Torwart
porto Hafen
portone *m* Tor
porzione *f* Portion
posacęnere *m* Aschenbecher
posate Besteck
positivo positiv

possịbile möglich
possibilità Möglichkeit
posta centrale Hauptpostamt
postęggio di taxi Taxistand
postęggio per handicappati Behindertenparkplatz
posto Ort, Stelle; Raum; Sitzplatz; **~ al finestrino** Fensterplatz
potere können; dürfen
pǫvero arm
pranzo Mittagessen
praticare il surfing surfen
prạtico praktisch
prato Rasen, Wiese; **~ per sdraiarsi** Liegewiese
preavviso Voranmeldung
precedenza Vorfahrt
preciso genau
preferire lieber haben, vorziehen
prefisso Vorwahlnummer
pregare beten
pręmio Preis, Prämie; Belohnung
pręndere nehmen; holen; *(Verkehrsmittel)* benutzen; **andare a prendere** abholen
prenotare buchen; vorbestellen
prenotazione *f* Reservierung, Buchung
preoccuparsi s. beunruhigen; **~ di** s. sorgen um
preparare vorbereiten; zubereiten
presa Steckdose; **~ di corrente** Stromanschluss
prescrịvere vorschreiben, anordnen
presentare vorzeigen; **~ (qd a qd)** (jdn mit jdm) bekannt machen
presentazione *f* Vorstellung
presente, ęssere ~ *(anwesend)* da sein
preservativo Präservativ, Kondom
prestare leihen; **~ qc da qd** etw von jdm leihen
presto *(adv)* schnell; bald; früh; **al più ~ possibile** so bald wie möglich
prete *m* Priester
prevęndita Vorverkauf
previsioni *f pl* **metereolǫgiche** Wettervorhersage
prezzęmolo Petersilie
prezzo *(Geld)* Preis; **~ del biglietto d'ingresso** Eintrittspreis; **~ del biglietto** Fahrpreis; **~ forfettạrio** Pauschalpreis; **~ forfettạrio per la corrente** Strompauschale; **~ per chilǫ metro** Kilometerpreis
prigione *f* Gefängnis
prima früher, vorher; zuvor; erst, zuerst; **~ di** bevor, vor; **~ colazione** *f* Frühstück
prima/primo erste/-r, -s
primavera *f* Frühling
principale *(adj)*; **principalmente** *(adv)* hauptsächlich
principale *m* Chef
privato privat
privo di sensi bewusstlos
probạbile *(adj)* wahrscheinlich
probabilmente *(adv)* wahrscheinlich
problema *m* Problem; Frage
processione *f* Prozession
procura Vollmacht
procurare beschaffen, besorgen
prodotti per pulire *pl* Putzmittel
prodotto Erzeugnis, Produkt
professione *f* Beruf
profilạttico Kondom
profondo tief
profumerịa Parfümerie

profumo Parfüm
progetto Entwurf, Plan
programma *m* Programm
proibire verbieten
prolunga Verlängerungsschnur
promęttere versprechen
pronto bereit, fertig; *(tele)* hallo;
 ~ **soccorso** Erste Hilfe
pronunciąre aussprechen
proposta Vorschlag
proprietąrio Eigentümer, Besitzer
prǫprio eigen;
 ~ **ora** eben *(zeitlich)*
prosciutto Schinken;
 ~ **cotto** gekochter Schinken;
 ~ **crudo** roher Schinken
prospetto Prospekt
prǫssimo nächste
proteggi-slip *m pl* Slipeinlagen
prǫtesi *f* Prothese
protestare protestieren
protezione *f* **solare** Sonnenschutz
prova Probe; Beweis
provenire (da) stammen (aus)
provvisǫrio provisorisch
provvista Vorrat
prugne Pflaumen
pub *m* Kneipe
pųbblico öffentlich; Publikum
pulire putzen, reinigen
pulito sauber, rein
pulizįa finale Endreinigung
pullover *m* Pullover
pųngere stechen
punta Spitze
punto Punkt; ~ **culminante** Höhepunkt
puntuale *(adj)*; **puntualmente** *(adv)* pünktlich
puntura Spritze *(Einspritzung)*
pure auch; sogar
purtroppo leider
pus *m* Eiter
puzzare stinken

Q

quadro Gemälde
qualcosa etwas
qualcuno jemand
quale welche(r, -s)
qualità Eigenschaft; Qualität
quando wann; *(conj)* dann wenn; als
quantità Menge
quartięre *m* Stadtteil
quasi ungefähr
quella jene
quello jener
questa diese
questo dieser, das
qui hier; hierher

R

rąbbia Wut
racchetta (Tennis-)Schläger
raccǫgliere sammeln
raccolta Sammlung;
 ~ **differenziata** Mülltrennung
raccomandare empfehlen
raccomandata Einschreibebrief
raccontare erzählen
radiatore *m* Kühler
rądio *f* Radio
radiografare röntgen
radiografįa Röntgenaufnahme
rąffica di vento Bö
raffreddore *m* Erkältung, Schnupfen;
 ~ **da fięno** Heuschnupfen
ragazza Mädchen
ragazzo Junge

raggiųngere erreichen
ragiọne *f* Vernunft, Verstand; **aver ~** recht haben
rallegrarsi di s. über/auf freuen
ramaiọlo Schöpfkelle
rammendare flicken
rampa Auffahrtrampe, Rampe
rampe di accesso *f pl* Einstieghilfe
rapidamente *(adv)* schnell, rasch
rąpido *(adj)* schnell, rasch
rapporto Bericht; Beziehung
rappresentazione *f* Darstellung; *(Theater)* Vorstellung
raramente *(adv)* selten
raro *(adj)* selten, rar
rasọio Rasierapparat *(mechan. ~)*
re/regina König/in
reale wirklich
recapitare zustellen
recentemente kürzlich
reception *f* Rezeption
recipiente *m* Behälter
reclamare reklamieren; **~ per** s. beschweren über
reclamo Reklamation; Beschwerde
regalare schenken
regalino Mitbringsel
regalo Geschenk
reggiseno Büstenhalter
regịa Regie
regime *m* Diät
regione *f* Region, Gebiet
regolamento Vorschrift
regolare regeln
regolare *(adj)*, **regolarmente** *(adv)* regelmäßig
relazione *f* Verbindung
religione *f* Religion
remare rudern
remo Ruder
ręnder possịbile ermöglichen
ręndere zurückgeben
rene *m* Niere
reparto Station
repellente *m* Mückenschutz
reperto archeolọgico archäologischer Fund
respirare atmen
respiratore *m* Schnorchel
responsąbile verantwortlich
restare übrigbleiben
resti *m pl* Überreste
restituịre zurückgeben; zurückbringen
rete *f* Netz
retroterra *m* Hinterland
reumatismi *m pl* Rheuma
ricci *m pl* Locken
ricco reich; reichlich
ricetta Rezept
ricęvere bekommen, erhalten
ricevitore *m* Hörer
ricevuta Empfangsbestätigung, Quittung
ricompensa Belohnung
ricordare a qd qc jdn an etw erinnern; **ricordarsi** s. erinnern
ridare wiedergeben; zurückgeben
rịdere lachen
ridịcolo lächerlich
riduzione *f* Ermäßigung; **~ per bambini** Kinderermäßigung
riempire füllen
rięntro Heimreise
riferire berichten, melden; ausrichten
rifiutare ablehnen, zurückweisen
rifiutarsi s. weigern
riflessologịa plantare Fuß(reflexzonen)massage
rifornire di versorgen mit
rifųgio Schutzhütte
riga Scheitel
rigattiere *m* Trödler

riguardo Rücksicht; **senza ~** rücksichtslos
rimandare *(zeitlich)* verschieben; zurückschicken
rimanere bleiben; übrig bleiben
rimessa Überweisung; Garage
rimẹttersi s. erholen
rimorchiare abschleppen
rinascimento Renaissance
rinfreschi Erfrischungen
rinfresco Erfrischung
ringraziare danken
riparare reparieren
ripẹtere wiederholen
rịpido steil
ripiẹno gefüllt
riportare zurückbringen
riposarsi s. ausruhen, s. erholen
riposo Ruhe; Erholung
risarcimento Ersatz
risarcire *(Schaden)* ersetzen
riscaldamento Heizung; **~ centrale** Zentralheizung
riscaldare wärmen, aufwärmen, heizen
rịschio Risiko
riserva di cạccia Jagdgebiet
riservare reservieren
riso Reis
risọlvere lösen
rispọndere antworten; beantworten; **~ al telẹfono** abnehmen
ristorante *m* Restaurant
risultato Ergebnis
ritardare s. verspäten
ritardo Verspätung
ritornare zurückkehren
ritorno Rückkehr
ritratto Porträt
rivẹndita di prodotti alcọlici Spirituosengeschäft
rivista Illustrierte
rọccia Fels
rock *m* Rock
rollerblades *m pl* Inliner
romanzo Roman
rosa rosa
rosmarino Rosmarin
rosolịa Röteln
rossetto Lippenstift
rosso rot
rostiẹra Bräter
rotocalco Illustrierte
rotondo rund
rotto kaputt
roulotte *f* Wohnwagen
rovina Ruine
rubare stehlen
rubinetto Wasserhahn
rumore *m* Geräusch; Lärm
rumoroso laut
ruolo principale Hauptrolle
ruọta Rad; **~ di scorta** Ersatzrad
russare schnarchen

S

sạbato Samstag
sacchetto Tüte; **~ di plạstica** Plastikbeutel
sacco delle immondịzie Abfallbeutel
sagra Kirmes
sala Saal; Salon; **~ d'aspetto** Wartesaal; **~ d'attesa passeggeri** Flugsteig; **~ da pranzo** Speisesaal; **~ per la colazione** Frühstücksraum
salame *m* Salami
saldo fest
sale *m* Salz
saliẹra Salzstreuer
salire einsteigen
salita Steigung
salmonelle *f pl* Salmonellen

salmonellosi *f* Salmonellenvergiftung
salsa Soße
salsicce Würste
saltare springen
salutare grüßen; begrüßen
salvagente *m* Rettungs-, Schwimmring,
salvare retten
sạlvia Salbei
sạndali *m pl* Sandalen
sạndalo da spiaggia Strandschuh
sạngue *m* Blut
sanguinare bluten
sano gesund
santo heilig
sapere *m* Wissen; *(verb)* wissen; *(gelernt haben)* können; **~ di** riechen nach; schmecken nach
sapone *m* Seife
sarto/sarta Schneider/in
sassoso steinig
sạuna Sauna
sạzio satt
sbagliarsi s. irren
sbagliato falsch
sbạglio Fehler
sbocco Mündung
sbrigare erledigen
scaduto/a abgelaufen
scala Leiter; Treppe
scaldabiberọn *m* Fläschchenwärmer
scalo Zwischenlandung
scambiare austauschen, vertauschen, verwechseln
scạmbio Austausch, Verwechslung
scannerizzatore *m* Scanner
scạpolo Junggeselle
scappamento Auspuff
scarpa Schuh; **~ da trekking** Trekkingschuh, Wanderschuh; **~ piscine/mare** Badeschuh
scarpe *f pl* **da ginnạstica** Turnschuhe
scarponi *m pl* **da sci** Skistiefel
scassinare aufbrechen
scạtola Büchse; Dose; Schachtel
scatto Auslöser
scavi *m pl* Ausgrabungen
scẹgliere wählen; aussuchen
scelta Auswahl; Wahl
scemo blöd, dumm
scẹndere aussteigen
scheda di memọria Speicherkarte
scherzo Scherz; Spaß
schiẹna Rücken
schiụma da barba Rasierschaum
sci *m* Ski; **~ nạutici** Wasserski
sciacquone *m* Wasserspülung
sciạlle *m* Schal
scialuppa di salvatạggio Rettungsboot
sciare Ski laufen
sciạrpa Schal
sciạtica Ischias
sciovịa Schlepplift
scippatore *m* Taschendieb
sciroppo (contro la tosse) Hustensaft
scodella Suppenteller
scompartimento Abteil; **~ per fumatori** Raucherabteil; **~ per non fumatori** Nichtraucherabteil
sconosciụto unbekannt; fremd
sconsiderato rücksichtslos
sconto Rabatt
scontro Zusammenstoß
scopo Ziel; Zweck
scoprire entdecken
scorciatọia *(Weg)* Abkürzung
scọrrere fließen

scottatura (solare) Sonnenbrand
scrįvere schreiben
scrosci *m pl* **di pioggia** Regenschauer
scultore *m* Bildhauer
scultura Skulptur, Plastik
scuola Schule; **~ di equitazione** Reitschule
scuro dunkel
scusa Entschuldigung
scusare entschuldigen; **scusarsi** s. entschuldigen
sdraiarsi s. hinlegen
sé sich
se wenn, falls; ob
seccante lästig
secco trocken
sęcolo Jahrhundert
secondo zweitens; Sekunde
secondo/a zweite(r, -s)
sędano Sellerie
sede *f* Sitz *(einer Firma)*
sedere sitzen
sedersi s. setzen
sędia Stuhl; **~ a rotelle** Rollstuhl
seggiolino ąuto Kinderautositz; **~ per bebę** Babyschale *(fürs Auto)*; **~ per la bicicletta** Kindersitz *(fürs Fahrrad)*
seggiovįa Sessellift
segnalatore d'incęndio *m* Feuermelder
segnale *m* Signal; Straßenschild
segnavįa *m* Wegweiser
segno Zeichen
segreterįa telefǫnica Anrufbeantworter
segreto geheim; heimlich
seguire folgen; befolgen
self-service *m* Selbstbedienung
selvąggio wild
selvątico wild *(Pflanze)*
semąforo Ampel
sęmplice einfach
sempre immer; stets
sęnape *f* Senf
sensibilità del film Filmempfindlichkeit
senso Sinn
sentięro (per escursioni) Wanderweg
sentięro Pfad; Weg
sentimento Gefühl
sentire fühlen; hören; riechen
senza ohne; **~ barriere** *f pl* **architettǫniche** barrierefrei; **~ impegno** unverbindlich; **~ riguardo** rücksichtslos
separare trennen
sęppia Tintenfisch
sequestrare beschlagnahmen
sera Abend; **la sera** abends
serata folclorįstica Folkloreabend
serbatǫio Tank
sęrio ernst
serpente *m* Schlange
serratura Schloss, Verschluss
servire dienen; bedienen; servieren
servirsi zugreifen
servizi *m pl* **igięnici** Badezimmer, Toilette
servįzio Dienst; Bedienung; **~ assistenza** Betreuungsdienst; **~ assistenza sociale** Sozialstation; **~ di trasporto** Fahrdienst; **~ pulman** Transferbus
sesso Sex; Geschlecht
seta Seide
settembre September
setticemįa Blutvergiftung
settimana Woche; **durante la ~** wochentags; **~ supplementare** Verlängerungswoche
settimanale *(adj)* wöchentlich

sfacciato unverschämt
sfortuna Unglück
sforzarsi s. bemühen
sforzo Anstrengung; Mühe
sgombro Makrele
sgridare schelten
sguardo Blick
shampoo *m* Shampoo
shorts *m pl* Shorts
show *m* Show
si man; *(refl prn)* sich
sì ja, doch
sicurezza Sicherheit
sicuro *(adj)* sicher
sieropositivo HIV-positiv
sigaretta Zigarette
sigaretto Zigarillo
sigaro Zigarre
significato Bedeutung, Sinn
signora Dame; *(vor Namen)* Frau
signore *m* Herr
signore *f pl* Damen
signori Herren
signorina Fräulein
silenzio Schweigen; Stille; Ruhe
silenzioso still; schweigend
sillabare buchstabieren
silografia Holzschnitt
simile ähnlich
simpatico nett; sympathisch
singolo Einzel
sinistro/sinistra linke/-r/-s; **a sinistra** links, nach links
sinusite *f* Stirnhöhlenentzündung
siringa Spritze *(Gerät)*
sistema *m* **d'allarme** Alarmanlage
situazione *f* Lage; Zustand
skate-board *m* Skateboard
slip *m* Slip
slitta Schlitten
slogato verstaucht
smalto Nagellack
smarrirsi s. verirren
smettere aufhören
snello dünn; schlank
snorkel *m* Schnorchel
sobborgo Vorort; Vorstadt
sobrio nüchtern, mäßig
soccorso stradale Pannendienst
soddisfatto befriedigt; zufrieden
soffitto Decke
soggetto a dazio doganale zollpflichtig
soggiorno Aufenthalt; Wohnzimmer
sogliola Seezunge
sogno Traum
solario Solarium
sole *m* Sonne
soleggiato sonnig
solista *m/f* Solist/in
solitario einsam
solito üblich; gewohnt; **di solito** normalerweise
solo allein; nur; erst
soltanto nur; erst
soluzione *f* **elettrolitica** Elektrolytlösung
solvente *m* **per smalto** Nagellackentferner
somma Betrag, Summe
sonniferi *m pl* Schlaftabletten
sopportare ertragen; tragen; auf sich nehmen
sopra auf; über; oben
sordastro hörgeschädigt
sordo gehörlos, taub
sordomuto taubstumm
sorella Schwester
sorgente *f* Quelle
sorpassare überholen
sorpreso überrascht
sorvegliare bewachen
sostegno Haltegriff
sostituire ersetzen
sottile dünn; fein

sotto unter, unterhalb; unten
sottopassąggio Unterführung
sottotịtolo Untertitel
spago Bindfaden
spalla Schulter
spargisale *m* Salzstreuer
sparire verschwinden
spaventare erschrecken
spaventoso erschreckend
spązio Raum
spazzatura Abfall
spązzola Bürste; ~ **da scarpe** Schuhbürste; ~ **per le stovịglie** Spülbürste
spazzolino da denti Zahnbürste
specchiętto retrovisore Rückspiegel
spęcchio Spiegel
speciale speziell, besonder, eigen
specialità Spezialität
spęcie *f* Sorte
spedizione *f* **bagągli** Gepäckabfertigung
spęgnere ausschalten; auslöschen
spęndere ausgeben
sperare hoffen
spesa Ausgabe, Einkauf; **fare la** ~ einkaufen
spese *f pl* Kosten, Ausgaben, Spesen, Unkosten; ~ **accessọrie** Nebenkosten
spesso *(adj)* dick, stark; *(adv)* oft, häufig
spettącolo Aufführung, Vorstellung
spettatore *m* Zuschauer
spęzie *f pl* Gewürz
spiacente, ęssere ~ di bedauern
spiacęvole unangenehm, unerfreulich
spiąggia Strand; ~ **per nudisti** FKK-Strand
spịccioli *m pl* Kleingeld
spilla Brosche
spillo di sicurezza Sicherheitsnadel
spina Gräte; Stecker; ~ **di adattamento** Zwischenstecker; ~ **dorsale** Wirbelsäule
spinaci *m pl* Spinat
spinta Stoß
spịrito industriale Brennspiritus
sponda Ufer
sporcịzia Schmutz
sporco schmutzig
sport *m* Sport
sport del deltaplano Drachenfliegen
sportello accettazione bagagli Gepäckschalter
sportello automatico Geldautomat
sportello biglietti Fahrkartenschalter
sportivo/sportiva Sportler/in
sposare heiraten; **sposato (con)** verheiratet (mit)
sposato *(Mann)*/**sposata** *(Frau)* verheiratet
spuntino Imbiss
squadra Sportmannschaft
squisito lecker
stądio Stadion
stagione *(f)* Jahreszeit; Saison
stampante *f* Drucker
stampella Krücke
stanco müde
stanza Zimmer, Raum; ~ **della televisione** Fernsehraum
stare (in piedi) stehen; **stare attento (a)** aufpassen (auf)
stato Staat; Zustand
stątua Statue
statura (Körper-)Größe

stazione *f* Bahnhof;
~ a monte Bergstation;
~ a valle Talstation;
~ centrale Hauptbahnhof;
~ degli ąutobus Busbahnhof;
~ di servịzio Raststätte
stecca Schiene
stella Stern
stendibiancherịa *m* Wäscheständer
stesso selbst;
lo ~ dasselbe, derselbe;
fa lo ~ es macht nichts
steward *m* Steward
stile *m* Stil;
~ lịberty Jugendstil
stimare schätzen
stiramento Zerrung
stirare bügeln
stitichezza Verstopfung
stivali *m pl* Stiefel;
~ di gomma Gummistiefel
stoffa Stoff
stọmaco Magen
stọria Geschichte
stovịglie *f pl* Geschirr
strąccio per lavare i piatti Spültuch
strada Straße; Weg; Landstraße;
per la ~ unterwegs;
~ principale Hauptstraße;
~ provinciale Landstraße;
~ secondąria Nebenstraße
stranięra Ausländerin; Fremde
stranięro Ausländer; ausländisch; fremd
straordinąrio außergewöhnlich
strappare zerreißen
strappo dei legamenti Bänderriss
stretto eng, schmal
stringa per scarpe Schnürsenkel
studiare studieren
stụdio Studio
stufato gedünstet
stụpido dumm
stupro Vergewaltigung
stuzzicadenti *m* Zahnstocher
su auf; über; oben;
in su hinauf;
sul Tevere am Tiber
sù oben
sua *(poss prn)* sein; ihr
sụbito sofort; gleich
succędere geschehen, passieren
succhiętto Schnuller, Sauger
succo d' arąncia Orangensaft
succoso saftig
sud *m* Süden;
a ~ di südlich von
sudare schwitzen
sufficięnte genug
suggerimento Tipp
suo *(poss prn)* sein; ihr
suọla Sohle
suolo Boden
suonare läuten; klingeln
suọra Ordensschwester, Nonne
superiore *m/f* Chef; *(adj)* höher, besser
supermercato Supermarkt
superstrada Schnellstraße
supplementare zusätzlich
supplemento Zuschlag
supposta Zäpfchen
svęglia Wecker
svegliare wecken
svegliarsi aufwachen
svęglio wach
svęndita Ausverkauf
svenimento Ohnmacht
sviluppare entwickeln
Svịzzera Schweiz
svịzzero/a Schweizer/in

T

tabaccąio Tabakladen
tabacco Tabak
tacco Absatz
tacere schweigen
tachįmetro Tachometer
tagliare schneiden;
~ le punte Spitzen schneiden
taglięre *m* Schneidebrett
tąglio scalato Stufenschnitt
tailleur *m* Kostüm
tamponi *m pl* Tampons
tąnica Kanister
tanto so viel, so sehr;
~ ... quanto genau so ... wie
tardare zögern; sich verspäten
tardi spät
targa Schild; **~ di nazionalità** Nationalitätskennzeichen
tariffe *f pl* **doganali** Zollgebühren
tasca Tasche *(an der Kleidung)*
tassa di soggiǫrno Kurtaxe
tassa per controlli di sicurezza Sicherheitsgebühr
tasse *pl* Gebühren
tassista *m/f* Taxifahrer/in
tąvola del wind-surf Surfbrett
tąvolo Tisch
tazza Tasse
te *(betonte Form)* dich; **a te** dir
tè *m* Tee
teątro Theater
teatro-danza Tanztheater
tedesco deutsch; der Deutsche; **tedesco/tedesca** der/die Deutsche
telefonare telefonieren, anrufen
telefonata Anruf;
~ urbana Ortsgespräch
telefonino Handy
telęfono Telefon;
~ cordless Mobiltelefon;
~ d'emergenza Notrufsäule;
~ in cąmera Zimmertelefon;
~ mǫbile Mobiltelefon
telegramma *m* Telegramm
teleobiettivo Teleobjektiv
televisore *m* Fernseher
temere fürchten; befürchten
temperatura Temperatur
temperino Taschenmesser
tempesta Sturm
tęmpio Tempel
tempo Zeit; Wetter;
in ~ *(adv)* rechtzeitig
tenda Zelt
tenere halten; behalten;
~ a mente qc s. etw merken
tęnero zart; zärtlich; weich
tennis *m* Tennis
tentare versuchen
tenuta Landgut
terapia Therapie
tergicristallo Scheibenwischer
terme *f* Thermalbad, Bäderanlage
tęrmine *(m)* Termin; Ende
termǫmetro Fieberthermometer
terra Erde; Land
terracotta Terrakotta
terraferma Festland
terrazza Terrasse
terreno Gelände; Boden; Grundstück;
~ di gioco Fußballplatz
terrįbile schrecklich
terrina Schüssel
terzo drittens, dritter
tesoro Schatz
tęssera Ausweis; **~ di campęggio** Campingausweis
tesserino di riconoscimento per portatori di hąndicap Behindertenausweis
tesserino magnętico Chipkarte

testa Kopf
testimone *m* Zeuge
tętano Tetanus
tettarella Sauger
tetto Dach;
~ aprịbile Schiebedach
thrilling Thriller
ti dir, dich
tịbia Schienbein
tifo Typhus
timbro Stempel
tịmido schüchtern
timo Thymian
tịmpano Trommelfell; Giebel
tịngere färben, tönen
tinta, a ~ unita einfarbig
tintura di iọdio Jod(tinktur)
tịpico (per) typisch (für)
tirare ziehen; reißen
toast *m* Toast
toccare berühren
toilette *f* Toiletten; **~ per handicappati** Behindertentoilette
tollerare ertragen, erdulden
tomba Grab
tonalità Farbton; Tonart
tonno Thunfisch
tono Ton
tonsille *f pl* Mandeln
tonsillite *f* Mandelentzündung
top *m* Top, Bustier
tọrbido *(Flüssigkeit)* trüb
tornare indiętro zurückgehen,-fahren, umkehren
torre *f* Turm
torta Kuchen
tosse *f* Husten
tostapane *m* Toaster
tostato geröstet
tovạglia Tischtuch
tovagliọlo Serviette
tovagliolino di carta Papierserviette
tra zwischen, unter
tradurre übersetzen
trạffico Verkehr
tragędia Drama, Tragödie
traghetto Fähre
trainare abschleppen
tram *m* Straßenbahn
tranne außer
tranquillizzarsi s. beruhigen
tranquillo ruhig
trasferimento Überweisung
trasmissione *f* Übertragung, *(Radio, Fernsehen)* Sendung
trattamento Behandlung;
trattamento viso Gesichtsbehandlung
trattare behandeln
trattenersi s. aufhalten
tratto Strecke
traveller's chèque *m* Reisescheck
treno Zug;
~ locale Nahverkehrszug;
~ traghetto Autoreisezug
treppiedi *m* Stativ
triạngolo Warndreieck
tribunale *m (Justiz)* Gericht
triste traurig
troppo zu sehr; zu viel; *(mit adj)* zu
trovare finden;
trovarsi s. befinden
tu du
tubo di scạrico Auspuff
tumefazione *f* Schwellung
tumore *m* Geschwulst
tụnnel *m* Tunnel
tuo, il tuo dein
turchese türkis
turista *m/f* Tourist/in
tutela dei monumenti Denkmalschutz
tuttavịa trotzdem
tutti i giorni täglich

tutto *(adj)* ganz, vollständig; all; alles; **tutte/tutti** alle

U

ubriacarsi s. betrinken
ubriąco betrunken
uccello Vogel
udito Gehör
ufficiąle offiziell; amtlich
uffįcio Büro; **~ oggetti smarriti** Fundbüro; **~ postale** Postamt
uguale gleich
ųlcera Geschwür
ųltimo letzte/-r/-s
ųmido feucht
un/uno/una ein/eins, ein/eine
uncino Haken
ųnico einzig
università Universität
uǫmo Mensch, Mann
uǫva Eier
urgente dringend
urina Urin
usare gebrauchen, benutzen; verwenden, anwenden
uscire hinausgehen, ausgehen
uscita Ausfahrt; Ausgang; **~ d'emergenza** Notausgang
ustione *f* Verbrennung
usuale gebräuchlich
utensįle *m* Werkzeug
uva *f* Weintrauben

V

vacanze *f pl* Ferien
vaccinazione *f* Impfung
vąglia *m* **postale** Postanweisung
vagone *m* **bagągli** Gepäckwagen
vagone *m* **ristorante** Speisewagen
vąlido gültig; **essere ~** gelten
valįgia Koffer
valle *f* Tal
valore *m* Wert; **senza valore** wertlos; **valore dichiarato** Wertangabe
valuta Währung
valute *f pl* **ęstere** Devisen
vąlvola (di sicurezza) *(el)* Sicherung
vantąggio Vorteil; Vorzug
variąbile wechselhaft
varicella Windpocken
varietà *m* Varietee
vasca da bagno Badewanne
vasca per bambini Kinderbecken, Planschbecken
vasellame *m* Töpferwaren
vaso Vase
vęcchio alt
vedere sehen
vędovo *(Mann)*/**vędova** *(Frau)* verwitwet
vegetariano vegetarisch
veleggiąta Segeltörn
veleno Gift
velenoso giftig
veloce *(adj)* schnell
velocemente *(adv)* schnell
velocità Geschwindigkeit; Schnelligkeit
vęndere verkaufen
vęndita Verkauf
venerdì Freitag
venire kommen; **~ a sapere** erfahren
ventilatore *m* Ventilator
vento Wind
ventre *m* Bauch
veramente eigentlich *(adv)*
verde grün

verdura Gemüse
verme *(m)* Wurm
vero wahr, wirklich, echt; vero
versione *f* **originale** Originalfassung
verso *(in Richtung auf, zeitlich)* gegen; um;
~ **mezzogiorno** gegen Mittag
vertigini *f pl* Schwindel
vescica Blase
vespa Wespe
vestito Kleid
vetrina Schaufenster
vetrocromia Glasmalerei
vi euch, Ihnen, Sie *(acc prn 3. Pers. pl)*
via Straße; Weg; fort, weg
viaggiare reisen;
~ **in autostop** trampen
viaggiatore/viaggiatrice der/die Reisende
viaggio Reise; Fahrt;
~ **di ritorno** Rückfahrt
vicino(a) nahe; dicht dabei; neben;
vicino/vicina Nachbar/in
vicolo Gasse
videocamera Videokamera
videocassetta Videokassette
videofilm *m* Videofilm
videoleso sehbehindert
videoregistratore *m* Videorekorder
vietato verboten
vigile/vigilessa Polizist/in *(Verkehr)*
vigili *m pl* **del fuoco** Feuerwehr
vigna, vigneto Weinberg
villa Villa
villaggio Dorf;
~ **di montagna** Bergdorf;
~ **di pescatori** Fischerort
vincere gewinnen
vincita Gewinn
vino Wein; ~ **bianco** Weißwein;
~ **rosso** Rotwein
viola violett
violenza(carnale) Vergewaltigung
virus *m* Virus
visita Besuch;
~ **guidata** Führung
visitare besichtigen; s. umsehen; *(med)* untersuchen
vista Sicht; Ausblick, Aussicht
visto Visum
vita Leben
vite *f* Schraube
vitto Verpflegung
vivace lebhaft
vivere leben
voce *f* Stimme
voglia Lust;
avere voglia di Lust haben zu
voi *(nom prn 2. Pers. pl)* ihr; *(acc prn, betonte Form)* euch; Sie;
a voi *(dat prn, betonte Form)* euch; Ihnen
volano Federball
volare fliegen
volentieri gern
volere wollen
volo Flug; ~ **a vela** Segelfliegen;
~ **internazionale** Auslandsflug;
~ **nazionale** Inlandsflug
volt *m* Volt
volta Mal;
una ~ einmal, ein Mal
voltaggio Stromspannung
volte, a ~ manchmal
vostro euer
vulcano Vulkan
vuoto leer

W

watt *m (el)* Watt
western Western
wurstel *m pl* Würstchen

Y

yoga *m* Yoga

Z

zafferano Safran
zạino Rucksack
zanzara Mücke
zecca *f* Zecke
zona Gegend, Region;
~ di protezione degli uccelli Vogelschutzgebiet;
zona pedonale Fußgängerzone
zoo *m* Zoo
zucca Kürbis
zụcchero Zucker
zucchini *m pl* Zucchini

A

Aal anguilla
ab da
Abblendlicht luci *f pl* anabbaglianti
Abend sera
Abendessen cena
Abendgarderobe ạbito da sera
abends la sera
aber ma
abfahren (von) partire (da)
Abfahrt partenza
Abfall spazzatura
Abfallbeutel sacco delle immondịzie
Abflug decollo
Abführmittel lassativo
abgeben consegnare
abgelaufen scaduto/a
abholen andare a prẹndere
Abkürzung abbreviazione *f*; *(Weg)* scorciatọia
ablehnen rifiutare
abnehmen rispọndere al telẹfono
abreisen (nach) partire (per)
Absatz tacco
Abschleppdienst autosoccorso
abschleppen rimorchiare, trainare
Abschleppseil cavo da rimọrchio
Abschleppwagen carro attrezzi
abschließen chiụdere (a chiave)
abseits fuorigioco
Absender mittente *m*
Abszess ascesso
Abtei abbazịa
Abteil scompartimento
abwärts in giù
Achtung attenzione *f*
Actionfilm film d'azione
Adapter adattatore *m*
Adresse indirizzo
Adria Adriạtico
Aerobic aerọbica
Agentur agenzịa
ähnlich sịmile
akklimatisieren, s. acclimatarsi
Akku accumulatore *m*
Akt atto
Aktzeichnen disegno di nudo
Akupunktur acupuntura
Alarmanlage sistema *m* d'allarme
alkoholfrei analcọlico; **alkoholfreies Bier** birra analcọlica
alle tutti, tutte
allein solo
Allergie allergịa
alles tutto
als *(zeitlich)* quando; *(Vergleich)* di, che
also dụnque, allora
alt vẹcchio; *(aus früheren Zeiten)* antico
Altar altare *m*
Alter età
Altstadt centro stọrico
Alufolie carta argentata
am Sonntag domẹnica
am Wochenende il fine setti-mana
Ampel semạforo
Amphitheater anfiteatro
Amt *(Dienststelle)* uffịcio, ente *m*
amüsieren, s. divertirsi
Ananas ananas *m*
andere, der ~ l'altro
anders *(adj)* diverso; *(adv)* diversamente

anderswo altrove
Anfang inịzio
anfangen cominciare, iniziare
Angabe indicazione *f*
Angel canna da pesca
angeln pescare con l'amo
Angelschein licenza di pesca
angenehm piacẹvole
Angina angina
Angst paụra
anhalten fermare qc/qd, fermarsi
Anhänger ciọndolo
Ankunft arrivo
Ankunftszeit orạrio d'arrivo
Anlage impianto
Anlasser motorino d'avviamento
anlegen in attraccare a
anmelden annunciạre
Anmeldung accettazione *f*
Anorak giạcca a vento
Anreisetag giọrno d'arrivo
Anruf telefonata
Anrufbeantworter segreterịa telefọnica
anrufen telefonare
Anschluss coincidenza
ansehen guardare
Ansichtskarte cartolina illustrata
anstatt invece di
ansteckend contagiọso
anstrengend faticoso
Antibabypille pịllola anticoncezionale
Antibiotikum antibiọtico
antik antico
Antiquitätengeschäft negọzio di antichità
antworten rispọndere
anzeigen denunciạre
anziehen mẹttersi
Anzug ạbito
anzünden accẹndere
Apartment appartamento
Äpfel mele
Apfelsinen arance
Apotheke farmacịa
Apparat apparẹcchio
Appetit appetito
Aprikosen albicocche
April aprile
Aqua-Jogging ạcqua jogging *m*
Aquarell acquerello; **Aquarellmalen** pittura di acquerello
Arbeit lavoro; *(Anstellung)* impiẹgo
arbeiten lavorare
arbeitslos disoccupato
Archäologie archeologịa
Architekt architetto
Architektur architettura
Arena arena
ärgern, s. ~ über arrabbiarsi per qc/con qd
arm pọvero
Armband braccialetto
Armbanduhr orolọgio da polso
Ärmel mạniche
Aromabad bagno *m* aromạtico
Art modo
Artischocken carciọfi *m pl*
Aschenbecher portacẹnere *m*, posacẹnere *m*
Aspirin aspirina
Asthma asma *m/f*
Atembeschwerden difficoltà respiratọrie
atmen respirare
Attest certificato
Auberginen melanzane
auch anche; *(nachgestellt)* pure; **auch nicht** neppure
auf su, sopra; **auf Italienisch** in italiano; *(offen)* aperto

aufbewahren *(verwahren)* custodire; *(speichern)* conservare
aufbrechen forzare, scassinare
Aufenthalt soggiọrno
Aufenthaltsraum soggiọrno *m*
Auffahrtrampe rampa
auffordern invitare
Aufführung spettạcolo
aufhalten, s. trattenersi
aufhören smẹttere
aufpassen (auf) stare attento (a)
aufschreiben *(Medikament)* prescrịvere
aufstehen alzarsi
aufwachen svegliarsi
aufwärts in su
Aufzug ascensore *m*
Augen occhi *m pl*
Augenblick istante *m*
Augenbrauen zupfen depilare le sopraccịglia
Augentropfen gocce*f pl* per gli occhi, collịrio
August agosto
aus *(Herkunft)* da, di; *(Material)* di
Ausbildung formazione *f*, istruzione *f*; *(Schul~)* istruzione scolạstica
Ausdruck espressione *f*
ausdrücklich espressamente
Ausfahrt uscita
Ausflug gita, escursione *f*
ausfüllen compilare
Ausgang uscita
ausgeben spẹndere
ausgehen uscire
ausgezeichnet eccellente
Ausgrabungen scavi *m pl*
Auskunft informazione *f*
Ausland ẹstero
Ausländer/in straniẹro/a
ausländisch ẹstero, straniẹro
Auslandsflug volo internazionale
Auslandsgespräch comunicazione *f* internazionale
Auslöser scatto
ausmachen *(löschen)* spẹgnere; *(vereinbaren)* fissare
Auspuff scappamento, marmitta
Ausreise uscita da un paese
Ausritt cavalcata
ausruhen, s. riposarsi
Ausschlag eruzione *f* cutạnea, esantema *m*
außen fuọri
außer eccetto, tranne
außerdem inoltre
außergewöhnlich straordinạrio
außerhalb fuori da
Aussicht vista
Aussichtspunkt belvedere *m*
aussprechen pronunciạre
aussteigen scẹndere
Ausstellung mostra, esposizione *f*
aussuchen scẹgliere
austauschen scambiare
Austern ọstriche
Ausverkauf svẹndita
Auswahl scelta
auszahlen pagare
Auto ạuto *f*, mạcchina; **~ fahren** guidare
Autobahn autostrada
Autobahngebühren pedạggio autostradale
Automat *(Waren~)* distributore *m* automạtico
Automatik(getriebe) cạmbio automạtico
automatisch automạtico; *(adv)* automaticamente

automatischer Türöffner apriporta automatico
Autoradio autoradio *f*
Autoreisezug treno traghetto
Avocado avocado *m*
Ayurveda Ayurveda

B

Baby neonato
Babyfon babyfon *m*
Babylift impianto di risalita per bambini
Babyschale *(fürs Auto)* seggiolino auto per bebe
Babysitter baby-sitter *m/f*
Bäckerei panificio
Backofen forno
Badeanzug costume *m* da bagno da donna
Badehose costume *m* da bagno da uomo
Bademantel accappatoio
Bademeister bagnino
Bademütze cuffia
Badeort località marittima
Badeschuhe scarpei *f pl* piscina/mare
Badewanne vasca da bagno
Badezimmer bagno
Badminton badminton *m*, gioco del volano
Bahnhof stazione *f*
bald presto; **so ~ wie möglich** al più presto possibile
Balkon balcone *m*
Ball palla, pallone *m*; *(Fest)* ballo
Ballett balletto
Bananen banane
Band complesso
Bänderriss strappo dei legamenti
Bank banca; *(Sitz~)* panchina
Bar night *m*
bar in contanti; **bar zahlen** pagare in contanti
Bargeld contanti *m pl*
Barock barocco
barrierefrei senza barriere architettoniche
Barsch pesce *m* persico
Bart barba
Basilikum basilico
Basketball Basketball *m*, pallacanestro
Batterie batteria
Bauch ventre *m*
Bauernhof fattoria
Baum albero
Baumwolle cotone *m*
Baustelle cantiere edile
Bauwerk edificio, costruzione *f*
beabsichtigen avere l'intenzione di, intendere
beachten fare attenzione a; *(befolgen)* osservare
Beach-Volleyball beach-volley *m*
Beanstandung reclamo
beantworten rispondere
Bearbeitungsgebühr tassa di cancelleria
bedauern essere spiacente di
Bedeutung *(Sinn)* significato
Bedienung servizio
Bedingung condizione *f*
beeilen, s. affrettarsi
beeindruckend impressionante
beenden finire
befinden, s. trovarsi
befreundet sein essere amici/amiche
befürchten temere
begegnen incontrare
begeistert (von, über) entusiasta (di)

begleiten accompagnare
Begleitperson accompagnatore, *m*, (-trice), *f*
begrüßen salutare
behalten tenere
Behälter recipiente *m*
behandeln trattare, curare
Behandlung trattamento
behaupten affermare
Behindertenausweis tesserino di riconoscimento per portatori di hạndicap
behindertengerecht idọneo per/a misura degli handicappati
Behindertenparkplatz postẹggio per handicappati
Behindertentoilette bagno *m*/ toilette *f* per handicappati
Behindertenverband associazione *m* handicappati/ svantaggiạti
Behörde autorità
bei *(örtlich)* vicino a
beide entrambi
Beifall applạuso
beige bẹige
Bein gamba
Beispiel esẹmpio; **zum ~** per esẹmpio
beißen mọrdere
bekannt noto; **~ machen (jdn mit jdm)** presentare qd a qd
Bekannte, der/die conoscente *fm*
Bekanntschaft conoscenza
beklagen, s. ~ über lamentarsi di
bekommen ricẹvere
belästigen infastidire
Beleidigung offesa
Belichtungsmesser esposịmetro
Belohnung ricompensa
bemerken notare
bemühen, s. sforzarsi
benachrichtigen avvertire
benötigen aver bisogno di
benutzen usare
Benzinkanister tạnica di riserva
Benzinpumpe pompa della benzina
beobachten osservare
bequem cọmodo
berechnen calcolare
bereit pronto
bereits già
Berg monte *m*
Bergdorf villạggio di montagna
Bergstation stazione *f* a monte
Bergsteigen alpinismo
Beruf professione *f*
beruhigen, s. tranquillizzarsi
Beruhigungsmittel calmante *m*
berühmt famoso
berühren toccare
beschädigen danneggiạre
bescheinigen certificare
Bescheinigung certificato
beschlagnahmen sequestrare
beschließen decịdere
beschreiben descrịvere
beschweren, s. bei jdm über ~ lamentarsi con qd per qc
beschwipst brillo
besetzt *(Platz)* occupato
besichtigen visitare
Besichtigung vịsita
Besitzer proprietạrio
besonders particolarmente
besorgen procurare
besser mẹglio
bestätigen confermare
beste(r, -s) migliore *f*, *m*
Besteck posate
bestehen auf insistere su; **bestehen aus** essere costituito da

Bestellung ordinazione *f*
bestimmt *(adj)* certo; *(adv)* certamente
Besuch visita
besuchen, jdn andare a trovare qd
Besuchszeit orario di visita
beten pregare
Betrag importo, somma
betreten entrare (in)
Betreuungsdienst servizio assistenza
betrinken, s. ubriacarsi
Betrug *(Gaunerei)* inganno
betrunken ubriaco
Bett letto; **zu ~ gehen** andare a letto
Bettdecke coperta
Bettwäsche biancheria da letto
beunruhigen, s. preoccuparsi
Beutel borsa
bevor prima di
bewachen sorvegliare
Beweis prova
bewölkt nuvoloso
bewundern ammirare
bewusstlos privo di sensi
bezahlen pagare
bezaubernd incantevole
Bezeichnung indicazione *f*
Biene ape *f*
Bier birra
bieten offrire
Bikini bikini *m*
Bild *(Foto)* foto *f*; *(Gemälde)* quadro
bilden formare
Bildhauer scultore *m*
billig economico, a buon mercato
Bindehautentzündung congiuntivite *f*
Bindfaden spago
Bioladen negozio di prodotti biodinamici
Birnen pere
bis fino a; **~ jetzt** finora
bisschen, ein ~ un po' (di)
Bitte domanda
bitten, jdn um etw ~ chiedere qc a qd
bitter amaro
Blähungen flatulenza
Blase vescica
Blatt *(Papier)* foglio; *(Pflanze)* foglia
blau blu
Blazer blazer *m*
Blechkanister latta
bleiben rimanere
bleich pallido
Blick sguardo; *(Ausblick)* vista
Blinddarmentzündung appendicite *f*
Blindenhund cane *m* guida per ciechi
Blitz fulmine *m*
Blitzgerät flash *m*
Block blocco (di carta)
blöd(e) scemo
blond biondo
Blues blues *m*
blühen fiorire
Blume fiore *m*
Blumengeschäft fioraio
Blumenkohl cavolfiore *m*
Bluse camicetta
Blut sangue *m*
bluten sanguinare
Blutgruppe gruppo sanguigno
Blutung emorragia
Blutvergiftung setticemia
Bö raffica di vento
Boden suolo; *(Fuß~)* pavimento
Body body *m*
Bodybuilding culturismo

Bogen arco
Bohnen fagiọli *m pl*
Bootsführerschein patente *f* nạutica
Bordkarte carta d'imbarco
Borreliose borreliosi *f*
böse cattivo; *(verärgert)* arrabbiato
Botanischer Garten giardino botạnico
Botschaft *(dipl. Vertretung)* ambasciạta
Boutique boutique *f*
Bowling bowling *m*
Brand incẹndio
Brandsalbe pomata per le bruciature
Bräter rostiẹra
brauchen avẹr bisogno di
braun marrone; *(gebräunt)* abbronzato
Brechreiz nạusea
breit largo
Breite larghezza
Bremse freno
Bremsflüssigkeit ọlio per freni
Bremslichter luci *f pl* di arresto
brennen bruciare
Brennspiritus spịrito industriale
Brief lẹttera
Briefkasten cassetta postale
Briefmarke francobollo
Briefmarkenautomat distributore *m* automạtico per francobolli
Briefpapier carta da lẹttere, carta da scrịvere
Briefumschlag busta
bringen *(her~)* portare; *(weg~)* portar via
Brombeeren more
Bronchien bronchi *m pl*
Bronchitis bronchite *f*
Bronze bronzo
Brosche spilla
Brot pane *m*
Brötchen panino
Bruch *(Leisten~)* ẹrnia; *(Knochen~)* frattura
Brücke ponte *m*
Bruder fratello
Brunnen fontana
Brust petto
Buch libro
buchen *(Platz)* prenotare
Buchhandlung libreria
buchstabieren sillabare
Bucht golfo
Buchung prenotazione *f*
Bügeleisen ferro da stiro
bügeln stirare
Bummel *(Spaziergang)* passeggiạta
Bungalow bungalow *m*
Bungeejumping bungeejumping *m*
bunt a colori, multicolore
Burg fortezza
Büro uffịcio
Bürste spạzzola
Bus ạutobus *m*
Busbahnhof stazione *f* degli ạutobus
Busch cespụglio
Bußgeld ammenda
Büstenhalter reggiseno
Bustier top *m*
Butter burro
Bypass bypass *m*
byzantinisch bizantino

C

Café caffè *m*
Camcorder camcorder *m*

Camping camping *m*, campẹggio
Campingausweis tẹssera di campẹggio
Campingführer guida dei campẹggi
Campingplatz campẹggio
CD/Compactdisc CD *m* (compact disc)
CD-Spieler lettore *m* CD
Champagner champagne *m*
Chef capo *m*, superiore *m/f*, principale *m/f*
chemisch reinigen lavare/pulire a secco
Chicoree insalata belga
Chipkarte tesserino magnẹtico
Chirurg/in chirurgo
Cholera colẹra *m*
Chor coro
Christentum cristianẹsimo
Clubhaus cịrcolo, club *m*
Computerfachgeschäft negọzio specializzato in computer
Cornflakes cornflakes
Cousin/e cugino/cugina
Creme crema
Curling curling *m*, eisschiessen

D

da *(dort)* là; *(Grund)* perché; *(am Satzanfang)* dato che; **da sein** *(anwesend)* ẹsserci
Dach tetto
dafür, ~ sein essere favorẹvole
dagegen, ~ sein essere contrạrio
daheim a casa
damals allora
Damen signore
Damenbinden assorbenti *m pl*
Dampfer pirọscafo, nave *f* a vapore
danach poi, dopo
danken, (jdm) ~ ringraziare (qd)
dann poi
Darm intestino
dass che
dasselbe stesso *m*
Datteln dạtteri *m pl*
Datum data
Dauer durata
dauern durare
Dauerwelle permanente *f*
Deck coperta
Defekt difetto
dein (il) tuo
Delle ammaccatura
denken an pensare a
Denkmal monumento
Denkmalschutz tutela dei monumenti
denn poiché
Deo(dorant) deodorante *m*
deshalb perciò
Desinfektionsmittel disinfettante *m*
desinfizieren disinfettare
deutlich chiạro
deutsch tedesco
Deutsche, der/die tedesco/tedesca
Deutschland Germạnia *f*
Devisen divise /valute *f pl* ẹstere
Dezember dicembre
Dia diapositiva
Diabetes diabete *m*
Diabetiker diabẹtico
Diagnose diạgnosi *f*
Diät regime *m*, diẹta *f*
dich ti, te
dick grosso, *(fett)* grasso
Dieb ladro
Diebstahl furto
Dienstag martedì
diese(r, -s) questo/questa

Digitalkamera fotocạmera digitale
Ding cosa
Diphtherie difterite *f*
dir ti, a te
direkt *(adj)* diretto
Direktion direzione *f*
Dirigent/in direttore/direttrice d'orchestra
doch certo, sì
Dokumentarfilm documentạrio
Dom duọmo
Donnerstag giovedì
Doppel dọppio
doppelt *(adj)* dọppio
Dorf villạggio, paese *m*
dort là, lì
Dose scạtola, lattina
Dosenöffner apriscạtole *m*
Drachenfliegen lo sport del deltaplano
Draht filo
Drama dramma *m*, tragẹdia
draußen fuori
Dressing condimento per l'insalata
drin, drinnen dentro
dringend urgente
dritte(r, -s) terzo/terza
Drucker stampante *f*
du tu
dumm stụpido, scemo
dunkel scuro
dünn sottile
durch *(quer ~)* attraverso; *(Mittel)* per, con; *(Passiv)* da
Durchfall diarrẹa
durchgebraten ben cotto
Durchreise, auf der ~ di passạggio
durchschnittlich *(adj)* mẹdio; *(adv)* in mẹdia
dürfen potere
durstig sein avere sete
Dusche dọccia
Duschgel gel *m* per la dọccia
DVD DVD *m*
Dynastie dinastịa

E

Ebbe bassa marẹa
eben *(flach)* piano; *(zeitlich)* prọprio ora
Ebene pianura
ebenerdig a livello del suolo
echt vero, autẹntico
Ecke ạngolo
Ehefrau mọglie *f*
Ehemann marito
Eier uọva
Eierbecher portauovo
eigen prọprio
Eigenschaft qualità
eigentlich *(adj)* vero, *(adv)* veramente
Eigentümer proprietạrio
eilig frettoloso; **es ~ haben** avẹr fretta
ein(e) un/uno (una)
einchecken fare il check-in
Eindruck impressione *f*
einfach sẹmplice
einfarbig a tinta unita
Eingang ingresso
einheimisch del posto
einige alcuni/alcune
einigen, s. ~ mẹttersi d'accordo
einkaufen fare la spesa
Einkaufszentrum centro commerciạle
einladen invitare
einmal una volta
einpacken *(in Papier)* incartare; *(in den Koffer)* mẹttere in valịgia

Einreise entrata (in territorio straniero)
einsam solitạrio; *(unbewohnt)* disabitato
einschalten accẹndere
Einschreibebrief raccomandata
einsteigen salire
Einstiegshilfe rampe *f pl* di accesso
eintreffen arrivare
eintreten entrare
Eintritt entrata, ingresso; **Eintrittskarte** biglietto d'ingresso; **Eintrittsspreis** prezzo del biglietto d'ingresso
Einwohner abitante *f/m*
Einzel sịngolo
einzig ụnico
Eis ghiạccio
Eisbahn pista per pattinạggio su ghiạccio
Eisenwarengeschäft negọzio di ferramenta, mesticherịa
Eishockey hockey *m* su ghiạccio
Eislauf pattinạggio su ghiạccio
Eiter pus *m*
Elastikbinde benda elạstica
elektrisch elẹttrico
Elektrohandlung elettricista *m*, elettrodomẹstici
Elektroherd cucina elẹttrica
Elektrolytlösung soluziọne *f* elettrolịtica
Elektrorollstuhl carrozzella elẹttrica
Eltern genitori *(pl)*
empfangen ricẹvere
Empfangshalle hall *f*
empfehlen raccomandare
Ende fine *f*; **am ~** alla fine
enden finire
endgültig *(adj)* definitivo; *(adv)* definitivamente
endlich finalmente
Endreinigung pulizịa finale
Endstation capolịnea *m*
eng stretto
englisch inglese
Enkel/in nipote *m/f*
entdecken scoprire
entfernt lontano
Entfernung lontananza
entgegengesetzt opposto
entgiften disintossicare
enthalten contenere
entscheiden decịdere
entschlacken depurare
entschließen, s. ~ decịdersi
entschuldigen, s. ~ scusarsi
Entschuldigung scusa
enttäuscht deluso
entweder ... oder o ... o ...
entwerten convalidare
entwickeln sviluppare
entzückend incantẹvole
Entzündung infiammazione *f*
Epilepsie epilessịa
Epoche ẹpoca
er lui
Erbsen piselli *m pl*
Erdbeeren frạgole
Erde terra
Erdgeschoss pianterreno
Erdnüsse noccioline *f pl* americane
ereignen, s. ~ accadere
Ereignis avvenimento
erfahren venire a sapere
erfreut (über) lieto (di)
Erfrischung *(Speise)* rinfresco; *(Getränk)* bịbita
Erfrischungen rinfreschi
Ergebnis risultato
erhalten ricẹvere
erhöhen *(Preise)* aumentare

erholen, s. ~ *(von einer Krankheit)* rimettersi; riposarsi
erinnern, jdn an etw ~ ricordare a qd qc; **s. erinnern** ricordarsi
Erkältung raffreddore *m*, costipazione *f*
erklären dichiarare
erkundigen, s. ~ informarsi
erlauben permettere
Erlaubnis permesso
erledigen sbrigare
Ermäßigung riduzione *f*
ermöglichen render possibile
ernst serio
Ernte raccolta
erreichen raggiungere
Ersatz *(Schaden~)* risarcimento
Ersatzrad ruota di scorta
erschöpft esaurito
erschrecken spaventare
ersetzen sostituire; *(Schaden)* risarcire
erst *(zuerst)* prima; *(nicht früher als)* solo, soltanto
erste(r, -s) primo/prima
erster Gang prima *f*
Erwachsene(r) adulto/adulta
erwarten aspettare; *(rechnen mit)* aspettarsi
erzählen raccontare
Erziehung educazione *f*
Esel asino
essbar commestibile
Essen mangiare *m*
essen mangiare
Essig aceto
Etage piano
Etagenbett letto a castello
etwa circa
etwas qualcosa; *(ein wenig)* un po' (di)
EU-Bürger cittadino unitario
euch *(acc)* vi, voi; *(dat)* vi, a voi
euer (il) vostro
Euro euro
Europa Europa
Europäer/in europeo/europea
europäisch europeo
Exponat pezzo d'esposizione
Expressionismus espressionismo
extra speciale

F

Fabrik fabbrica
Faden filo
Fahrdienst servizio di trasporto
Fähre traghetto
fahren andare; *(lenken)* guidare
Fahrer conducente *m*
Fahrgast passeggero
Fahrkarte biglietto
Fahrkartenautomat distributore *m* automatico di biglietti
Fahrkartenschalter biglietteria, sportello biglietti
Fahrplan orario
Fahrpreis prezzo del biglietto
Fahrrad bicicletta
Fahrradhelm casco di protezione
Fahrradweg pista ciclabile, ciclopista
Fahrschein biglietto
Fahrscheinentwerter obliteratore *m*
Fahrstuhl ascensore *m*
Fahrt viaggio
fair leale
fallen cadere
falls casomai
Fallschirmspringen paracadutismo
falsch sbagliato

Faltrollstuhl carrozzella pieghẹvole
Familie famịglia
Familienname cognome *m*
fangen prẹndere
Fango fango
färben tịngere
farbig a colori
Farbstift matita colorata
Fassade facciạta
fast quasi
faul pigro; *(Obst)* mạrcio
Fax fax
Februar febbrạio
Federball volano
fehlen mancare
Fehler *(den man macht)* errore, *(den man hat)* difetto
Fehlgeburt aborto
Feigen fichi *m pl*
feilschen mercanteggiạre
fein fine
Feinkostgeschäft negozio di specialità gastronọmiche
Feinstrumpfhose collant *m pl*
Feld campo
Fell pelo
Fels rọccia
Fenchel finọcchio
Fenster finestra
Fensterplatz posto al finestrino
Ferien vacanze *pl*
Ferienanlage centro vacanze
Ferienhaus casa per le vacanze
Ferngespräch interurbana
Fernlicht i fari abbaglianti
Fernseher televisore *m*
Fernsehraum stanza della televisione
fertig *(bereit)* pronto
fest *(hart)* duro; *(gut befestigt)* saldo
Fest festa
Festival fẹstival *m*
Festland terraferma
Festung fortezza
fett grasso
fettarm con pochi grassi
fettarme Milch latte *m* magro
feucht ụmido
Feuer fuọco
feuergefährlich infiammạbile
Feuerlöscher estintore *m*
Feuermelder segnalatore *m* d'incendio
Feuerwehr vịgili *pl* del fuoco, pompieri *pl*
Fieber febbre *f*
Fieberthermometer termọmetro
Film film *m*
Filmempfindlichkeit sensibilità del film
Filmschauspieler/in l'attore *m*/l'attrice *f* di cịnema
finden trovare
Finger dito
Firma ditta
Fisch pesce *m*
Fischerort villạggio di pescatori
Fischgeschäft pescherịa
Fischhändler pescivẹndolo
fit in forma
Fitnesscenter centro di fitness, palestra
FKK-Strand spiạggia per nudisti
flach piatto, piano
Fläschchenwärmer scaldabiberọn *m*
Flasche bottịglia
Flaschenöffner apribottịglie *m*
Flaute bonạccia
Fleck(en) mạcchia
Fleece pile *m*
Fleisch carne *f*
flicken rammendare

Flickzeug accessori *m pl* per la riparazione di forature
Fliege mosca
fliegen volare
fließen scọrrere
Flipflops ciabattine *f pl* infradito
Flohmarkt mercato delle pulci
Flug volo
Flügel ala
Fluggesellschaft compagnịa aẹrea
Flughafen aeroporto
Flughafenbus collegamento pullman con l'aeroporto
Flughafengebühr i diritti aeroportuali
Flugsteig sala d'attesa passeggeri
Fluss fiụme *m*
flüssig lịquido
Flut alta marea
Föhn föhn *m*
föhnen asciugare con il fon
folgen seguire
Folklore folclore *m*
Folkloreabend serata folclorịstica
Form forma
Formular mọdulo
fort via
Foto foto(grafịa) *f*
Fotoapparat mạcchina fotogrạfica
Fotografie fotografịa
Fotografieren fotografare *m*
fotografieren fotografare
Frage domanda
fragen domandare
frankieren affrancare
französisch francese
Frau donna; *(Anrede, vor Namen)* signora
Fräulein signorina
frei lịbero
Freilichtkino cịnema *m* all'aperto
Freitag venerdì
Freizeitpark parco divertimenti
fremd *(unbekannt)* sconosciụto
Fremde, der/die estrạneo/a; *(Ausländer)* straniero/a
Fremdenführer/in guida turịstica, cicerone *m*
Freude giọia
freuen, s. ~ über/auf ẹssere contento di
Freund/in amico/amica
freundlich gentile
Friedhof cimitero
frieren avẹr freddo
frisch fresco; *(neu)* nuovo
Frischhaltefolie pellịcola (per la conservazione dei cibi)
Friseur parrucchiere *m*
frisieren pettinare
Frisur pettinatura
froh *(zufrieden)* contento; *(glücklich)* felice; *(lustig)* allegro
Frost gelo
Frostschutzmittel antigelo
früh presto
Frühling primavera *f*
Frühstück colazione *f*, prima colazione
frühstücken fare colazione *f*
Frühstücksbüfett buffet *m* della colazione
Frühstücksraum sala per la colazione
fühlen sentire
führen guidare
Führer *(für Fremde)* guịda
Führerschein patente *f*
Führung vịsita guidata
füllen riempire
Fundbüro uffịcio oggetti smarriti
Funde i reperti archeolọgici

funktionieren funzionare
für per
fürchten temere;
s. ~ vor aver paura di
fürchterlich spaventoso
Fuß piede *m*
Fußball calcio
Fußballplatz terreno di gioco
Fußballspiel partita di calcio
Fußgänger pedone *m*
Fußgängerzone zona pedonale
Fuß(reflexzonen)massage riflessologia plantare

G

Gabel forchetta
Galerie galleria (d'arte)
Gallenblase cistifellea *f*
Gang *(Hausflur)* corridoio; *(Auto)* marcia; *(Menü)* portata
ganz *(adj)* intero; *(adv)* interamente; *(vollständig)* tutto
Ganzkörpermassage massaggio completo del corpo
gar cotto
Garage garage *m*
Garantie garanzia
Garderobe guardaroba *m*
Garnelen gamberetti *m pl*
Garten giardino
Gasflasche bombola di gas
Gasherd cucina a gas
Gaskartusche cartuccia di gas
Gaskocher fornello a gas
Gaspedal acceleratore *m*
Gasse vicolo
Gast ospite *m*
Gastfreundschaft ospitalità
Gastgeber/in ospite *m/f*, padrone/padrona di casa
Gebäck biscotti *m pl*, paste *f pl*, pasticceria
gebacken fritto
Gebäude edificio
geben dare
Gebirge montagna
geboren nato
gebraten arrostito
gebräuchlich usuale
gebrochen rotto
Gebühren tasse *pl*
Geburtsdatum data di nascita
Geburtsname cognome *m* da ragazza
Geburtsort luogo di nascita
Geburtstag compleanno
gedämpft cotto a vapore
Gedeck coperto
Gedenkstätte monumento commemorativo
Geduld pazienza
gedünstet stufato
Gefahr pericolo
gefährlich pericoloso
gefallen piacere
Gefälligkeit favore *m*
Gefängnis prigione *f*
Gefühl sentimento
gefüllt ripieno
gegen contro; *(in Richtung auf, zeitlich)* verso;
~ Mittag verso mezzogiorno
Gegend zona
Gegenstand oggetto
Gegenteil contrario;
im ~ al contrario
gegenüber di fronte
geheim segreto
Geheimzahl codice *m* segreto
gehen andare
Gehirn cervello
Gehirnerschütterung commozione *f* cerebrale

Gehirnschlag apoplessịa cerebrale
Gehör udito
gehören appartenere
gehörlos sordo, non udente
gekocht bollito, cotto
gekochter Schinken prosciutto cotto
Gelände terreno
gelb giạllo
Geld denaro
Geldanweisung vạglia *m*, assegno
Geldautomat bạncomat *m*, sportello
Geldbeutel portamonete *m*
Geldschein banconota
Geldwechsel cạmbio
Gelegenheit occasione *f*
gelegentlich *(adv)* occasionalmente
Gelenk articolazione *f*
gelten ẹssere vạlido
Gemälde dipinto
gemeinsam *(adj)* comune; *(adv)* insieme
gemischt misto
Gemüse verdura
gemütlich cọmodo, confortẹvole
genau preciso; **genauso ... wie** tanto ... quanto
genehmigen permẹttere
genießen godere
genug sufficiẹnte
geöffnet aperto
Gepäck bagạglio
Gepäckabfertigung spedizione *f* bagạgli
Gepäckaufbewahrung depọsito bagagli
Gepäckausgabe consegna del bagạglio
Gepäckschalter sportello accettazione bagagli
Gepäckwagen vagone *m* bagạgli
gerade diritto; *(zeitlich)* prọprio
geradeaus diritto
geräuchert affumicato
Geräusch rumore *m*
Gericht *(Essen)* piatto, pietanza; *(Justiz)* tribunale *m*
gern volentieri; **nicht ~** di mala vọglia
geröstet tostato, arrostito
Geruch odore *m*
Gesang canto
geschehen succẹdere
Geschenk regalo
Geschichte stọria
Geschirr stovịglie *f pl*, piatti *m pl*
Geschirrspülbecken lavandino per i piatti
Geschirrspülmaschine lavastovịglie *f*
Geschirrtuch canovạccio per asciugare i piatti
geschlossen chiụso
Geschmack gusto
geschmort brasato
Geschwindigkeit velocità
geschwollen gọnfio
Geschwulst tumore *m*
Geschwür ụlcera
Gesicht fạccia
Gesichtsbehandlung trattamento viso
Gespräch conversazione *f*
gestern ieri
gesund sano
Getränk bevanda
Getriebe cạmbio
Gewicht peso
Gewinn vịncita, guadagno
gewinnen vịncere

gewöhnlich comune;
für ~ di sọlito
gewohnt sein ẹssere abituato
Gewölbe volta
Gewürz spẹzie *f pl*
gibt, es ~ c'è, ci sono
Giebel tịmpano
Gift veleno
giftig velenoso
Gipfel cima
Glas bicchiere *m*
Glasmalerei pittura su vetro, vetrocromịa
Glaube fede *f*
glauben crẹdere
gleich uguale; *(sofort)* sụbito
gleichen assomigliare
gleichzeitig contemporạneo
Gleis binạrio
Gleitschirm parapendịo
Glück felicità
glücklich felice
Glückwunsch auguri*(m,pl)*, congratulazioni*(f,pl)*
Glühbirne lampadina (ad incandescenza)
Gold oro
goldfarben colọr oro
Goldschmiedekunst arte *f* ọrafa
Golf golf *m*
Golfclub cịrcolo golfịstico
Golfschläger mazza da golf
Gotik gọtico
Gott Dio
Grab tomba
Grabmal monumento sepolcrale
Grafik arte *f* grạfica
Gramm grammo
Gräte spina, lisca
gratis gratis
gratulieren congratularsi
grau grịgio
Grenze frontiẹra
Grenzübergang vạlico di frontiẹra
griechisch greco
Grill grịglia
Grillanzünder combustịbile *m* sọlido
Grillkohle carbonella
Grillrost grịglia
Grippe influenza
groß grande
Größe *(Ausdehnung, geistige)* grandezza; *(Kleidung, Schuhe)* misura; *(Körper~)* statura
Großmutter nonna
Großraumwagen vettura pullman
Großvater nonno
Grotte grotta
grün verde
Grund causa; *(Beweg~)* motivo
grüne Bohnen fagiolini *m pl*
grüne Versicherungskarte carta verde
Gruppe gruppo
grüßen salutare
gültig vạlido
Gummistiefel stivali *m pl* di gomma
Gurke cetriọlo
Gürtel cintura
gut *(adj)* buono; *(adv)* bene
Gutschein buọno
Gymnastik ginnạstica

H

Haare capelli *m pl*
Haarfestiger frizione *f*
Haargel gel *m* per capelli
Haargummi elạstico per capelli
Haarklammern mollette *f pl* (per capelli)

haben avere
Hackfleisch carne *f* macinata
Hafen porto
Haferflocken i fiocchi d'avena
Hähnchen pollo
Haken uncino, gancio
halb mezzo
Halbpension mezzapensione *f*
Hälfte metà
Hals collo; *(Kehle)* gola
Halsschmerzen mal di gola
Halstabletten pastiglie *f pl* per la gola
Halstuch foulard *m*
halt! alt!
haltbar durevole
Haltbarkeit durata, conservabilità *f*
Haltbarkeitsdatum data di scadenza
Haltegriff sostegno, maniglia
halten tenere; *(dauern)* durare; *(stehen bleiben)* fermarsi
Haltestelle fermata
Hammelfleisch carne *f* di montone
Hand mano *f*
Handball palla a mano
Handbike bicicletta per disabili
Handbremse freno a mano
Handcreme crema per le mani
Handgas *(Auto)* acceleratore *m* a mano
handgemacht fatto a mano
Handlauf corrimano, mancorrente *m*
Handschuhe guanti *m pl*
Handtasche borsa
Handtuch asciugamano
Handwaschbecken lavabo, lavandino
Handy cellulare *m*, telefonino
Handygeschäft negozio di cellulari
hart duro
hässlich brutto
häufig *(adv)* spesso
Hauptbahnhof stazione *f* centrale
Hauptpostamt posta centrale
Hauptrolle ruolo principale
hauptsächlich *(adj)* principale; *(adv)* principalmente
Hauptsaison alta stagione *f*
Hauptspeise secondo
Hauptstadt capitale *f*
Hauptstraße strada principale
Haus casa
Hausboot house boat *f*
hausgemacht fatto in casa
Hausnummer numero civico
Haustiere animali *m pl* domestici
Haut pelle *f*
heben alzare
Heilbad bagno termale
Heilfasten digiuno terapeutico
heilig santo
Heimat patria
heimlich *(adj)* segreto; *(adv)* di nascosto
Heimreise rientro
heiraten sposare
heiß caldo
heißen chiamarsi
heizen riscaldare
Heizung riscaldamento
helfen, jdm ~ aiutare qd
hell chiaro
Hemd camicia
herausgeben *(Geld)* rendere
Herbst autunno
Herd cucina
herein! avanti!
hereinkommen entrare
Hering aringa; *(Zelt)* picchetto

Herpes l'herpes *m*
Herr signore
Herren signori
herrlich magnịfico
Herz cuọre *m*
Herzanfall attacco cardịaco
Herzbeschwerden i disturbi cardịaci
Herzinfarkt infarto
herzlich cordialmente
Herzschrittmacher cardiostimolatore *m*, pacemaker *m*
Heu-Bad bagno di fiẹno
Heuschnupfen raffreddore *m* da fiẹno
heute oggi
Hexenschuss colpo della strega
hier qui
Hilfe aiụto; **erste Hilfe** pronto soccorso
Himmel cielo
hinausgehen uscire
hindern impedire
hineingehen entrare
hinlegen mẹttere; **s. ~** sdraiarsi
hinten dịetro
hinter dịetro
Hinterland retroterra *m*
hinterlegen depositare
hinzufügen aggiụngere
Hirnhautentzündung meningite *f*
Hitze caldo
Hitzewelle ondata di caldo
HIV-positiv sieropositivo
hoch alto
Hochformat formato verticale
höchstens al mạssimo
Hochzeit *(Feier)* nozze *f pl*
Hof cortile *m*, *(Bauern~)* fattorịa, *(Adelssitz)* corte *f*
hoffen sperare
höflich cortese
Höhe altezza
Höhepunkt punto culminante
Höhle grotta, caverna
holen prẹndere, andare a prẹndere
Holz legno
Holzschnitt silografịa
Honig miẹle *m*
hören sentire
Hörer ricevitore *m*
hörgeschädigt sordastro
Hose pantaloni *m pl*
Hublift elevatore *m*
hübsch carino
Hüfte anca
Hügel collina
Hund cane *m*
hungrig sein ẹssere affamato
Hupe clacson *m*
Husten tosse *f*
Hustensaft sciroppo (contro la tosse)
Hut cappello
Hütte capanna; *(Alpen~)* bạita

I

ich ịo
Idee idẹa
ihr voi; *(poss prn)* (il) suo, (la) sua
Illustrierte rivista, rotocalco
Imbiss spuntino
immer sempre
Impfpass libretto di vaccinazione
Impfung vaccinazione *f*
Impressionismus impressionismo
in in, a; **in einer Woche** fra una settimana
inbegriffen compreso
Infektion infezione *f*

informieren informare
Infusion fleboclisi *f*
Inhalt contenuto
Inlandsflug volo nazionale
Inliner Rollerblades *m pl*
innen dentro
Innenhof cortile *m* interno
Inschrift iscrizione *f*, epigrafe *f*
Insekt insetto
Insel isola
Inselrundfahrt giro dell'isola
Insulin insulina
Inszenierung messa in scena
interessant interessante
interessieren, s. ~ (für) interessarsi (a qd, diqc)
international internazionale
Interrail interrail *m*
iPod iPod
Irrtum errore *m*
Ischias sciatica

J

Jacke giacca
Jagdgebiet riserva di caccia
Jahr anno
Jahreszeit stagione *f*
Jahrhundert secolo
jährlich *(adj)* annuale; *(adv)* annualmente
Jahrmarkt fiera
Januar gennaio
Jazz jazz *m*
Jazzgymnastik ginnastica jazz
Jeans jeans *m pl*
jeden Tag ogni giorno
jeder *(adj)* ogni; *(prn)* ognuno
jemand qualcuno
jene(r, -s) quello/quella
jetzt ora
Jod(tinktur) tintura di iodio
joggen fare jogging
Jogginghose i pantaloni della tuta
Joghurt iogurt *m*
Jugendliche(r) minorenne *(m, f)*
Jugendstil lo stile liberty
Juli luglio
jung giovane
Junge ragazzo
Junggeselle scapolo
Juni giugno
Juwelier gioielleria

K

Kabarett cabaret *m*
Kabine cabina
Kaffee caffè *m*
Kaffeefilter filtro per il caffè
Kaffeelöffel cucchiaino
Kaffeemaschine *(deutsche)* macchina del caffè tedesca/ americana
Kai banchina
Kaiser/in imperatore/ imperatrice
Kalbfleisch carne *f* di vitello
kalorienarm ipocalorico
kalt freddo
kaltes Wasser acqua fredda
Kamillentee camomilla
Kamm pettine *m*
kämmen pettinare
Kanal canale *m*
Kaninchen coniglio
Kanu canoa
Kapelle cappella
Kapitän capitano
kaputt rotto
Karaffe caraffa
Karotten carote
Kartoffeln patate

Käse formaggio
Kasse cassa
Kassette cassetta
Kathedrale cattedrale *f*
Katze gatta, *(Kater)* gatto
kaufen comprare
Kaufhaus grande magazzino *m*
Kaugummi gomma da masticare
kaum appena
Kaution cauzione *f*
Kegeln gioco dei birilli
Kehrschaufel paletta per la spazzatura
kein nessuno; **keiner** nessuno
Kekse biscotti *m pl*
Kellner/in cameriere/cameriera
kennen conoscere; **jdn ~ lernen** fare la conoscenza di qd
Keramik ceramica
Kerzen candele
Ketschup ketchup *m*
Kette collana, catena
Keuchhusten pertosse *f*
Kfz-Schein libretto di circolazione
Kichererbsen ceci *m pl*
Kiefer mascella
Kilogramm chilogrammo
Kilometer chilometro
Kilometerpreis prezzo per chilometro
Kind bambino
Kinderbecken piscina/vasca per bambini
Kinderbetreuung animazione bambini
Kinderbett lettino (per bambini)
Kinderermäßigung riduzione *f* per bambini
Kinderfahrkarte biglietto per ragazzi
Kinderkleidung abbigliamento per bambini
Kinderkrankheit malattia infantile
Kinderlähmung polio(mielite) *f*
Kindersitz *(fürs Auto)* seggiolino auto; *(fürs Fahrrad)* seggiolino per la bicicletta
Kindersitzkissen *(fürs Auto)* sedile *m* auto per bambini
Kinderteller mezza porzione *f*
Kino cinema *m*
Kirche chiesa
Kirchturm campanile *m*
Kirmes sagra
Kirschen ciliegie
Kiste cassa
Kiwi kiwi *m*
klar chiaro
Klasse classe *f*
Klassik musica classica
Klassiker classico
Klassizismus classicismo
Kleid vestito
Kleiderbügel gruccia (per i panni)
Kleidung abbigliamento
klein piccolo
Kleingeld spiccioli *m pl*, moneta
Kleinkunstbühne cabaret *m*
Klima clima *m*
Klimaanlage aria condizionata
Klingel campanello
Kloster convento, monastero
klug intelligente
Kneipe locale *m*, pub *m*
Kneipp-Anwendung applicazione *f*/circuito Kneipp
Knie ginocchio
Knoblauch aglio
Knöchel *(Fuß)* malleolo
Knochen osso
Knochenbruch frattura ossea
Knopf bottone *m*
Koch cuoco

Kochbuch libro di cucina
kochen cucinare
Kocher fornello
Kochnische cucinino, cucinotto
Koffer valịgia
Kofferraum bagagliạio
Kohl cạvolo
Kokosnuss noce *f* di cocco
Kolik cọlica
Kollege collega *(f, m)*
kommen venire
Komödie commẹdia
Kompass bụssola
Komponist/in compositore/compositrice
Konditorei pasticcerịa
Kondom preservativo, profilạttico
König/in re/regina
können potere, *(gelernt haben)* sapere
Konsulat consolato
Kontakt contatto
Konto conto
Kontrolleur controllore *m*
kontrollieren controllare
Konzert concerto
Kopf testa
Kopfhörer cụffia
Kopfkissen guanciạle *m*, cuscino
Kopfsalat insalata verde, lattuga
Kopfschmerzen mal *m* di testa
Kopfschmerztabletten compresse *f pl* contro il mal di testa
Kopie cọpia
Korb cesto
Korkenzieher cavatappi *m*
Körper corpo
Körperbehinderung handicap *m* fịsico, menomazione *f* fịsica
kosten costare
kostenlos gratis
Kostüm tailleur *m*
Kotelett costoletta
Koteletten basette
Krabben granchi *m pl*
Kraft forza
Krampf crampo
krank malato
Krankenhaus ospedale *m*
Krankenkasse cassa malattia
Krankenschein buono per le cure mẹdiche
Krankenschwester infermiẹra
Krankenwagen auto-ambulanza
Krankheit malattịa
Kratzer grạffio
Kräuter erbette
Krawatte cravatta
kreativ creativo
Krebs cancro
Kreditkarte carta di crẹdito
Kreislaufmittel fạrmaco per disturbi circolatori
Kreislaufstörung disturbi circolatori
Kreuz croce *f*
Kreuzfahrt crociẹra
Kreuzgang chiostro
Kreuzung incrọcio
Kristall cristallo
kritisieren criticare
Krone corona
Krücke grụccia, stampella
Kuchen dolce *m*, torta
Küchensieb colino
Kugelschreiber biro *f*
kühl fresco
Kühlelement mattonella di ghiạccio
Kühler radiatore *m*
Kühlschrank frigorịfero
Kühltasche borsa frigo
Kühlwasser ạcqua di raffreddamento

Kultur cultura
Kümmel cumino
Kummer dispiacere *m*
kümmern, s. ~ um occuparsi di
Kunde/Kundin cliente *(m, f)*
Kunst arte, *f*
Kunstgewerbe artigianato
Kunsthändler commerciạnte *m* in oggetti d'arte
Kuppel cụpola
Kupplung frizione *f*
Kürbis zucca
Kurs corso
Kurtaxe tassa di soggiọrno
Kurve curva
kurz *(räumlich)* corto
Kurzfilm film a corto metrạggio
kurzfristig a breve tẹrmine/scadenza
kürzlich recentemente
Kurzschluss corto circụito
Kuss bạcio
küssen baciạre
Küste costa

L

lachen rịdere
lächerlich ridịcolo
Ladegerät apparẹcchio cạrica-batterie
Ladekabel *(Handy/Laptop)* cavo ricarica *(il cellulare/il computer portatile)*
Lage situazione *f*
Lähmung parạlisi *f*
Lammfleisch carne *f* d'agnello
Lampe lạmpada
Land paese *m*; *(Gegensatz zu Wasser)* terra
Landausflug escursione *f* a terra
Landgut tenuta
Landkarte carta geogrạfica
Landschaft paesạggio
Landsmann connazionale *f/m*
Landstraße strada provinciale
Landung atterrạggio
lang lungo
Länge lunghezza
langsam *(adj)* lento; *(adv)* lentamente, piano
langweilig noioso
Laptop computer *m* portạtile
Lärm chiạsso
lassen lasciạre; *(veranlassen)* fare
lästig seccante
Lauch porro
laufen cọrrere
Läuse pidocchi *m pl*
laut rumoroso
läuten suonare
Lautsprecher altoparlante *m*
leben vịvere
Leben vita
Lebensmittelgeschäft negọzio di gẹneri alimentari
Lebensmittelvergiftung intossicazione *f* da alimenti
Leber fẹgato
Leberpastete pastịccio di fegato
lebhaft vivace
lecker squisito, gustoso
Lederjacke giạcca di pelle
Lederwarengeschäft pelleterịa
ledig *(Mann)* cẹlibe; *(Frau)* nụbile
leer vuọto
Leerlauf folle *f*
Leerung levata
legen mẹttere
Leggins fuseaux *m pl*
lehren insegnare
leicht fạcile; *(Gewicht)* leggero
Leichtathletik atlẹtica leggera

leider purtroppo
leihen, jdm etw ~ prestare a qd qc; **etw von jdm ~** prestare qc da qd
Leinen lino
leise piano, a bassa voce
Leistenbruch ẹrnia inguinale
Leiter/in direttore/direttrice
Lenkrad-Drehknopf *(Auto)* manọpola sul volante
lernen *(s.aneignen)* imparare, *(Kenntnisse erwerben)* studiare
lesen lẹggere
letzte(r, -s) ụltimo/ụltima
letzten Montag lunedì scorso
Leuchtturm faro
Leute gente *f*
Licht luce *f*
Lichtmaschine dịnamo *f*
Lichtschalter interruttore *m*
Lichtschutzfaktor fattore *m* protettivo
lieb caro
Liebe amore *m*
lieben amare
liebenswürdig caro, gentile
lieber *(adv)* piuttosto; **~ haben** preferire
lieblich *(Wein)* amạbile
Liebling *(Anrede)* tesoro
Lied canzone *f*
liegen giacere
Liegewiese prato per sdraiarsi
lila lilla
Limonade limonata
Linie lịnea
linke(r, -s) sinistro/sinistra
links a sinistra
Linse lente *f*
Linsen lentịcchie *f pl*
Lippe labbro
Lippenstift rossetto
Liter litro
Livemusik mụsica dal vivo
loben lodare
Loch buco
Locken ricci *m pl*
Lockenwickler bigodini *m pl*
Löffel cucchịaio
Loge palco
Loipe pista di fondo
Lorbeer alloro
lösen risọlvere
Luft ạria
Luftkissenboot hovercraft *m*
Luftmatratze materasso pneumạtico
Luftpumpe pompa d'ạria
Luftzug corrente *f* d'ạria
Lüge bugịa
Lunge polmone *m*
Lungenentzündung polmonite *f*
Lust vọglia; **~ haben zu** avere vọglia di
lustig allegro
luxuriös lussuọso
Lymphdrainage drenạggio linfạtico

M

machen fare
Mädchen ragazza
Magen stọmaco
Magenschmerzen mal *m* di stọmaco
mager magro
Magnetstreifen banda magnẹtica
Mahlzeit pasto
Mai mạggio
Mais mais *m*, granturco
Makrele sgombro
Malbuch album *m* da colorare, libro da colorare

malen dipịngere
Maler/in pittore/pittrice
Malerei pittura
man si
manchmal a volte
Mandarinen mandarini *m pl*
Mandelentzündung tonsillite *f*
Mandeln *(Essen)* mạndorle *f pl;* *(Hals)* tonsille *f pl*
Mango mango
Mann uọmo
männlich maschile
Mannschaft *(Sport)* squadra; *(Schiff)* equipạggio
Mantel cappotto, soprạbito
Margarine margarina
Markt mercato
Marmelade marmellata
März marzo
Maschine mạcchina
Masern morbillo
Massage massạggio
Material materiale *m*
Matratze materasso
Mauer muro
Medikament medicina, fạrmaco
Meditation la meditazione
Meer mare *m*
Mehl farina
mehr più; **~ als** più che, più di
Mehrfahrtenkarte biglịetto a più obliterazioni
mein (il) mio
meinen pensare, crẹdere
meinetwegen per me
Meinung opinione
melden denunciare; *(berichten)* riferire
Melone melone *m*, popone *m*
Memorystick memorystick *m*
Menge quantità; **eine ~** un mụcchio di
Mensch uọmo
Menstruation mestruazione *f*
Menü menù
merken notare; **s. etw ~** tenere a mente qc
Messe *(Kirche)* messa
Messer coltello
Meter metro
Metzgerei macellerịa
mich mi, me
Miesmuscheln mịtili *m pl*, cozze *f pl*
Miete affitto, nolẹggio
mieten affittare
Migräne emicranịa
Mikrowelle microọnda
Milch latte *m*
mild mite, dolce
Millimeter millịmetro
mindestens per lo meno
Mineralwasser ạcqua minerale
Minibar minibar *m*
Minigolf minigolf *m*
Minute minuto
mir mi, a me
misstrauen, etw/jdm ~ non fidarsi di qc/qd
Missverständnis malinteso
mit con
mitbringen portare con sé
Mitbringsel regalino
Mitleid compassione *f*
mitnehmen portare con sé, portarsi dietro
Mittag mezzogiorno
Mittagessen pranzo, desinare *m*
mittags a mezzogiorno
Mitte mezzo, centro
Mitteilung comunicazione *f*
Mittel mezzo; *(Heil~)* rimẹdio
Mittelalter Medioẹvo
Mittelmeer Mediterrạneo
Mittelohrentzündung otite *f*
Mittwoch mercoledì

Mixer frullatore *m*
Möbel mọbile *m*
Mobiltelefon telẹfono mọbile
Mode moda
Modell modello
modern moderno
Modeschmuck bigiotterịa
mögen *(gern haben)* piacere, garbare
möglich possịbile
Möglichkeit possibilità
Mole molo
Monat mese *m*
monatlich *(adj)* mensile; *(adv)* mensilmente
Mond luna
Montag lunedì
Morgen mattino, mattina
morgens mattina *f*
Mosaik mosạico
Motel motẹl *m*
Motor motore *m*
Motorboot motoscafo
Motorhaube cọfano
Mountainbike mountain bike *f*
Möwe gabbiano
MP3Player player mp3 *m*
Mücke zanzara
Mückenschutz repellente *m*
müde stanco
Mühe sforzo;
s. ~ geben sforzarsi
Müll immondịzia
Mullbinde fạscia di garza
Mülltonne bidone *m* delle immondịzie
Mülltrennung raccolta differenziata
Mumps orecchioni *m pl*
Mund bocca
Mündung sbocco, imboccatura
Münze moneta
Muschel conchịglia
Museum musẹo
Musical mụsical *m*, commẹdia musicale
Musik mụsica;
~ hören ascoltare mụsica
musizieren fare della mụsica
Muskatnuss noce *f* moscata
Muskel mụscolo
Müsli müesli *m*
müssen dovere
Mutter madre *f*
Mütze berretto

N

nach *(zeitlich)* dopo; *(räumlich)* a, in
Nachbar/in vicino/vicina
Nachmittag pomerịggio
nachmittags pomerịggio *m*
Nachricht notịzia
Nachsaison bassa stagione *f*
nachsenden recapitare
nächste(r, -s) prọssimo/prọssima
nächstes Jahr anno prọssimo
Nacht notte *f*
Nachtisch dessert *m*, dolce *m*
Nachtklub night-club *m*
nachts la notte
Nachttisch comodino
Nachttischlampe abat-jour *m*
nackt nudo
Nadel ago
Nagellack smalto
Nagellackentferner acetone *m*, solvente *m* per smalto
Nagelschere fọrbici *f pl* per le ụnghie
nah vicino
nahe vicino; **~ bei** vicino a
nähen cucire

nähern, s. ~ avvicinarsi

Nahverkehrszug treno locale

Name nome *m*

Narbe cicatrice *f*

Narkose anestesịa

Nase naso

Nasenbluten emorragịa nasale

nass bagnato

Nationalitätskennzeichen targa di nazionalità

Nationalpark parco nazionale

Natur natura

natürlich *(adj)* naturale; *(adv)* naturalmente

Naturschutzgebiet parco nazionale

Nebel nẹbbia

neben vicino a

Nebenkosten spese *f pl* (accessọrie)

Nebenstraße strada secondạria

negativ negativo

nehmen prẹndere

Nelken i chiọdi di garọfani

nennen chiamare

Neoprenanzug muta *f* in neoprene

Nerv nervo

nervös nervoso

nett *(freundlich)* gentile

Netz rete *f*

neu nuovo

neugierig curioso

Neuigkeit novità

Neujahr Capodanno

nicht non; **gar ~** niente affatto

Nichtraucherabteil scompartimento per non fumatori

nichts niẹnte

nie mai

nieder, niedrig basso

niemand nessuno

Niere rene *m*

Nierenentzündung nefrite *f*

Nierengurt fạscia coprireni

Nierenstein cạlcolo renale

nirgends in nessun luogo

noch ancora; **~ nicht** non ancora

Nonne suora

Norden nord *m*

nördlich von a nord di

normal normale

normalerweise normalmente, di sọlito

Notausgang uscita d'emergenza

Notebook notebook *m*

Notfall caso di emergenza

Notrufsäule telẹfono d'emergenza

notwendig necessạrio

November novembre

nüchtern *(mit leerem Magen)* digiuno; *(mäßig)* sọbrio; *(sachlich)* obiettivo; *(nicht betrunken)* non ubriaco

Nudeln pasta *f*

Nummer nụmero

Nummernschild targa

nur solo, soltanto

Nüsse noci

O

ob se

oben sopra, sù

Ober cameriẹre *m*

Objektiv obiettivo

Obst frutta *f*

Obst- und Gemüsehändler fruttivẹndolo

obwohl benché

oder oppure

offen aperto

öffentlich pụbblico

offiziell ufficiạle
öffnen aprire
Öffnungszeiten orario d'apertura (al pụbblico)
oft spesso
ohne senza
Ohnmacht svenimento
Ohr orẹcchio
Ohrentropfen gocce *f pl* per gli orẹcchi
Ohropax oropax
Ohrringe orecchini *m pl*
Oktober ottobre
Öl ọlio
Oliven olive
Olivenöl ọlio d'oliva
Ölmalerei pittura a ọlio
Ölwechsel cạmbio dell'ọlio
Oper ọpera
Operation operazione *f*
Operette operetta
Optiker ọttico
orange arancịone
Orangensaft succo d'arạncia
Orchester orchestra
Original originale *m*
Originalfassung versione *f* originale
Ort luogo; **Ortschaft** località
Ortsgespräch telefonata urbana
Osten est *m*
Ostermontag Lunedì dell'Angelo
Ostern Pạsqua
Österreich Austria
Österreicher/in austrịaco/austrịaca
östlich von a est di

P

Paar pạio; *(Ehe~)* cọppia
paar, ein ~ alcuni
Päckchen pacchetto
Paket pacco
Palast palazzo
Panne guasto, panne *f*
Pannendienst soccorso stradale
Panorama panorama *m*
Papier carta
Papiere documenti *m pl*
Papierservietten i tovagliolini di carta
Papiertaschentücher i fazzoletti di carta
Paprika *(Gemüse)* peperone *m*; *(Gewürz)* pạprica
Parfüm profumo
Parfümerie profumerịa
Park parco, giardino pụbblico
parken parcheggiạre
Parkett platẹa
Parkplatz parchẹggio
Pass passạggio; passo
Passagier passeggero
passen andare/stare bene; *(gelegen kommen)* andare
Passkontrolle controllo dei passaporti
Pauschale forfait *m*
Pauschalpreis prezzo forfettạrio
Pause intervallo
Pension pensione *f*
Perle perla
Person persona
Personal personale *m*
Personalausweis carta d'identità
persönlich personale
Perücke parrucca
Petersilie prezzẹmolo
Petroleum petrọlio
Pfad sentiẹro
Pfand pegno; *(Flaschen~)* cauzione *f*
Pfanne padella
Pfeffer pepe *m*

Pferd cavallo
Pfirsiche pesche
Pflanze pianta
Pflaster cerotto
Pflaumen prugne
pflegebedürftig bisognoso di cure
pflücken cogliere
Pfund mezzo chilo
Pilz micosi *f*
Pilzinfektion la micosi
Pinzette pinzetta
Plakat manifesto
Plan piano; *(Absicht, Entwurf)* progetto
Planschbecken piscina/vasca per bambini
Plastik scultura
Plastikbeutel sacchetto di plastica
Platten gomma a terra
Plattenladen negozio di dischi
Platz piazza
Plombe piombatura
plötzlich improvvisamente
Polizei polizia
Polizeiwagen auto della polizia
Polizist/in agente *m f; (Verkehr)* vigile/vigilessa
Pony frangetta; *(Haarschnitt)* frangia
Portal portale *m*
Portier portiere *m*
Portion porzione *f*
Porto affrancatura
Porträt ritratto
Porzellan porcellana
positiv positivo
Postamt ufficio postale
Postkarte cartolina postale
postlagernd fermo posta
Postleitzahl CAP (codice di avviamento postale)
Postsparbuch libretto di risparmio postale
praktisch pratico
Präservativ preservativo
Preis *(Geld)* prezzo; *(Sieges~, Gewinn)* premio
Prellung contusione *f*
Premiere prima
Priester prete *m*
privat privato
pro a, per
Probe prova
Problem problema *m*
Produkt prodotto
Programm programma *m*
Programmheft opuscolo del programma
Promillegrenze limite *m* (massimo consentito) di alcol nel sangue
Prospekt prospetto
protestieren protestare
Prothese protesi *f*
provisorisch provvisorio
Prozent percento
Prozession processione *f*
prüfen controllare
Publikum pubblico
Puder borotalco; *(Gesicht)* cipria
Pullover pullover *m*, maglione *m*
Puls polso
Pulverschnee neve *f* farinosa
pünktlich *(adj)* puntuale; *(adv)* puntualmente
putzen pulire
Putzmittel prodotti *m pl* per pulire

Q

Quadratmeter metro quadrato
Qualität qualità

Qualle medusa
Quelle sorgente *f*, fonte *f*
quer durch attraverso
Querformat formato orizzontale
querschnittsgelähmt paraplẹgico
Quittung ricevuta

R

Rabatt sconto
Rad ruọta; **~ fahren** andare in bicicletta
Radarkontrolle controllo radar
Radierung acquaforte *f*
Radio rạdio *f*
Radsport ciclismo
Radtour itinerạrio in bici(cletta)
Rampe rampa
Rasen prato
Rasierapparat *(mechan. ~)* rasọio
Rasierpinsel pennello da barba
Rasierschaum schiụma da barba
Rasierwasser lozione *f* dopo-barba
Rastplatz piạzzola di sosta
Raststätte stazione *f* di servịzio, autogrill *m*
Rat consịglio; **jdn um ~ fragen** chiẹdere un consịglio a qd
raten consigliare
Rathaus municịpio
rauchen fumare
Raucher fumatore
Raucherabteil scompartimento per fumatori
Raum spạzio; *(Räumlichkeit)* locale *m*; *(Zimmer)* stanza
Rechnung conto
Recht diritto; **~ haben** avẹr ragiọne
rechte(r, -s) destro/destra
rechts a destra
rechtzeitig *(adv)* in tempo
reden parlare
Reformhaus negọzio di prodotti dietẹtici
regelmäßig *(adj)* regolare; *(adv)* regolarmente
regeln regolare
Regen piọggia
Regenmantel impermeạbile *m*
Regenschauer scrosci *m pl* di piọggia
Regie regịa
Regierung governo
Region regione *f*, zona
regnerisch piovoso
Reibe grattụgia
reich ricco
reichen *(aus~)* bastare; *(geben)* pọrgere
reif maturo
Reifen pneumạtico
reinigen pulire
Reis riso
Reise viạggio; **Reisebüro** agenzia di viạggi; **~führer** guịda *m*; **~gesellschaft** comitiva
Reiseführer guịda turịstica
reisen viaggiare
Reisende, der/die viaggiatore/viaggiatrice
Reisepass passaporto
Reisescheck assegno turịstico, traveller's chèque *m*
Reisetasche borsa da viạggio
reißen strappare
reiten cavalcare
Reitschule scuola di equitazione
reklamieren reclamare
Religion religiọne *f*
Renaissance rinascimento

rennen correre
Rennrad bicicletta da corsa
reparieren riparare
reservieren riservare
Reservierung prenotazione *f*
Restaurant ristorante *m*
retten salvare
Rettungsboot scialuppa di salvataggio
Rettungsring salvagente *m*
Rezept ricetta
Rezeption reception *f*
R-Gespräch comunicazione *f* telefonica a carico del ricevente
Rheuma reumatismi *m pl*
richtig giusto; *(geeignet)* adatto
Richtung direzione *f*
riechen odorare;
~ **nach** sapere di
Rindfleisch carne *f* di manzo
Ring anello
Risiko rischio
Rock gonna; *(Musik)* rock *m*
roh crudo
roher Schinken prosciutto crudo
Rohling CD *m* vuoto
Roller monopattino
Rollstuhl carrozzella, sedia a rotelle
Rollstuhlfahrer/in disabile *m/f* in sedia a rotelle
rollstuhlgerecht adatto/idoneo per carrozzelle
Roman romanzo
röntgen radiografare
Röntgenaufnahme radiografia
rosa rosa
Rosmarin rosmarino
rot rosso
Röteln rosolia
Rotwein vino rosso
Route itinerario
Rücken schiena
Rückenschmerzen dolore *m* alla schiena
Rückfahrkarte biglietto di andata e ritorno
Rückfahrt viaggio di ritorno
Rückkehr ritorno
Rücklicht fanalino posteriore
Rucksack zaino
rücksichtslos senza riguardo, sconsiderato
Rückspiegel specchietto retrovisore
rückwärts all'indietro
Rückwärtsgang marcia indietro
Ruder remo
Ruderboot barca a remi
rudern remare
rufen chiamare
Ruhe riposo; *(Stille)* silenzio
ruhig tranquillo
Rührlöffel mestolo
Ruine rovina
rund rotondo
Rundfahrt giro

S

Saal sala
Sache cosa
Safe cassaforte *f*
Safran zafferano
saftig succoso
sagen dire
Sahne panna
Saison stagione *f*
Salami salame *m*
Salat insalata
Salatbüfett buffet *m* delle insalate
Salatschüssel insalatiera
Salbe pomata
Salbei salvia

Salmonellen salmonelle *f pl*
Salmonellenvergiftung salmonellosi *f*
Salz sale *m*
Salzstreuer spargisale *m*, saliẹra
sammeln raccọgliere
Samstag sạbato
Sandalen sạndali *m pl*
Sandburg castello di sạbbia
Sandkasten recinto con la sạbbia
Sänger/in cantante *m/f*
Sanitäreinrichtungen servizi igiẹnici *m pl*
satt sạzio
Satz frase *f*
sauber pulito
sauer agro
Sauerstoffgerät ossigenatore *m*
Sauger succhietto, tettarella
Saugflasche biberọn *m*
Säule colonna
Sauna sạuna
Scanner scannerizzatore *m*
schade, Wie ~! Che peccato!
Schaden danno
schädlich dannoso
Schaffner/in controllore *m*
Schafskäse pecorino
Schal sciạlle *m*; sciạrpa
scharf piccante
Schatten ombra
schätzen stimare
schauen guardare
Schaufenster vetrina
Schauspieler/in attore/attrice
Scheibe fetta
Scheibenwischer tergicristallo
Scheinwerfer faro
Scheitel riga
schenken regalare
Schere fọrbici *f pl*
schicken mandare
Schiebedach tetto aprịbile
Schienbein tịbia
Schiene *(med)* stecca; *(Eisenb.)* rotạia
Schild *(Hinweis~, Laden~)* insegna; *(Tür~, Auto~)* targa; *(Straßen~)* segnale *m*
schimpfen sgridare
Schinken prosciụtto
Schirm ombrello
Schlafcouch divano letto
schlafen dormire
Schlaflosigkeit insọnnia
Schlaftabletten sonnịferi *m pl*
Schlafzimmer cạmera da letto
Schlaganfall colpo apoplẹttico
schlagen colpire
Schläger racchetta
Schlamm fango
Schlange serpente *m*; **~ stehen** fare la fila
schlank snello
schlau furbo
Schlauch cạmera d'ạria
Schlauchboot canotto pneumạtico
schlecht *(adj)* cattivo, *(Wetter)* brutto; *(adv)* male
Schlepplift sciovịa
schließen chiụdere
Schließfach depọsito a cassette
schlimm cattivo
Schlitten slitta
Schlittschuhe pạttini *m pl* (per ghiạccio)
Schloss castello; *(Tür)* serratura
Schlucht gola
Schlüssel chiave *f*
Schlüsselbein clavịcola
Schlüsselübergabe consegna delle chiavi
schmal stretto
schmecken piacere

schmerzen far male
Schmerztablette compressa analgesica
Schmuck gioielli *m pl*
Schmuggel contrabbando
schmuggeln fare contrabbando
Schmutz sporcizia
schmutzig sporco
Schnappschuss istantanea
schnarchen russare
Schnee neve *f*
Schneebesen frusta
Schneidebrett tagliere *m*
schneiden tagliare
Schneider/in sarto/sarta
schnell *(adj)* rapido, veloce; *(adv)* presto, rapidamente, velocemente
Schnellstraße superstrada
Schnittwunde ferita da taglio
Schnitzerei intaglio
Schnorchel respiratore *m* di superficie, snorkel *m*
schnorcheln fare lo snorkeling
Schnuller ciuccio, succhietto
Schnupfen raffreddore *m*
Schnurrbart baffi *m pl*
Schnürsenkel laccio/stringa per scarpe
Schokolade cioccolata
Schokoriegel barretta di cioccolata
schon già
schön bello
Schonkost cibo dietetico
Schonzeiten periodo di divieto di caccia
Schöpfkelle ramaiolo
Schrank armadio
Schraube vite *f*
schrecklich terribile
schreiben scrivere
Schreibwarengeschäft cartoleria
schreien gridare
Schrift *(Hand~)* calligrafia
schriftlich per iscritto
schüchtern timido
Schuh scarpa
Schuhbürste spazzola da scarpe
Schuhcreme lucido per scarpe
Schuhgeschäft negozio di calzature
Schuhmacher calzolaio
Schuld colpa; *(Geld)* debito
schulden dovere
Schule scuola
Schulkinder bambini *m pl*
Schulter spalla
Schuppen forfora
Schüssel terrina, ciotola
Schüttelfrost brividi *m pl*
Schutzhütte rifugio
schwach debole
Schwager cognato
Schwägerin cognata
Schwangerschaft gravidanza
schwarz nero
Schwarzbrot pane *m* nero
Schwarzweißfilm *(Filmrolle)* pellicola in bianco e nero; *(Kinofilm)* film ~
schweigen tacere
Schweinefleisch carne *f* di maiale
Schweiz Svizzera *f*
Schweizer Franken franco svizzero
Schweizer/in svizzero/a
Schwellung gonfiore *m*, tumefazione *f*
schwer pesante; *(schwierig)* difficile
Schwerbehinderte/r grande invalido/a
Schwertfisch pesce *m* spada
Schwester sorella

schwierig diffịcile
schwimmen nuotare
Schwimmflossen pinne *f pl*
Schwimmflügel bracciali *m pl* salvagente, braccioli *m pl*
Schwimmkurs corso da nuọto
Schwimmring salvagente *m*
Schwimmweste giubbetto di salvatạggio
Schwindel imbrọglio; *(med)* vertịgini *f pl*
Schwindler imbroglione *m*
schwindlig, mir ist ~ ho le vertịgini
schwitzen sudare
schwül afoso
See lago
Seegang moto ondoso
seekrank sein avere il mal di mare
Seezunge sọgliola
Segelboot barca a vela
Segelfliegen volo a vela
Segeltörn veleggiata, gita in barca a vela
sehbehindert videoleso
sehen vedere
Sehenswürdigkeiten cose *f pl* da vedersi, monumenti *m pl*
sehr molto
Seide seta
Seidenmalerei pittura in seta
Seife sapone *m*
Seil corda
Seilbahn funivịa, funicolare *f*
sein ẹssere; *(poss prn)* (il) suo, (la) sua
seit da
Seite parte *f*, lato
Sekunde secondo
selbst stesso
Selbstauslöser autoscatto
Selbstbedienung self-service *m*
Sellerie sẹdano
selten *(adj)* raro; *(adv)* raramente
Sendung *(Radio, Fernsehen)* trasmissione *f*
Senf sẹnape *f*, mostarda *f*
September settembre
servieren servire
Serviette tovagliọlo
Sessel sẹdia
Sessellift seggiovịa
setzen mẹttere; **s. ~** sedersi
Sex sesso
sexuelle Belästigung molẹstia sessuale
Shampoo shạmpoo *m*
Shorts pantaloncini *m pl*, shorts *m pl*
Show show *m*
sicher *(adj)* sicuro; *(adv)* certamente
Sicherheit sicurezza; *(Garantie)* garanzịa
Sicherheitsgebühr tassa per controlli di sicurezza
Sicherheitsgurt cintura di sicurezza
Sicherheitskontrolle controllo di sicurezza
Sicherheitsnadel spillo di sicurezza
Sicherung *(el)* vạlvola (di sicurezza)
Sicht vista
sie lei; loro *pl*
Sie Lei;voi, Loro *pl*
Signal segnale *m*
Silber argento
Sinfoniekonzert concerto sinfọnico
singen cantare
Sinn senso
Sitz sede *f*

sitzen sedere
Skateboard skate-board *m*
Ski sci *m;* **~ laufen** sciare
Skibindung attacco
Skibrille occhiali *m pl* da sci
Skihose pantaloni *m pl* da sci
Skikurs corso di sci
Skilehrer/in maestro/a di sci
Skistiefel scarponi *m pl* da sci
Skistöcke i bastoni da sci
Skulptur scultura
Slip slip *m*
Slipeinlagen assorbenti *f pl* sottili, proteggi-slip *m pl*
so così
Socken calzini *m pl*
Sodbrennen acidità di stọmaco
sofort sụbito
Sofortbildkamera mạcchina fotogrạfica a sviluppo immediato
Sohle suọla
Sohn fịglio
Solarium solạrio
Solist/in solista *m/f*
sollen dovere
Sommer estate *f*
Sonder... speciạle
Sondermarke emissione *f* speciạle
Sonne sole *m*
Sonnenbrand scottatura (solare)
Sonnencreme crema solare
Sonnenhut cappello da sole
Sonnenöl ọlio solare
Sonnenschutz protezione *f* solare
Sonnenstich colpo di sole
sonnig soleggiạto
Sonntag domẹnica
sorgen, s. ~ um preoccuparsi di
Sorte spẹcie *f*
Soße salsa
Souvenirladen negọzio di souvenir
Sozialstation servịzio assistenza sociạle
Spargel aspạragi *m pl*
Spaß *(Scherz)* scherzo; *(Vergnügen)* divertimento
spät tardi
später più tardi
spazieren gehen passeggiạre
Spaziergang passeggiạta
Speicherkarte scheda di memọria
Speisekarte lista delle vivande, menu *m*
Speiseröhre esọfago
Speisesaal sala da pranzo
Speisewagen vagone *m* ristorante
Spezialität specialità
speziell speciạle
Spiegel spẹcchio
Spiel partita
spielen giocare
Spielkamerad compagno di giọchi
Spielkasino casinò
Spielplan programma *m*
Spielsachen giocạttoli *m pl*
Spielwarengeschäft negọzio di giocạttoli
Spinat spinaci *m pl*
Spirituosengeschäft bottiglierịa
Spitze punta; *(Gewebe)* pizzo
Spitzen schneiden tagliare le punte
Sport sport *m;* **Sportplatz** campo sportivo
Sportartikel artịcoli *m pl* sportivi
Sportler/in sportivo/sportiva
Sprache lịngua
sprechen parlare
Sprechstunde orạrio di vịsita

springen saltare
Spritze *(Gerät)* siringa; *(Einspritzung)* iniezione *f*, puntura
Spülbecken lavandino, acquạio
Spülbürste spazzola per le stovịglie
Spülmittel detersivo per le stovịglie
Spültuch strạccio per lavare i piatti
Staat stato, paese *m*
Staatsangehörigkeit nazionalità
Stadion stadio
Stadt città; **~plan** pianta della città; **~teil** quartiẹre *m*
Stadtbus ạutobus *m* urbano
Stadtrundfahrt giro turịstico della città
Stadtteil quartiẹre *m*
Stadtzentrum centro città
stammen (aus) derivare, provenire (da)
Standlicht luci *f pl* di posizione
stark forte
Starthilfekabel cavo ausiliạrio per la messa in moto
Station reparto
Stativ treppiedi *m*
statt invece di
stattfinden aver luọgo
Statue stạtua
Stau ingorgo
Staub pọlvere *f*
Staubsauger aspirapọlvere *m*
stechen pụngere
Steckdose presa
Stecker spina
Steg passerella, pontile *m*
stehen stare (in piedi); **~ bleiben** fermarsi
Stehklosett gabinetto alla turca/ vespasiano
stehlen rubare
Steigung salita
steil rịpido
Stein piẹtra
steinig sassoso
Stelle posto
stellen mẹttere
Stempel timbro
sterben morire
Stern stella
Sternwarte osservatọrio astronọmico
Steward/ess steward *m*, assistente *m/f* di bordo/hostess *f*
Stiefel stivali *m pl*
Stil stile *m*
still silenzioso
Stillleben natura morta
Stimme voce *f*
stimmen *(richtig sein)* ẹssere giusto
stinken puzzare
Stirnhöhlenentzündung sinusite *f*
Stock bastone *m*
Stockwerk piano
Stoff stoffa
stören disturbare
stornieren *(Zimmer, Fahr-, Flugkarten)* disdire
Stoß spinta
Stoßstange paraụrti *m*
Strafe pena; *(Geld~)* multa
Strafraum ạrea di rigore
Strähnchen colpi *m pl* di sole, méches *f pl*
Strähne ciọcca di capelli; *(getönt)* le mèche
Strand spiạggia
Strandschuhe sạndali *m pl* da spiạggia
Straße via, strada; *(Land~)* strada provinciạle

Straßenbahn tram *m*
Straßenkarte carta automobilịstica
Strauß mazzo
Strecke tratto
Streichholz fiammịfero
Streit lite *f*
Strickjacke giacca di lana, golf *m*
Strohhalm cannụccia
Strom *(Fluss)* fiume *m*; *(el)* corrente *f* (elẹttrica)
Stromanschluss presa di corrente
Strompauschale prezzo forfettạrio per la corrente
Stromspannung voltạggio
Strömung corrente *f*
Strümpfe calze *f pl*
Strumpfhose collant *m*, calzamạglia
Stück pezzo; **ein ~ Brot** un pezzo di pane
studieren studiare
Studio stụdio
Stufe gradino
Stufen capelli scalati *m pl*
Stufenschnitt tạglio scalato
Stuhl sẹdia
Stuhlgang evacuazione *f*
stumm muto
Stunde ora, *(Unterrichts~)* ora, lezione *f*; **eine halbe ~** mezz'ora; **eine Viertel~** un quarto d'ora
stündlich ogni ora
stürzen *(fallen)* cadere
Sturzhelm casco
suchen cercare
Sucher mirino
Süden sud *m*
südlich von a sud di
Summe somma
Sumpf palude *f*
Supermarkt supermercato
Suppe minestra
Suppenteller piạtto fondo, scodella
Surfbrett tavola del wind-surf
surfen praticare il surfing
süß dolce
Süßigkeiten dolciụmi *m pl*
Süßstoff edulcorante *m*, dolcificante, *m*
Süßwarengeschäft negọzio di dolciumi
Sweatshirt felpa
sympathisch simpạtico

T

Tabak tabacco
Tabakladen tabaccạio
Tablette compressa, pasticca, pịllola
Tachometer tachịmetro
Tag giorno
Tagesausflug gita di un giọrno
Tagesgericht piạtto del giọrno
Tageskarte biglietto giornaliero
Tagespass (abbonamento) giornaliero
Tagestour mạrcia di un giọrno
täglich tutti i giọrni
tagsüber di giọrno
Tal valle *f*
Talstation stazione *f* a valle
Tampons tamponi *m pl*
Tank serbatọio
tanken far benzina
Tanz ballo, danza
tanzen ballare
Tänzer/in ballerino/a
Tanzkapelle orchestra
Tanztheater teatro-danza
Tasche tasca; *(Hand~)* borsa
Taschenbuch libro tascạbile

Taschendieb borsaiolo, scippatore *m*
Taschenmesser temperino, coltello tascạbile
Taschenrechner calcolatore *m* tascạbile
Tasse tazza
Taststock bastone *m* per ciechi
Tatsache fatto
taub sordo
taubstumm sordomuto
tauchen nuotare sott'ạcqua
Taucherausrüstung attrezzatura da sub
Taucherbrille mạschera *f* da sub
tauschen cambiare
täuschen, s. ~ sbagliarsi
Taxifahrer/in tassista *m/f*
Taxistand postẹggio di taxi
Tee tè *m*
Teebeutel bustina di tè
Teelöffel cucchiaịno
Teil parte *f*
teilen divịdere; **mit jdm ~** divịdere con qd
Teilkasko assicurazione *f* parziale per tutti i rischi
teilnehmen (an) partecipare (a)
Telefon telẹfono
Telefonbuch elenco telefọnico
telefonieren telefonare
Telefonkarte carta telefọnica
Telefonnummer nụmero telefọnico
Telefonzelle cabina telefọnica
telegrafische Überweisung vạglia *m* telegrạfico
Telegramm telegramma *m*
Teleobjektiv teleobiettivo
Teller piatto
Tempel tẹmpio
Temperatur temperatura
Tennis tennis *m*
Tennisschläger racchetta
Termin tẹrmine *m*, data; *(Arzt~, Geschäfts~)* appuntamento
Terminal air terminal *m*
Terrakotta terracotta
Terrasse terrazza
Tetanus tẹtano
teuer caro
Theater teạtro
Theatergruppe compagnịa teatrale
Theaterstück pièce *f* teatrale
Therapie terapia
Thermalbad *(Kurort)* località *f* termale; *(Bäderanlage) terme f pl*
Thriller thriller *m*
Thunfisch tonno
Thymian timo
tief profondo
Tier animale *m*
Tintenfisch sẹppia; calamaro
Tipp suggerimento, consịglio
Tisch tạvolo
Tischtennis ping-pong *m*
Tischtuch tovạglia
Toast toast *m*
Toaster tostapane *m*
Tochter fịglia
Tod morte *f*
Toiletten toilette *f*, bagno
Toilettenpapier carta igiẹnica
Tomaten pomodori *m pl*
Ton *(Klang)* suono; *(Farbe)* tono, tonalità; *(geol.)* argilla, creta
tönen tịngere
Töpferei arte *f* di vasạio
Töpferwaren vasellame *m*
Tor portone *m*
Torwart portiẹre *m*
tot morto
Tour gita, giro
Tourist/in turista *m/f*

Tracht *(Volkstracht)* costume *m* regionale
tragbarer CD-Spieler lettore *m* CD portatile
tragen portare
Tragflügelboot aliscafo
Tragödie tragedia
trampen viaggiare in autostop
Transferbus servizio pulman
Traum sogno
traurig triste
treffen incontrare
Trekkingrad bicicletta da trekking
Trekkingschuh scarpa da trekking
trennen separare
Treppe scala
Tretboot patino a pedali, pedalò
treu fedele
trinken bere
Trinkflasche bottiglia
Trinkgeld mancia
Trinkwasser acqua potabile
trocken secco, asciutto
trockenes Haar capelli *m pl* secchi
trocknen asciugare
Trockner asciugatrice *f*
Trödler rigattiere *m*
Trommelfell membrana del timpano
Tropfen gocce
trotzdem ciò nonostante, tuttavia
trüb *(Wasser)* torbido
T-Shirt maglietta
Tuch panno; *(Kopf~)* fazzoletto, foulard *m*
tun fare
Tunnel tunnel *m*, galleria
Tür porta
Türcode codice *m* per la porta della camera
türkis turchese
Turm torre *f*
Turnschuhe scarpe *f pl* da ginnastica
Tüte sacchetto
Typhus tifo
typisch (für) tipico, caratteristico (per)

U

U-Bahn metropolitana
Übelkeit nausea
üben esercitare
über sopra, su
überall dappertutto
überbacken passare al forno, gratinare
Überfall assalto
Übergang passaggio
überholen sorpassare
Überlandbus autobus *m* interurbano
übermorgen dopo domani
übernachten pernottare
Übernachtung pernottamento
überqueren attraversare
überrascht sorpreso
überreden persuadere
Überreste resti *m pl*
übersetzen tradurre
übertrieben esagerato
Überweisung rimessa, trasferimento
überzeugen convincere
üblich solito, abituale
übrig bleiben rimanere, restare
Übung esercizio
Ufer sponda
Uhrmacher orologiaio

um *(herum)* intorno a; *(Zeitangabe)* alle; *(gegen)* verso; **um diese Zeit** a quest'ora
umarmen abbracciạre
umbuchen cambiare il biglietto
Umgebung dintorni *m pl*; **in der ~ von** nẹi dintorni di
Umgehungsstraße circonvallazione *f*
umgekehrt inverso; **und ~** e viceversa
Umhängetasche borsa a tracolla
umkehren ritornare, tornare indiẹtro
Umleitung deviazione *f*
Umrechnung conversione *f*
umsonst *(gratis)* gratis; *(vergeblich)* invano
umtauschen cambiare
Umweg giro più lungo
Umwelt ambiente *m*
umziehen, s. cambiarsi
unangenehm spiacẹvole
unanständig indecente
unbedingt *(adv)* assolutamente
und e
unentschieden *(Sport)* in parẹggio; *(Spiel)* pari
unentschlossen indeciso
unerfreulich spiacẹvole
unerträglich insopportạbile
Unfall incidente *m*
ungeeignet inadatto
ungefähr circa, quasi
ungewöhnlich insọlito
unglaublich incredịbile
Unglück sfortuna, disgrạzia
ungültig invạlido
Universität università
Unkosten spese *f pl*
unmöglich impossịbile
uns *(acc)* ci, noi; *(dat)* ci, a noi
unschuldig innocente
unser (il) nostro
unten giù, sotto
unter sotto di; *(zwischen)* tra, fra
unterbrechen interrọmpere
Unterführung sottopassạggio
unterhalb al di sotto di
unterhalten, s. ~ conversare; *(s.vergnügen)* divertirsi
Unterhaltung *(Gespräch)* conversazione *f*; *(Vergnügen)* divertimento
Unterhemd maglietta, canottiẹra
Unterhose mutande *f pl*
Unterkunft allọggio
Unterleib addome *m*
unterrichten istruire; *(Schule)* insegnare
Unterschied differenza
unterschreiben firmare
Unterschrift firma
untersuchen esaminare
Untersuchung esame *m*
Untersuchungshaft detenzione *f* preventiva
Untertasse piattino
Untertitel sottotịtolo
Unterwäsche biancherịa ịntima
Unterwasserkamera mạcchina fotogrạfica/cinepresa subạcquea
unterwegs per strada, in viạggio
unverbindlich senza impegno
unverschämt sfacciạto
unwahrscheinlich improbạbile
unwichtig poco importante
Urin urina
Urlaub fẹrie *f pl*

V

Varietee varietà *m*
Vase vaso
Vater padre *m*

vegetarisch vegetariano
Ventilator ventilatore *m*
Verabredung appuntamento
verabschieden, s. ~ congedarsi, accomiatarsi
Veränderung cambiamento
Veranstaltung manifestazione *f*; *(Aufführung)* spettạcolo
verantwortlich responsạbile
Verband materiale *m* di pronto soccorso
Verbandskasten cassetta di pronto soccorso
verbessern migliorare
verbieten proibire
verbinden fasciạre
Verbindung relazione *f*, rapporto; *(tele)* comunicazione *f*
Verbot diviẹto
verboten vietato
Verbrauch consumo
Verbrechen delitto
verbrennen bruciạre
Verbrennung ustione *f*
verbringen *(Zeit)* passare
Verdauung digestione *f*
Verdauungsstörung indigestione *f*
verdorben *(faul)* guasto; *(sittlich)* corrotto
Verein associazione *f*
vereinbaren accordarsi su
Vergangenheit passato
vergehen *(Zeit)* passare
vergessen dimenticare
Vergewaltigung violenza(carnale), stupro
Vergiftung avvelenamento
vergleichen confrontare
Vergnügen piacere *m*, divertimento
Vergnügungspark parco dei divertimenti
verhaften arrestare
verheiratet (mit) sposato (con)
verheiratet *(Mann)* sposato; *(Frau)* sposata
verhindern impedire
Verhütungsmittel anticoncezionale *m*
verirren, s. ~ smarrirsi
Verkauf vẹndita
verkaufen vẹndere
Verkehr trạffico
Verkehrsamt ente *m* per il turismo
verlangen, ~ nach chiẹdere di; *(fordern)* esịgere
verlängern allungare
Verlängerungsschnur cavo di prolungamento, prolunga
Verlängerungswoche settimana supplementare
verlassen lasciare, abbandonare
verletzen ferire
Verletzte, der/die ~ ferito/ ferita
Verletzung ferita
verlieren pẹrdere
Verlobte, der/die fidanzato/ fidanzata
Verlust pẹrdita
vermeiden evitare
vermieten affittare
Vermittler mediatore *m*
Verpackung imballạggio
verpassen, den Bus ~ pẹrdere l'ạutobus
Verpflegung alimentazione *f*, vitto
verpflichtet sein ẹssere obbligato
verrechnen, s. ~ sbagliare i cạlcoli
verreisen partire
verrückt pazzo
verschieben *(zeitlich)* rimandare

verschließen chiụdere a chiave
verschreiben prescrịvere
verschwinden sparire
Versicherung assicurazione *f*
versorgen mit rifornire di
verspäten, s. ~ ritardare
Verspätung ritardo
versprechen promẹttere
verständigen, jdn ~ informare qd; **s. verständigen** *(sich einigen)* intendersi; *(s. verständlich machen)* comunicare
verstaucht slogato
verstehen capire
Verstopfung costipazione *f*, stitichezza
versuchen tentare; *(Speisen)* assaggiạre
Vertrag contratto
vertragen sopportare, tollerare
Vertrauen fidụcia
verunglücken avere un incidente/infortụnio
verursachen causare
Verwaltung amministrazione *f*
verwandt mit parente di
verwechseln scambiare
verwenden adoperare, usare
verwitwet *(Mann)* vẹdovo; *(Frau)* vẹdova
Verzeichnis elenco
verzögern tardare
verzweifelt disperato
Videofilm videofilm *m*
Videokamera videocạmera
Videokassette videocassetta
Videorekorder videoregistratore *m*
viel molto
vielleicht forse
Villa villa
violett viọla
Virus virus *m*
Visum visto
Vogel uccello
Vogelschutzgebiet zona di protezione degli uccelli
Volk pọpolo
Volksmusik mụsica popolare
Volksstück commẹdia popolare
voll piẹno; *(~ besetzt)* piẹno, al completo; *(ganz)* tutto
Volleyball pallavolo *f*
Vollkasko assicurazione *f* di totale copertura
Vollkornbrot pane *m* integrale
Vollmacht dẹlega, procura
Vollpension pensione *f* completa
Volt volt *m*
vom Grill alla griglia
von da, di
vor *(räumlich)* davanti a; *(zeitlich)* prima di; **vor zehn Minuten** dieci minuti fa
Voranmeldung preavviso
Voraus, im ~ in antịcipo
vorbereiten preparare
Vordruck mọdulo
Vorfahrt precedenza
vorgestern l'altro iẹri
vorher prima
vorletzte(r, -s) penụltimo/a
Vormittag mattina
vormittags di/la mattina *f*
vorn davanti
Vorname nome *m*
vornehm distinto
Vorort sobborgo
Vorrat provvista
Vorsaison bassa stagiọne *f*
Vorschlag proposta
Vorschrift regolamento
Vorsicht! attenzione!
vorsichtig attento
Vorspeise antipasto
vorstellen presentare

Vorstellung presentazione *f*; *(Theater)* rappresentazione *f*, spettạcolo
Vorteil vantạggio
vorüber passato
Vorverkauf prevẹndita
Vorwahlnummer prefisso
vorwärts avanti
vorziehen preferire
Vulkan vulcano

W

wach svẹglio
Wachablösung cạmbio della guạrdia
wachsen crẹscere
wagen osare
Wagenheber cric *m*
Wagennummer nụmero del vagone
wählen scẹgliere; *(tele)* formare il nụmero, digitare
wahr vero
während *(prp)* durante *(+ Substantiv)*, mentre *(+ Verb)*
wahrscheinlich *(adj)* probạbile; *(adv)* probabilmente
Währung valuta
Wahrzeichen emblema *m*
Wald bosco, foresta
Wallfahrtsort luogo di pellegrinạggio
Wand parete *f*
Wanderkarte mappa dei sentieri
wandern camminare, fare escursioni
Wanderschuh scarpa da trekking
Wanderweg sentiẹro (per escursioni)
warm caldo
warmes Wasser ạcqua calda
Warnblinkanlage i lampeggiatori d'emergenza
Warndreieck triạngolo
warnen (vor) avvertire (di)
warten aspettare
Wartesaal sala d'aspetto
Wartezimmer sala d'aspetto
was cosa, che cosa, che; **was für ein/eine ...?** quale, che ... ?
Waschbecken lavandino
Wäsche bucato
Wäscheklammern molletta (per stẹndere la biancherịa)
Wäscheleine corda per stẹndere il bucato
waschen lavare
Wäscherei lavanderịa
Wäscheständer stendibiancherịa *m*
Wäschetrockner *(Automat)* asciugatrice *f*
Waschlappen guanto di spugna
Waschmaschine lavatrice *f*
Waschmittel detersivo
Waschraum lavatọio
Waschsalon lavanderịa a gettone
Wasser ạcqua
wasserdicht impermeạbile
Wasserfall cascata
Wasserglas bicchiẹre *m* da ạcqua
Wasserhahn rubinetto
Wasserkanister tạnica dell'ạcqua
Wasserkocher bollitore *m*
Wasserski sci *m pl* nautici
Wasserspülung sciacquone *m*
Wasserverbrauch consumo d'ạcqua
Watt *(el)* watt *m*
Watte cotone *m* idrọfilo

Wattestäbchen i bastoncini igiẹnici
Wechsel cạmbio; *(Austausch)* scạmbio
Wechselgeld moneta, spịccioli *m pl*
wechselhaft variạbile
Wechselkurs corso dei cambi
wecken svegliare
Wecker svẹglia
weg vịa
Weg vịa, strada
wegen a causa di, per
weggehen andạr via
Wegweiser segnavịa *m*
weiblich femminile
weich mọrbido
weigern, s. ~ rifiutarsi
weil perché
Wein vino
Weinberg vigneto, vigna
weinen piạngere
Weinglas bicchiẹre *m* da vino
Weinhandlung fiaschetterịa, enoteca
Weintrauben uva *f*
Weisheitszahn dente *m* del giudịzio
weiß biạnco
Weißbrot pane *m* bianco
Weißwein vino bianco
weit *(nicht eng)* largo, ạmpio; *(Weg)* lungo; *(entfernt)* lontano
Wellenbad piscina con onde artificiạli
Welt mondo
wenig poco; **ein ~** un po'
wenigstens almeno
wenn *(Bedingung)* se; *(zeitlich)* quando
werden diventare
werfen gettare
werktags nei giọrni feriạli
Werkzeug utẹnsile *m*, attrezzo
Wert valore *m*
Wertangabe valore *m* dichiarato
wertlos senza valore
Wertsachen oggetti *m pl* di valore
Wespe vespa
Weste golf *m*, gilè *m*
Westen ọvest *m*
Western western *m*
westlich von a ọvest di
Wetterbericht bollettino meteorolọgico
Wettervorhersage previsioni *f pl* metereolọgiche
Wettkampf gara
wichtig importante
Wickeltisch fasciatọio
wie *(Frage)* come; *(Vergleich)* come, quanto
wieder di nuovo
wiederholen ripẹtere
wiederkommen ritornare
wiegen pesare
Wiese prato
wild *(Tier, Mensch)* selvạggio; *(Pflanze)* selvạtico
Wildpark riserva per animali selvaggi
willkommen benvenuto
Wimperntusche mascara *m*
Wind vento
Windeln pannolini *m pl*
Windpocken varicella
Windschutzscheibe parabrezza *m*
Windstärke intensità del vento
winken far segno
Winter inverno
Winterreifen pneumạtici *m pl* da neve
wir noi

Wirbelsäule spina dorsale, colonna vertebrale
wirklich reale; *(echt)* vero; *(adv)* veramente
Wirt padrone *m*, oste *m*
Wischmopp lavapavimento
wissen sapere
Witz barzelletta
Woche settimana
Wochenendpauschale forfait *m* per il fine settimana
Wochenkarte abbonamento settimanale
Wochenpass abbonamento settimanale
wochentags durante la settimana
wöchentlich *(adj)* settimanale; *(adv)* settimanalmente
wohlhabend benestante
wohnen abitare
Wohnmobil cạmper *m*
Wohnort domicịlio
Wohnung appartamento
hnwagen roulotte *f*
nzimmer soggiorno
nụvola
ke coperta di lana
a
lere
ola
ferita
rbar meraviglioso
ern, s. ~ (über) ravigliarsi di
wünschen desiderare
Wurm verme *m*
Würstchen wurstel *m pl*
Würste salsicce
würzen condire, drogare
Wut rạbbia
wütend arrabbiato

Y

Yoga yoga *m*

Z

zäh duro
Zahl nụmero
zahlen pagare
zählen contare
Zahlung pagamento
Zahn dente *m*
Zahnbürste spazzolino da denti
Zahncreme/Zahnpasta dentifrịcio
Zahnfleisch gengiva
Zahnradbahn cremagliera
Zahnschmerzen mal *m* di denti
Zahnstocher stuzzicadenti *m*
Zäpfchen supposta
zart tẹnero
zärtlich tẹnero, affettuoso
Zecke zecca
Zehe dito del pięde
Zeichen segno; *(Beweis)* prova
Zeichensprache linguạggio mịmico/a segni
Zeichentrickfilm cartoni *m pl* animati
zeichnen disegnare
Zeichnung disegno
zeigen mostrare
Zeit tempo
Zeitschrift periọdico, rivista
Zeitung giornale *m*
Zeitungshändler giornalạio
Zelt tenda
zelten campeggiare
Zeltschnur lạccio da tenda
Zeltstange palo da tenda
Zentimeter centịmetro
zentral centrale

Zentralheizung riscaldamento centrale
Zentrum centro
Zerrung stiramento
zerstören distrụggere
Ziegenkäse formạggio di capra
ziehen tirare
Ziel scopo; *(Reise~)* meta
ziemlich abbastanza
Zigarette sigaretta
Zigarillo sigaretto
Zigarre sịgaro
Zimmer cạmera
Zimmerdecke soffitto
Zimmermädchen cameriẹra
Zimmertelefon telẹfono in cạmera
Zitronen limoni *m pl*
zögern esitare
Zoll dogana
Zollerklärung dichiarazione *f* doganale
zollfrei esente da dạzio doganale
Zollgebühren tariffe *f pl* doganali
zollpflichtig soggetto a dạzio doganale
Zoo zoo *m*
zornig adirato, arrabbiato
zu *(Richtung: Sachen)* a, in, verso; *(Richtung: Personen)* da; *(geschlossen)* chiuso;
zu sehr, ~ viel troppo
zubereiten preparare
Zucchini zucchini *m pl*
Zucker zụcchero
zuerst prima
zufällig per caso
zufrieden contento, soddisfatto
Zug treno
Zugänglichkeit accessibilità
zugreifen *(sich bedienen)* servirsi, prẹndere
zuhören (jdm) ascoltare (qd)
Zukunft futuro
zukünftig futuro
zulässig ammesso
zuletzt alla fine
Zündkerze candela
Zündschlüssel chiave *f* d'accensione
Zündung accensione *f*
Zunge lịngua
zurück indiẹtro
zurückbringen riportare, restituịre
zurückfahren tornare indietro
zurückgeben ridare, restituịre
zurückkehren ritornare
zusagen *(Einladung)* accettare
zusammen insiẹme
zusammenschlagen picchiare
Zusammenstoß scontro, collisione *f*
zusätzlich supplementare, in più
zuschauen guardare
Zuschauer spettatore *m*
Zuschlag supplemento
Zustand stato,condizioni *f pl*
zuständig competente
zustellen recapitare
zustimmen aderire, acc
zuverlässig fidato
zweite(r, -s) secondo/a
zweitens secondo
Zwiebeln cipolle
zwingen costrịngere
zwischen tra, fra
Zwischenfall contrattempo
Zwischenlandung scalo
Zwischenstecker spina di adattamento
Zyste ciste *f*